城市轨道交通车辆段上盖开发结构设计

李宗凯 著

中国建筑工业出版社

图书在版编目（CIP）数据

城市轨道交通车辆段上盖开发结构设计/李宗凯著. —北京：中国建筑工业出版社，2022.1
ISBN 978-7-112-26733-0

Ⅰ.①城… Ⅱ.①李… Ⅲ.①城市铁路-铁路车辆-结构设计 Ⅳ.①U239.5

中国版本图书馆 CIP 数据核字（2021）第 210422 号

责任编辑：刘颖超 孙书妍
责任校对：焦 乐

城市轨道交通车辆段上盖开发结构设计
李宗凯 著

*

中国建筑工业出版社出版、发行（北京海淀三里河路9号）
各地新华书店、建筑书店经销
霸州市顺浩图文科技发展有限公司制版
河北鹏润印刷有限公司印刷

*

开本：787 毫米×1092 毫米 1/16 印张：15 字数：373 千字
2022 年 5 月第一版 2022 年 5 月第一次印刷
定价：**116.00 元**
ISBN 978-7-112-26733-0
（38556）

版权所有 翻印必究
如有印装质量问题，可寄本社图书出版中心退换
（邮政编码 100037）

序

欣闻北京市市政工程设计研究总院有限公司李宗凯同志的新书《城市轨道交通车辆段上盖开发结构设计》出版，谨表热烈祝贺。

作为与作者共同工作多年的同事，我对作者比较了解。李宗凯同志自参加工作以来一直从事结构设计工作，至今已有十三载。他属于技术型设计人员，热爱本职工作，勤奋好学、刻苦钻研、锐意创新，工作业绩突出。

车辆段上盖开发项目是近年来较为流行的一类工程项目，由于盖下盖上使用功能不同，存在着结构体系转换、抗震超限、减震隔离等诸多结构设计难题，因此结构设计较为复杂。当下该领域的相关文献、书籍及标准规范均较少，本书的出版恰好补充了这方面的空缺。作者总结了自己多年的设计经验体会，与读者进行学术分享与探讨，促进交流，有利于共同提高设计水平。

本书针对车辆段上盖开发项目，从结构设计的角度进行论述，内容全面实用。本书所述结构设计标准、设计原则及方法大多得到了工程验证；所述部分工程做法取得了发明专利或实用新型专利；所述部分案例获得了优秀工程设计奖项。书中内容"干货"满满，凝聚了作者十几年车辆段结构设计的智慧和经验。本书更适合战斗在设计及施工一线岗位的技术人员参阅。

诚然，书中的结构和经验也许存在一定的局限性，毕竟作者经历或参与的车辆段工程项目也只是众多项目中的一部分。另外，随着规范的更新以及技术水平的进步，部分内容也可能随之更新或调整。但不论是为车辆段上盖开发项目的从业人员提供帮助，还是为广大设计人员扩展视野，本书都是值得一阅的专著。

2022 年 3 月 25 日

前　言

随着城市发展，土地资源日趋紧张，合理地开发利用土地资源进行城市建设尤为重要。车辆段上盖开发项目将城市轨道交通与城市整体规划有机结合，有效地提高了城市土地的综合利用率，同时解决了广大上班族的出行问题，逐步成为被社会广泛接受和认可的建筑形式。笔者作为一名结构设计工作者在车辆段上盖开发项目领域工作多年，针对此类结构设计做专门详细的论述，符合当下的发展趋势与潮流。

车辆段上盖开发项目的结构设计工作，难度大任务重，体现在：（1）此类项目大多涉及抗震超限审查工作，抗震分析涵盖小震弹性反应谱及时程、性能化设计及大震动力弹塑性分析等各种内容，部分车辆段还涉及减隔震结构设计，对设计人员的结构抗震理论和认知要求远超一般工程；（2）结构形式包括框架、框剪、剪力墙、框架＋支撑、减隔震在内多种结构形式或其组合，构件类型包括钢筋混凝土、型钢混凝土或钢管混凝土组合结构、预应力混凝土在内的多种构件类型，结构方案论证及构件优化需要相当结构设计经验的积累；（3）结构设计难点众多且贯穿结构概念设计、结构计算分析、节点构造及处理、超长混凝土温度裂缝控制等各个设计环节。总之，车辆段上盖开发项目结构设计工作，理论强、难度大、工作繁复，需要具备较为丰富经验的结构设计人员才能驾驭。也正因为如此，作者认为有必要对车辆段上盖开发项目的诸多设计经验和方法做系统的探讨和总结。

本书站在广大结构设计人员的角度，对车辆段上盖开发项目的结构设计进行了全方位的梳理、归纳和总结，主要包括以下几方面的内容：（1）简述了国内车辆段上盖开发项目的发展历程。（2）归纳总结了车辆段上盖开发项目的建筑结构特点、结构形式及其适用范围、结构布置原则、结构方案及构件的优化思路、结构设计标准、结构设计方法与步骤等内容，并且针对广大结构设计人员普遍关心的此类工程项目的问题进行了较为深入的探讨。（3）列举了不同结构形式典型车辆段上盖开发项目的主要结构设计内容。（4）对车辆段组合结构构件普遍遇到的复杂关键节点做了深入的讨论，对现行规范和图集中未予明确和涵盖的节点设计问题做了必要的补充。（5）论述了车辆段超长结构温度应力分析与控制问题。（6）对车辆段上盖开发项目设计及施工配合中应重点注意的问题进行了总结。（7）介绍了车辆段上盖开发项目的减振降噪问题。

本书所提及工程均系实际项目，所提及观点、论述等均系笔者总结此类项目结构设计人员普遍遇到的问题。这些问题大多现行规范及业界无明确或统一的说法，笔者结合自己的理解与实践经验提出切实可行的解决方案，以期给广大设计人员一定的启发。

本书第7章第7.3节、7.5节、7.6节工程举例援引了北京城建设计发展集团有限公司、北京市建筑设计研究院有限公司、中铁第四勘察设计院集团有限公司及华通设计顾问工程有限公司提供的资料。在本书的创作过程中，部分参与车辆段上盖开发设计的设计院、土建施工单位及合作厂家的很多领导及技术工作者给予了我很大的帮助，本人在此一并表示感谢。

本书摒弃高深难懂的计算理论，注重实践操作和经验总结，力求为广大车辆段上盖开发项目结构设计人员提供触手可及且通俗易懂的帮助和参考。由于作者水平有限，欢迎广大读者多提宝贵意见和建议。

李宗凯

2022年3月于北京

目 录

序
前言

第1章 国内车辆段上盖开发项目的发展 ·· 1
1.1 TOD 概述 ·· 1
1.2 国内车辆段上盖开发项目发展的必要性 ··· 2
1.3 国内车辆段上盖开发项目的发展阶段 ··· 3
1.4 国内车辆段工程举例 ·· 3

第2章 建筑功能与布置 ·· 6
2.1 车辆段上盖开发项目总平面设计 ·· 6
2.2 车辆段上盖开发项目主体建筑布置 ··· 7
2.3 车辆段上盖开发项目的各方分界界面 ··· 11

第3章 结构方案与优化 ·· 13
3.1 车辆段上盖开发项目结构特点 ··· 13
3.2 结构单元的划分 ·· 13
3.3 上盖建筑材料的选择 ··· 15
3.4 车辆段上盖开发项目结构形式 ··· 15
3.5 结构布置的基本原则 ··· 19
3.6 结构构件的优化思路 ··· 21
3.7 关于转换层位置及转换形式的思考 ·· 24
3.8 关于上盖开发塔楼首层挡墙与主体结构连接问题的思考 ····························· 29
3.9 关于过渡层的设置 ··· 33
3.10 车辆段上盖开发项目抗震超限条款汇总 ··· 34

第4章 结构设计标准 ·· 37
4.1 基本设计标准 ··· 37
4.2 结构材料的选取及耐久性标准 ··· 37
4.3 抗震等级的选取 ·· 40
4.4 整体结构及各类构件性能目标的设定 ··· 44
4.5 结构控制指标汇总 ··· 46

第5章 结构设计基本方法、步骤与建模 ················· 50
5.1 框架结构、框支剪力墙结构基本设计思路与步骤 ················· 50
5.2 框架+支撑（普通支撑/防屈曲支撑）结构基本设计思路与步骤 ················· 51
5.3 层间隔震结构基本设计思路与步骤 ················· 53
5.4 计算软件及计算模型 ················· 56

第6章 结构分析相关问题讨论 ················· 58
6.1 关于设计标准的讨论 ················· 58
6.2 关于结构建模的讨论 ················· 70
6.3 关于前处理计算参数取值的讨论 ················· 75
6.4 关于后处理结果统计与合理性判断 ················· 82

第7章 各类结构形式车辆段设计举例 ················· 102
7.1 框架车辆段结构设计 ················· 102
7.2 钢-混凝土混合框架车辆段结构设计 ················· 108
7.3 框支剪力墙车辆段结构设计 ················· 116
7.4 框架+防屈曲支撑车辆段结构设计 ················· 124
7.5 层间隔震车辆段结构设计 ················· 130
7.6 减隔震专项结构设计 ················· 138

第8章 基础设计 ················· 156
8.1 车辆段上盖开发项目的基础形式 ················· 156
8.2 桩基承台结构设计 ················· 157
8.3 变刚度调平设计 ················· 158
8.4 设计举例 ················· 159
8.5 试桩 ················· 164
8.6 工程桩检测 ················· 170
8.7 结构抗浮设计 ················· 170
8.8 中、大震下的桩基检算 ················· 176

第9章 节点设计优化与研究 ················· 177
9.1 基础节点 ················· 177
9.2 框架梁柱连接节点 ················· 180
9.3 内藏钢板混凝土剪力墙与梁柱的连接构造 ················· 181
9.4 上下柱的连接 ················· 183
9.5 核心区箍筋的处理与构造 ················· 185
9.6 框架梁柱节点与钢支撑的连接 ················· 187
9.7 梁托柱转换节点 ················· 192

9.8 隔震转换节点 ·· 194
9.9 梁柱核心区的预应力布置与构造 ··· 195
9.10 组合结构构件提高混凝土与型钢间抗剪能力的措施 ························ 196

第 10 章 超长结构温度应力分析与研究 198

10.1 车辆段温度裂缝的产生 ·· 198
10.2 温度应力裂缝防治措施 ·· 198
10.3 使用阶段综合温差的确定 ··· 201
10.4 超长结构温度应力分析举例 ··· 202
10.5 预应力深化设计内容 ··· 207

第 11 章 土建施工与设计配合 208

11.1 产权分界及分期建设相关设计配合 ·· 208
11.2 施工工序相关设计配合 ·· 210
11.3 钢结构制作安装相关设计配合 ·· 212
11.4 土建施工相关设计配合 ·· 216
11.5 各相关专业间的设计配合 ··· 223
11.6 "三边工程"下的结构设计 ·· 223

第 12 章 减振降噪设计与研究 225

12.1 车辆段减振降噪控制简介 ··· 225
12.2 车辆段减振降噪设计举例 ··· 225

参考文献 230

作者简介 232

第1章

国内车辆段上盖开发项目的发展

1.1 TOD 概述

交通核心导向开发（Transit Oriented Development，TOD），是以火车站、机场、城市轨道交通及巴士干线站点等为核心，以 400～800m 服务范围为半径，建立集居住、工作、商业娱乐、文体教育于一体的多功能社区。社区内提供公交、自行车、步行等多种出行方式，实现生产生活的和谐统一，如图 1-1 所示。

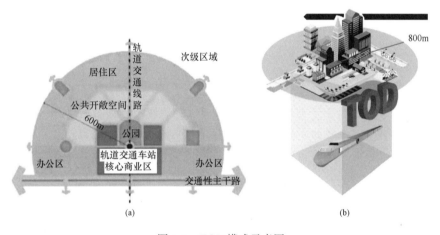

图 1-1　TOD 模式示意图

TOD 的基本特征包括：（1）多业态。TOD 社区拥有住宅、办公、商业娱乐、文体教育等各类业态建筑，满足社区内居民正常的生产生活需求，有效地减少了居民的出行次数及距离。（2）高密度。TOD 站点核心区及周边的容积率可达 8～12，高密度的集中开发有利于站点吸引大量客流，从而提高了交通运营效率。（3）立体式。TOD 倡导利用空间关系，构建适宜行人感受的步行路网。（4）便捷式。TOD 严格控制各业态至公共站点的距离，保证核心交通运输的可触达性。

目前，TOD 已成为国际上重要的城市社区开发模式，同时也是新城市主义最具代表性的开发模式之一，其作用体现在以下 4 个方面：（1）改变城市发展格局。TOD 改变过去城市发展"摊大饼"式的单一集中型城市结构，构建多中心的城市发展新格局，有效缓解中心城区的人口负荷和资源环境承载压力。（2）优化城市空间形态。TOD 坚持城市综合运营理念,通过对站点核心区高密度集约开发,腾退出更多的公园绿地及开敞空间,有助于形成疏密有致、多姿多彩的城市形态,避免了过去因过分强调功能划分导致城市景观千篇一律的弊病。(3) 提升城市消费能级。TOD 依托核心站点的人流聚集效应,围绕其打造高密度的商业空间,将轨道交通"客流"转化为"人留",有助于树立消费新理念。(4) 缓解城市传统弊病。①TOD 可通过调配容积率优化土地资源的利用效率;②TOD 可营造舒适宜居、交通便捷的生活环境,引导人们绿色出行,从而减少空气、噪声污染;③TOD 可构建立体交通网络,提高城市运转效率,缓解交通拥堵。

1.2 国内车辆段上盖开发项目发展的必要性

随着全国城乡建设发展,轨道交通是大城市公共交通的最佳方式之一。城市轨道交通需求与日俱增,目前全国已有 43 个城市的轨道交通建设规划获得批复,规划总里程约 8600km。相应线路配属的车辆段及停车场的数量逐渐增多,车辆段及停车场占地规模也逐渐增大。

根据北京轨道交通规划和建设发展,远景规划线路总长度 1524km。截至 2020 年已经开通运营 27 条线路(含多线贯通运营线路),运营线路总长度 998.5km,已经建成 46 个车辆段及停车场(平均每个车辆段或停车场占地面积按 350 亩计,共计占地约 1.6 万多亩)。若不进行合理的上盖开发,车辆段空旷的"厂房"式建筑必将成为一个个影响城市环境和景观的工业建筑群体,占用的大面积土地势必造成土地资源的严重浪费。

图 1-2 为北京轨道交通 10 号线五路停车场的卫星图,图 1-3 为北京轨道交通 2 号线太平湖车辆段的卫星图。对比发现,五路停车场在不影响轨道交通运营使用的前提下,合理有序地进行上盖开发,车辆段占用土地资源被有效二次利用且该项目建成后较好地融于城市景观;太平湖车辆段由于建设时间较早而未进行上盖开发,紧邻北二环的太平湖车辆段严重割裂城市空间和功能,在北京核心城区形成一块"城市斑秃"。

图 1-2 北京轨道交通 10 号线五路停车场　　图 1-3 北京轨道交通 2 号线太平湖车辆段

城市轨道交通车辆段上盖开发项目,实质是以城市轨道交通站点为核心的 TOD 开发模式,是充分利用车辆段占地范围的土地资源,增厚地表,合理加密城市空间的一种建设方式。下盖车辆段与上盖开发作为有机整体,统一规划设计,分期建设实施,从而实现最佳的经济效益和社会效益。

1.3　国内车辆段上盖开发项目的发展阶段

作为一种崭新的建筑形式，车辆段上盖开发项目从规划设计到建设实施取得了诸多的创新、突破和成就。总体上讲，国内车辆段上盖开发项目的发展历程大致分为 4 个阶段。

（1）初期探索阶段。广大设计人员缺乏对此类建筑的认知，尚处于探索时期。代表工程为北京轨道交通复八线四惠车辆段上盖开发项目。

（2）逐步发展阶段。随着车辆段上盖开发项目经济效益和社会效益的体现，此类建筑逐渐得到广泛接受和重视，从建筑结构设计到施工建设都取得了创新和突破。代表工程为北京轨道交通 9 号线郭公庄车辆段上盖开发项目。

（3）深入研究阶段，通过对已建车辆段上盖开发项目的深入思考，总结得失和经验，逐渐形成较为完整的设计思路和方法，此阶段涌现了许多车辆段上盖开发工程项目。代表工程为北京轨道交通 10 号线五路停车场上盖开发项目及北京轨道交通 8 号线平西府车辆段上盖开发项目。

（4）成熟优化阶段，进一步针对之前工程出现的问题作出总结和改进，对部分关键问题作出专项研究，形成了完整的设计理念、思路、经验和方法，并在业内取得了一定的共识。代表工程为北京轨道交通 16 号线北安河车辆段上盖开发项目及北京轨道交通 6 号线东小营车辆段上盖开发项目。

1.4　国内车辆段工程举例

表 1-1 列举了国内部分车辆段上盖开发项目的结构形式、特点及意义。

国内部分车辆段上盖开发项目结构形式、特点及意义　　　　表 1-1

工程项目	上盖开发情况	结构形式	首层柱主要截面尺寸	结构设计特点	项目意义
北京轨道交通复八线四惠车辆段	7~10 层住宅	层间隔震结构	1.0m×1.0m，1.0m×1.2m	上下盖均采用框架结构；2 层顶设置隔震层	1)国内第一个轨道交通车辆段上盖开发项目；2)国内第一个大面积层间隔震项目；3)进行了缩尺振动台层间隔震试验研究
上海轨道交通 11 号线嘉定停车场	多层及高层办公楼、商业楼	框架结构	1.0m×1.0m	上下盖均采用框架结构；柱网对齐无转换	1)国内第一个在汽车库顶修建运用库的车辆段项目；2)国内第一个上盖开发商业的车辆段项目

续表

工程项目	上盖开发情况	结构形式	首层柱主要截面尺寸	结构设计特点	项目意义
南京轨道交通1号线南延线大学城停车场	6层商业楼	层间隔震结构	1.2m×1.2m	上下盖均采用框架结构；3层顶设置隔震层	1)国内第一个高架车辆段上盖开发项目；2)第一个采用高位层间隔震技术的车辆段（隔震层位于3层顶）
北京轨道交通7号线焦化厂车辆段	18层办公楼	下盖型钢混凝土框架结构、上盖为钢框架+支撑结构	1.5m×1.5m	下盖采用型钢混凝土框架、上盖采用钢框架+支撑结构；汽车库层设置桁架转换层	1)国内第一个车辆段上盖开发钢结构+支撑高层办公楼的车辆段项目；2)国内第一个地下车辆段上盖开发项目
北京轨道交通9号线郭公庄车辆段	18层住宅楼	框支剪力墙结构	1.2m×1.2m	通过性能化设计提高部分落地剪力墙的抗震性能；通过减振降噪专项研究确定合理的减振降噪方案	北京首个研究轨道交通上盖物业噪声与振动控制问题的车辆段项目
厦门轨道交通1号线厦门北车辆段	13层及30层住宅塔楼	全框支框架剪力墙结构（30层住宅塔楼）	1.8m×2.2m（内藏方钢管）	上盖采用剪力墙结构且高度超限；下盖采用型钢混凝土框架结构，整体为全框支框架剪力墙结构	1)国内上盖开发规模最大的大底盘多塔车辆段项目（共计19栋塔楼）；2)国内首个框支剪力墙高度超限的车辆段项目
福州轨道交通1号线新店车辆基地	23～28层住宅楼	框支剪力墙结构	1.0m×1.0m	为避免结构超限，各塔楼之间均通过设置结构缝，形成独立规则的单体结构	单塔楼结构单元车辆段上盖住宅开发项目
北京轨道交通8号线平西府车辆段	23层住宅楼	框支剪力墙结构	1.4m×1.6m（内藏十字型钢）	纵向设置剪力墙、横向剪力墙开洞形成短肢墙；桩基按弹塑性大震作用验算抗倾覆	1)国内首个设置型钢混凝土短肢墙的车辆段上盖开发项目；2)国内首个采用变截面内藏钢板混凝土剪力墙的车辆段项目
北京轨道交通16号线北安河车辆段	8层住宅楼	层间隔震结构	1.2m×1.2m、1.4m×1.4m（内藏十字型钢）	按现行《建筑抗震设计规范》GB 50011进行隔震设计	1)在高烈度抗震地区（8度区）实现上盖剪力墙灵活布置的车辆段；2)将结构隔震、车辆减振同时考虑

续表

工程项目	上盖开发情况	结构形式	首层柱主要截面尺寸	结构设计特点	项目意义
北京轨道交通7号线东延张家湾车辆段	3~5层多层商业	钢-混凝土混合框架结构	1.8m×2.2m（内藏十字型钢）	下盖采用混凝土框架（部分构件为型钢混凝土或钢管混凝土），上盖采用钢框架，形成钢-混凝土混合框架结构；上盖开发大面积平铺商业建筑	1）国内首例采用下盖钢筋混凝土＋上盖钢结构混合结构形式的车辆段；2）国内首个采取开敞式半下沉场区的车辆段工程
北京轨道交通16号线榆树庄车辆段	6~8层小高层住宅	下盖为型钢混凝土框剪＋防屈曲支撑、上盖为型钢混凝土框架＋防屈曲支撑结构	2.2m×1.7m（内藏十字型钢）	对上下盖同时提出性能要求，并进行性能化设计	国内首个上盖采用型钢混凝土框架＋防屈曲支撑结构形式的消能减震车辆段

表1-2列举了北京地区部分轨道交通车辆段上盖开发项目的结构形式及上盖开发情况。

北京地区部分轨道交通车辆段上盖开发项目一览表　　　　表1-2

车辆段名称	所属线路	建设时间（年）	上盖开发情况	下盖结构形式	是否隔震	上盖结构形式
平西府车辆段	8号线北段	2012	高层住宅	框支剪力墙	否	剪力墙
五路停车场	6号线、10号线	2016	高层住宅	框架剪力墙	是	剪力墙
焦化厂车辆段	7号线	2013	高层写字楼公建	框架结构	否	钢框架＋支撑
榆树庄停车场	16号线	建设中	高层住宅	框架剪力墙＋防屈曲支撑	否	框架＋防屈曲支撑
东小营车辆段	6号线	2018	高层住宅	框架剪力墙	是	剪力墙
北安河车辆段	16号线	2016	高层住宅	框架剪力墙	是	剪力墙
张家湾车辆段	7号线东延	2020	多高层商业公建	框架结构	否	钢框架结构
四惠车辆段	1号线	1999	多高层住宅	框架结构	是	框架结构
郭公庄车辆段	9号线	2012	高层住宅	框支剪力墙	否	剪力墙
次渠车辆段	17号线	2021	高层住宅	框支剪力墙	否	剪力墙
东坝车辆段	3号线、12号线	建设中	高层住宅	框支剪力墙	否	剪力墙
歇甲村车辆段	17号线	建设中	高层住宅	框架剪力墙	是	剪力墙

第2章 建筑功能与布置

2.1 车辆段上盖开发项目总平面设计

车辆段的总平面设计与建设投资、建成后的运营成本及环境保护等因素密切相关，通常涉及场址选择、性质及规模、车辆检修与运用设施的布置、检修工艺、附属生产用房及生活设施用房的布置、场区管线综合和远期预留等诸多问题的考虑。总平面设计在整个车辆段工艺设计中占据重要的主导地位。尽管现行相关设计规范已对车辆段总平面设计提出了各种要求，但由于实际各个工程项目遇到的情况不尽相同，故总平面设计考虑的侧重点也不甚一致，目的旨在取得技术、经济等方面合理优化的设计方案。图 2-1 基本涵盖了轨道交通车辆段场区总平面设计的思路和流程。

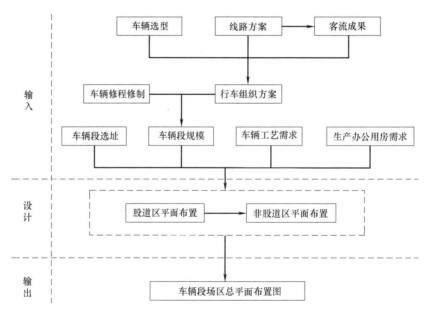

图 2-1 轨道交通车辆段场区总平面设计流程图

通常车辆段场区内主要包括车辆段主体建筑、配套附属用房、场区道路、配套市政设施、落地开发区建筑、大门及围墙等各种建（构）筑物。其中车辆段主体建筑一般主要由库区（运用库和联合检修库）、咽喉区、出入段线 3 部分组成。图 2-2 为北京某轨道交通车辆段场区布置总平面图。

第2章 建筑功能与布置

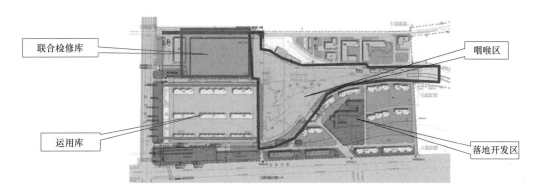

图 2-2 北京某轨道交通车辆段场区布置总平面图

2.2 车辆段上盖开发项目主体建筑布置

车辆段主体建筑用房的布置与车辆段场地条件、线路及工艺要求、自身使用功能等因素息息相关。

运用库的主要用途是为车辆提供停放场所及临时检修功能，车辆每日停止运营后均需回库停放、更换零件或临时检修，故其使用频次最高。由于其主要使用功能仅为停放车辆或临时检修，故其线路股道基本沿一个方向平行布置，运用库建筑平面大多为矩形，采用规则的矩形柱网。工艺需求方面，垂直轨道方向（以下简称"横向"）各股道之间满足基本的限界线间距＋结构柱宽度并略微留有余量即可，通常采用一跨2线布置，跨度12～14m；有时为了节省面积或者与上盖柱网尺寸结合采用一跨3线布置，跨度可达18～20m，如图2-3（a）所示。竖向上，运用库在满足车辆限界的基础上，仅需为一部分桥架管线或综合支吊架等提供安装空间，建筑层高大多为9～10m（库区建筑地面至首层结构顶），加上基础埋深（一般算至基础柱墩顶部），首层结构层高10～11m。此外，为充分利用建筑层高，库区首层辅跨一般设置夹层，形成上下两层办公用房的形式，并与停车区分隔开，如图2-3（b）所示。

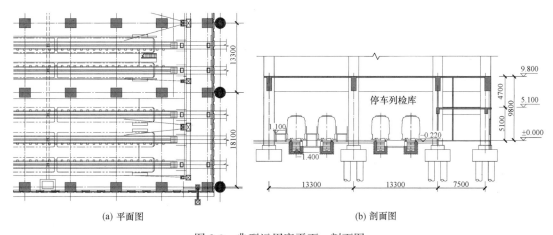

图 2-3 典型运用库平面、剖面图

联合检修库主要用途则是为车辆提供月检、架修或大修等功能，相对运用库使用频次低，建筑平面通常也为平行线路股道构成的矩形库房。联合检修库的特点是股道之间需要设置各种检修设备、检修爬梯等，股道位置还需要留有检修坑，以满足工作人员检修等需求。因此，股道间距比运用库大，柱网尺寸除满足限界要求外，尚需满足工艺设备空间需求。横向多采用一跨1~2线布置，跨度不等，一跨1线跨度为10~12m，一跨2线跨度为16~18m，个别采用一跨3线跨度可达20~22m，如图2-4（a）所示。竖向上，联合检修库类似工业厂房，设有车辆检修所需的各种吨位吊车。为满足起重高度要求，联合检修库首层层高11~12m属正常，有时可达13m（库区建筑地面至首层结构顶），加上基础埋深（一般算至基础柱墩顶部），首层结构层高12~14m。此外，部分首层结构柱需要增设牛腿，并在牛腿上架设吊车梁及车挡等构件。同样，为充分利用建筑层高，库区首层辅跨一般设置夹层，形成上下两层办公用房的形式，并与检修区分隔开，如图2-4（b）所示。

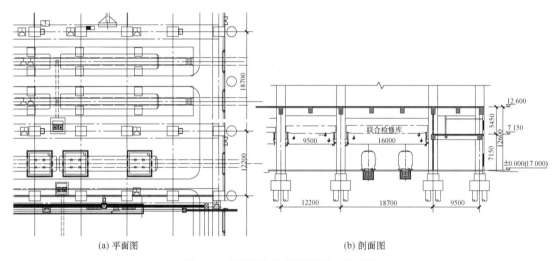

图2-4 典型联合检修库平面、剖面图

如上所述，运用库及联合检修库横向柱网尺寸受工艺条件等因素制约，可调余地不大，但顺轨道方向（以下简称"纵向"）柱网基本不受工艺约束，布置较为灵活。为减少单柱分担的水平和竖向荷载作用，实际纵向跨度一般较横向跨度小。纵向柱网大小的最重要决定因素为上盖开发建筑的柱网尺寸，如上盖开发住宅类建筑，则柱网尺寸主要由住宅分户墙位置即住宅户型开间所决定，局部柱网尺寸较小，以4.5~6m为主，如图2-5所示；如上盖开发办公类或商业类建筑，空间要求宽敞，隔墙布置灵活，为和上盖柱网尺寸对应，下盖纵向柱网尺寸一般也稍大，以7~9m为主，如图2-6所示。纵向柱网布置总的原则是，在保证尽量多上下盖柱网对齐的前提下，柱网尺寸宜小不宜大，从而更有利于满足结构受力需求。库区框架结构柱截面形状主要以方形或长方形为主。

不同于库区的平行股道及柱网，咽喉区将线路逐渐汇集起来与正线平顺相接，平面外形看似人体咽喉，故而得名。显然受工艺及线路要求影响，咽喉区主体建筑外形不规则，柱网也受到线路股道影响，横向柱网布置不规则。咽喉区最主要的特点是，股道岔线很多，当岔线密集时一般没有条件在股道间设立结构柱，故在咽喉区岔线区段存在较多大跨柱网。通常无岔线部位横向柱网跨度较小，10m左右为正常跨度；而岔线部位横向柱网跨度

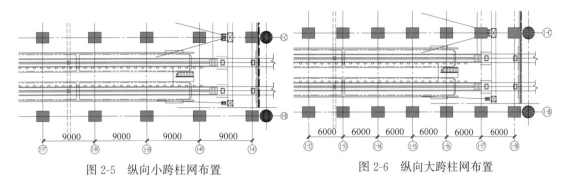

图 2-5　纵向小跨柱网布置　　　　　图 2-6　纵向大跨柱网布置

较大，可达 17～18m，甚至个别跨度 20m 有余，如图 2-7（a）所示。此外，横向柱网同一轴线上大小跨情况较为常见，结构受力较为不利。出入段线部位，各个股道基本汇成正线，形式类似于区间段，建筑轮廓变为规则矩形，结构柱网规则。由于线间一般均可布置结构柱（局部岔线位置除外），跨度不大。竖向上，咽喉区并无过多净空要求，仅满足车辆限界及设备安装高度（如顶装射流风机、接触网等）即可，8～9m 属于正常（咽喉区地坪至首层结构顶），加上基础埋深（一般算至基础柱墩顶部），首层结构层高 9～10m，如图 2-7（b）所示。因咽喉区平面布置不规则，难以确定两正交抗侧力方向，故咽喉区结构柱截面形状主要以圆形为主，局部限界制约部位采用矩形等其他形状。出入段线采用矩形结构柱。

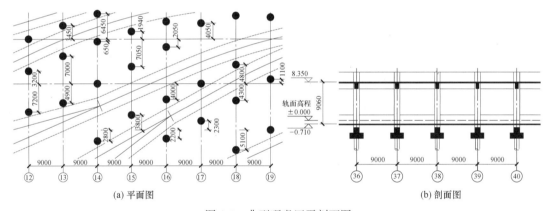

(a) 平面图　　　　　　　　　　　　(b) 剖面图

图 2-7　典型咽喉区平剖面图

现阶段，不论车辆段上盖开发住宅还是公建，均有一定停车数量的需求，因此车辆段库区上方 2 层通常设置汽车库层。根据下盖柱网尺寸，当纵向柱网采用 6.0～7.0m 等较小跨度时，汽车库采用一跨 2 车布置，如图 2-8 所示；当纵向柱网采用 8.4～9.0m 大跨度时，则可采用一跨 3 车布置，如图 2-9 所示。竖向上，汽车库结构层高一般为 4.5～5.0m 为宜，可满足建筑面层＋车库净空高度＋风管等设备高度＋结构梁板高度的需求，如图 2-10 所示。

对于车辆段上盖开发项目，上盖开发主要可以利用的区域为运用库及联合检修库，此部分下盖柱网相对规则，上盖结构柱网相对容易和下盖柱网对齐布置。而且，库区部分一般车速较低、有建筑二次隔墙将其围成封闭环境，振动及噪声得到一定控制，故在库区上方开发住宅类建筑居多。相比之下，库区中的运用库区域因首层结构层高及柱网跨度小、

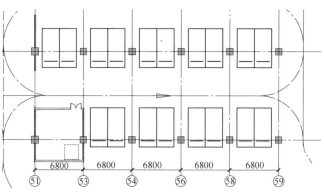

图 2-8 一跨 2 车布置汽车库

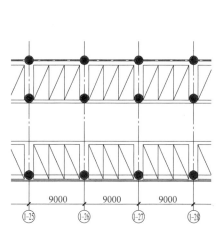

图 2-9 一跨 3 车布置汽车库

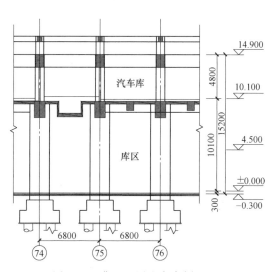

图 2-10 典型 2 层汽车库剖面图

不存在噪声较大的设备,是上盖开发最有利的区域。考虑到建筑防火、日照以及与下盖柱网结合等问题,以户型组拼而成的板楼居多;考虑到限高要求且下盖已有 14～16m 的房屋高度,上盖开发塔楼以小高层住宅居多,如图 2-11 所示。上盖开发塔楼根据不同建筑功能包括框架结构、框架+支撑结构、框剪结构、剪力墙结构等多种结构形式。咽喉区因

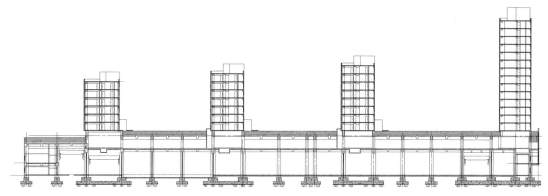

图 2-11 典型库区住宅塔楼开发剖面图

其柱网不规则、线路曲线段很多且大多四面开敞，振动及噪声控制相对不利，很难进行标准化的住宅开发，实际中仅开发 3~5 层低矮的公共商业建筑为主，如图 2-12 所示，结构形式主要为框架结构，或者不进行上盖开发。

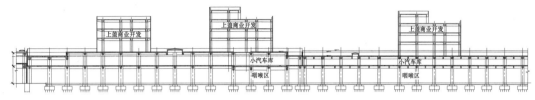

图 2-12　典型咽喉区小型商业开发剖面图

2.3　车辆段上盖开发项目的各方分界界面

如上所述，库区、咽喉区、出入段线位于首层，是轨道交通正常运营所需用房；2 层根据上盖开发要求大多设置汽车库层（个别为配套商业或设备夹层）；3 层及以上为上盖开发塔楼，整体上形成楼座范围内"大库层-汽车库层-塔楼首层加高层-塔楼标准层"、楼座范围外"大库层-汽车库层-屋面覆土"的竖向布局。从产权单位角度看，首层归轨道交通运营公司；而 2 层汽车库属于为上盖开发预留，其产权单位归未来上盖开发单位所有，下盖与上盖的分界面在大库顶部（首层顶）。对于建筑和风水电等专业而言也是如此，此分界部位的设计需考虑一些特殊问题，如（1）上盖的人流、车流不允许下到下盖轨道交通车辆段场区内；（2）雨污水排放要做到"上水上排、下水下排"，上下盖分别收集排放"自家"范围的雨污水形成独立的排水系统，不能侵入"别人家"的范围；（3）上下盖水电供给管线应分开设置，并应分别计量等。

如果单从结构设计的角度出发，上述分界不甚合理，上下盖的分界位置也不尽相同。当上盖开发多栋塔楼时，首层轨道交通库区＋2 层汽车库整体作为上盖开发塔楼的"底盘"和裙房，整体形成大底盘多塔结构。当采用层间隔震结构时，隔震层一般设在 2 层汽车库顶，隔震层天然将上盖开发塔楼及下盖底盘分为上下两部分。显然对结构设计而言，在 2 层汽车库顶进行上下盖分界更为科学。

此外，对于土建施工，上述两种分界均有可能。当下盖土建施工单位施工至 2 层顶（汽车库顶）并为上盖开发塔楼预留二次施工条件时，分界界面位于 2 层汽车库顶，下盖土建施工单位为上盖业主代建 2 层汽车库；当下盖土建施工单位仅施工首层车辆段时，分界界面位于首层顶。此处笔者推荐土建施工至 2 层汽车库顶，其原因是：（1）此种方式只需在塔楼楼座范围内预留柱插筋，对库顶满铺的 2 层汽车库而言，其插筋数量远小于在首层顶预留的柱插筋数量；（2）上盖开发施工可利用汽车库顶平台做施工场地，2 层汽车库顶留设规划覆土，该覆土不但可使汽车轮压有效扩散，而且防止重车轮压直接碾压结构梁板，有利于结构梁板的保护；（3）施工重车沿上盖消防车道走行有利于结构承载，避免因上盖开发施工而需额外提高结构梁板承载能力；（4）下盖施工至 2 层汽车库顶，下盖裙房主体结构、防水层及其保护层、屋面覆土全部施工完成，工序相对完整。如仅施工车辆段首层结构，则库区首层顶需增设临时防水层及防水保护层、临时屋面排水找坡，并考虑二期上盖开发车辆走行及施工堆载等荷载预留问题；(5) 下盖施工至 2 层汽车库顶，上盖开发施工时通过 2 层汽车库与下盖分隔，施工车辆通过连桥坡道直接上至汽车库顶施工作业平台，从而有效减小上盖开发施工对下盖轨道交通正常运营的影响。

图 2-13 给出典型车辆段上盖开发项目业主、建筑及风水电专业上下盖分界，以及结构专业、土建施工上下盖分界示意。

（本书以下章节所述上、下盖均指结构与施工在 2 层汽车库顶分界的情况，特在此说明）

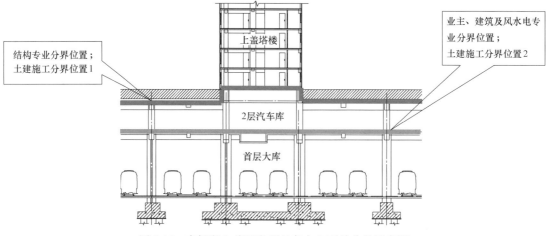

图 2-13 车辆段上盖开发项目各方上下盖分界示意图

第3章 结构方案与优化

3.1 车辆段上盖开发项目结构特点

如前所述,平面布置上,库区部分通常为矩形并形成两向正交的抗侧力体系,结构各框架柱分担荷载明确且较为均匀,体型规则;而咽喉区部分受线路影响,横向柱网跨度相差较大,结构无两向正交抗侧力体系,平面体型不规则。

竖向布置上,受车辆限界及工艺方面的限制,首层结构层高较高。咽喉区一般为9~10m,运用库10~11m居多,联合检修库达12~14m(以上均为结构层高)。2层汽车库层高4.5~5.0m,汽车库顶通常需设置1.0~2.0m屋面覆土。为适应此覆土厚度,上盖开发塔楼首层(整体结构3层)层高一般为4.0~5.0m(即"塔楼首层加高层"),塔楼标准层则3.0m左右。从结构角度看,整体竖向从下至上形成"大库-汽车库-塔楼首层加高层-塔楼标准层"的布局,呈现明显下柔上刚的"猴顶灯"不利情形。图3-1为北京某轨道交通车辆段运用库主体结构典型剖面图。

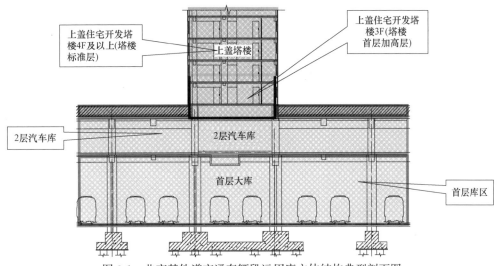

图 3-1 北京某轨道交通车辆段运用库主体结构典型剖面图

3.2 结构单元的划分

车辆段上盖开发项目进行合理的结构单元划分,将整个建筑划分成若干个结构单体是必要的。原因如下：(1) 车辆段建筑平面尺寸较大，一般平面总长可达几百米至上千米，如不进行合理的单元划分，结构过于超长。(2) 不同地质情况、基础形式、结构形式、荷载分布、下盖建筑体型、上盖开发塔楼位置及层数等诸多因素使得结构各部分差异较大，也需要通过设置结构缝将差异较大的各部分结构分开，以利结构承载受力。(3) 建筑格局形成天然的结构设缝条件，如库区与咽喉区之间设置的平交道，运用库与联合检修库之间设置的场区道路等。

结构缝划分的总体原则是：(1) 差异明显的建筑功能分区之间。如库区与咽喉区之间，运用库与联合检修库之间。(2) 上盖开发塔楼平面及高度差异较大，荷载分布差异严重部位。如多层塔楼与高层塔楼之间。(3) 不同结构形式之间。车辆段因其体量庞大且结构形式复杂，通常根据不同部位的特点由多种结构形式组合构成，不同结构形式之间宜设置结构缝分为独立的结构单元，以利结构变形与受力协调。(4) 地质情况差异较大或不同基础形式之间。不同地质情况或不同基础形式，地基及基础承载及变形能力差异较大，应通过划分结构缝形成独立的结构单元。(5) 建筑平面体型特别不规则时，宜通过设置结构缝划分为规则的单体结构。如塔楼过分偏置、刚度分布过于不均等情形。(6) 结构单元平面尺寸过于超长时，应通过设置结构缝适当减小结构单体平面尺寸。(7) 除上述因素外，其他应设置结构缝的情形。

图 3-2 为北京某轨道交通车辆段分区示意图。

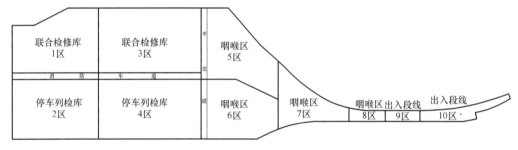

(a) 平面分区示意图

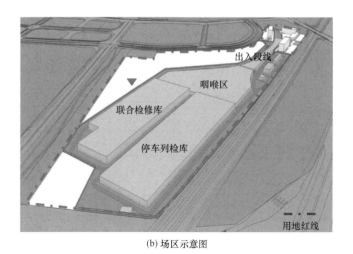

(b) 场区示意图

图 3-2 北京某轨道交通车辆段分区示意图

3.3 上盖建筑材料的选择

车辆段下盖结构一般采用钢筋混凝土、型钢混凝土或钢管混凝土组合结构。对上盖开发塔楼，根据所使用的建筑材料不同，可分为钢筋混凝土结构和钢结构两大类。二者存在各自的优缺点及相应的适用范围，如表3-1所示。实际工程应根据上盖开发塔楼的高度与层数、建筑布置及功能，对下盖结构的影响等因素综合考虑，采用合适的建筑材料。

上盖开发塔楼钢筋混凝土与钢结构优缺点比较　　　　　　表3-1

比较项目	钢筋混凝土结构	钢结构
适用建筑高度	相对较低	相对较高
结构重量	较重	较轻
结构梁柱尺寸	较大	较小
抗震性能	相对不利	相对有利
施工周期	较长	较短
是否存在湿作业	存在	不存在
运营维护成本	较低	较高
耐久性能	较好	较差
防火防腐性能	较好	较差
造价	相对较低	相对较高
适用范围	一般工业与民用建筑	商业办公等公建及大跨空间结构

3.4 车辆段上盖开发项目结构形式

3.4.1 车辆段常见结构形式的优缺点及适用范围

根据上盖开发塔楼楼座布置、结构高度、使用功能的不同，车辆段上盖开发项目常见有以下4种结构形式：（1）框架及带转换的框架结构；（2）框架＋支撑/耗能支撑结构；（3）框支剪力墙结构；（4）层间隔震结构。表3-2列举了上述结构形式的特点及适用范围。

轨道交通车辆段上盖开发项目常见结构形式、特点及适用范围　　　　　　表3-2

下盖结构形式	是否隔震	上盖结构形式	结构特点		适用范围
			优点	缺点	
混凝土框架结构	否	框架结构（混凝土框架/钢框架）	结构形式上下一致，转换形式简单，竖向传力明确；跨度较大可满足建筑大空间需求；上盖开发塔楼建筑布置相对灵活	适用高度较低；柱截面尺寸较大	多层商业开发或低烈度地区层数不高的住宅开发

续表

下盖结构形式	是否隔震	上盖结构形式	结构特点 优点	结构特点 缺点	适用范围
混凝土框架＋支撑结构或混凝土框剪结构	否	混凝土/钢框架＋支撑结构	对建筑高度、抗震烈度的适应性较强；当支撑不落至2层汽车库时，对下盖建筑功能影响较小；截面尺寸相对优化	支撑的布置受上盖建筑条件制约；采用混凝土框架＋普通钢支撑时，因包络设计不能减小柱截面尺寸及配筋；框架柱突出墙面影响建筑功能；钢结构用于住宅工程目前仍不被大多数业主所接受	结构高度较高的办公及住宅开发项目
混凝土框剪结构	是	剪力墙结构	隔震层的设置解决了横向剪力墙不能落地的困难；隔震层上部结构截面尺寸优化；上盖建筑布置基本不受下盖柱网的影响，从而实现灵活布置；隔震层不但可减小隔震层上部结构水平地震作用，一定程度还可减小车辆竖向振动，使隔震层上部结构的舒适性得到改善	仅适用于上盖开发高度不高层数较少的多层或小高层建筑，适用高度应根据结构高宽比按规范要求确定；下盖结构受规范指标及性能化设计等因素控制截面尺寸相对更大，造价更高；对6、7度低烈度设防区减震效果降低；隔震层本身需定期维护，工艺较为复杂，维护费用相对较高	对上盖开发塔楼设计要求相对较高、柱网需灵活布置的多层及小高层上盖开发项目
混凝土框剪结构	否	混凝土框剪结构、剪力墙结构	对建筑高度、抗震烈度的适应性强；墙柱截面尺寸相对优化；剪力墙结构用作住宅时，墙体结合隔墙设置，基本不影响建筑功能	下盖结构横向需有一定剪力墙落地条件，当受车辆限界限制剪力墙落地困难时，需采用剪力墙开洞形成短墙肢等处理措施；结构两主轴方向刚度差异较为显著；上盖开发塔楼布置受下盖柱网制约较大	结构高度较高的住宅建筑

针对上述各种结构形式的优缺点及适用范围，笔者根据以往工程经验推荐车辆段上盖开发项目结构形式选择如表3-3所示。

3.4.2　关于结构形式的比选与思考

选择合理的结构形式是结构设计人员在每一个工程设计之初就需根据设计条件和经验把握和确定的问题。选择合理的结构形式，不但有利于后续结构布置、分析与设计，而且有利于结构安全及建筑功能的实现。因此，结构形式的合理与否关乎整个工程结构设计的成败。笔者根据以往设计经验和体会，对结构形式的选择做如下分析与说明，供广大设计人员参考。

车辆段上盖开发项目结构形式选择参考一览表 表 3-3

抗震设防烈度	上盖开发塔楼层数	对上、下盖结构布置需求		可考虑采取的结构形式
8 度区	3 层及以下	无特殊要求		混凝土框架结构（可带转换）
	4 层及以上	有剪力墙落地条件		混凝土框架剪力墙结构
		有部分剪力墙落地条件		混凝土框支剪力墙结构
		无剪力墙落地条件	对上盖结构设计要求一般	混凝土框架/钢框架＋支撑
			对上盖结构设计要求稍高	混凝土/钢框架＋防屈曲支撑
			对上盖结构设计要求很高	层间隔震（宜 10 层或以下）
7 度区	10 层及以下	无特殊要求		混凝土框架结构（可带转换）
	11 层及以上	有剪力墙落地条件		混凝土框架剪力墙结构
		有部分剪力墙落地条件		混凝土框支剪力墙结构
		无剪力墙落地条件	对上盖结构设计要求一般	混凝土框架/钢框架＋支撑
			对上盖结构设计要求稍高	混凝土框架/钢框架＋防屈曲支撑
6 度区	13 层及以下	无特殊要求		混凝土框架（可带转换）
	14 层及以上	有剪力墙落地条件		混凝土框剪结构
		有部分剪力墙落地条件		混凝土框支剪力墙结构
		无剪力墙落地条件	对上盖结构设计要求一般	混凝土框架/钢框架＋支撑
			对上盖结构设计要求稍高	混凝土框架/钢框架＋防屈曲支撑

注：1. 8 度区 4 层及以上、7 度区 11 层及以上、6 度区 14 层及以上上盖开发塔楼，根据实际情况选择采用混凝土框架或钢框架，原则上优先采用混凝土框架，当塔楼高度超高或计算困难时考虑采用钢框架；根据现行国家标准《建筑抗震设计规范》GB 50011 附录 G 的规定，对于混凝土框架＋钢支撑结构其最大适用高度不宜超过钢筋混凝土框架结构和框架-剪力墙结构二者最大适用高度的平均值。通常情况，按表中所列均不超高。

2. 表中所列"对上盖结构设计要求稍高"指与一般小震常规设计的上盖开发塔楼结构相比，塔楼结构需做一定性能化设计并对中、大震下结构性能有所提高的情形。表中所列"对上盖结构设计要求很高"指受建筑或业主要求，上盖开发塔楼需要灵活布置、为满足塔楼使用功能而墙柱截面尺寸严重受限等情形。

3. 本表所述防屈曲支撑也可根据具体工程情况采用其他消能减震构件代替。

4. "上盖开发塔楼层数"一栏所列楼层层数分界应根据具体工程实际情况作适当调整。

（1）框架、框支剪力墙、框架＋支撑的比选与思考

众所周知，结构形式的选择首先要考虑房屋高度。框架结构适用于层数较少的低矮建筑，尤其对高烈度设防地区，即使房屋高度未超过现行《高层建筑混凝土结构技术规程》JGJ 3 关于框架结构 A 级房屋高度的限值要求，但当房屋较高以后，在上盖开发塔楼截面尺寸受限的情况下纯框架结构计算起来已很困难。笔者试算过 8 度区上盖开发 3~4 层的纯框架塔楼，框架柱截面尺寸计算结果已经较大。总之，框架结构用于低烈度地区房屋高度不高的车辆段上盖住宅开发项目，或者对构件截面尺寸要求不高的车辆段上盖商业开发项目。

当房屋高度稍高或抗震设防烈度较高时，在上盖开发塔楼截面尺寸受限情况下，优先选用框支剪力墙或框架＋支撑结构形式。框支剪力墙结构与框架＋支撑结构相比，二者最大的区别是剪力墙的抗侧刚度远大于支撑的抗侧刚度，所以对上盖开发塔楼采用框架剪力墙结构更有利于优化其截面尺寸，利于建筑功能。但上盖采用框架剪力墙结构的前提是，其对应跨的下盖部位结构横向必须留有一定的"富裕"布置截面尺寸足够的短肢墙（一般

需进行指标较高的性能化设计），以满足框支结构设计的要求。采用框架+支撑结构则情况相反，支撑提供的刚度有限，框架柱仍需保证相当的截面尺寸为整体结构提供抗侧刚度，此外对框架+普通支撑结构需按照有无支撑两种情况做框架包络设计，截面尺寸也不宜过小，以便满足承载配筋要求。其优势是支撑不必落至首层库区，对首层大库的影响小。总体来讲，框支剪力墙结构相对有利于上盖，而框架+支撑结构则相对于下盖更为有利。

（2）层间隔震的比选与思考

层间隔震是近些年较为流行的车辆段上盖开发项目结构形式。对高烈度地区项目，此种结构形式应用效果较好。①通常高烈度地区上盖开发塔楼，需设置一定数量的剪力墙才能有效保证塔楼整体的抗侧刚度。当车辆段塔楼下盖结构横向尺寸受限严重时，塔楼下盖结构无法设置短肢墙或短肢墙尺寸无法满足计算要求，结构设计困难。采用层间隔震后解决了横向剪力墙不能落地问题。②8度区不宜采用厚板转换（类似"万能平台"方式）。采用层间隔震后，隔震层充当转换层，上盖开发塔楼墙柱布置更为灵活，基本不受下盖结构柱网条件限制。③层间隔震可有效减小隔震层上部结构的水平地震作用，从而减小上盖开发塔楼的梁柱截面尺寸。根据目前的设计经验，8度区层间隔震项目基本可减小1度，即按7度区地震作用计算。④除有效减小水平地震作用外，隔震支座还可一定程度缓解车辆运营所引起的竖向振动，虽然不及道床弹簧隔震支座，但相比未采用层间隔震结构形式的车辆段项目，其对上盖开发塔楼的车辆减振降噪起到一定的积极作用，尤其对上盖开发住宅等噪声控制要求严格的项目，是具有较大意义的。

虽然对于高烈度地区采用层间隔震结构形式的车辆段上盖开发项目具有以上优势，但同时也应看到其存在一定欠妥之处。①隔震结构隔震层位置越低，隔震效果越好，最为有利的隔震位置应当是基础隔震。但由于车辆段上盖开发项目上盖开发塔楼的横向剪力墙不能落地，为了满足竖向构件转换的需求，隔震层基本只能限定设置于竖向构件不连续的2层汽车库顶位置。②层间隔震结构的应用范围相对有限。众所周知，隔震结构适宜用在低矮的以剪切变形为主的短周期结构当中，对于上盖开发多层或小高层塔楼项目，采用隔震结构可以起到良好的减震效果，但对上盖开发塔楼高度较高的项目，减震效能显著减低且塔楼底部倾覆弯矩容易引起隔震边支座拉应力超限。③层间隔震结构对于6、7度区减震效果不及8度区明显。④隔震层下部结构需要满足嵌固刚度比及较高的性能指标要求，为此车辆段下盖结构构件截面尺寸相对较大，造价相对较高。

采用层间隔震结构形式的车辆段上盖开发项目优缺点比较明显，此种结构形式对车辆段上盖开发塔楼的有利程度及对下盖车辆段的不利程度均超过框支剪力墙结构及框架+支撑结构。

（3）框架+普通支撑、框架+防屈曲支撑、框架+普通支撑+阻尼装置的比选与思考

框架+普通支撑结构，是在纯框架结构中加入一定数量的普通钢支撑。当采用纯框架结构整体抗侧刚度不足时，可考虑采用框架+普通支撑结构形式。此时，钢支撑为框架提供必要的侧向刚度，使整体结构满足层间侧移角限值的要求。当采用纯框架结构框架柱由承载能力控制配筋较大时，则不宜采用框架+普通支撑结构形式，原因是按照现行国家标准《建筑抗震设计规范》GB 50011附录G的要求，框架部分的设计应取框架+支撑及纯框架二者的包络结果，即无法通过增设普通钢支撑减小框架柱截面尺寸及配筋。此外，中震或大震下，普通钢支撑可能受压屈曲已经退出工作，当上盖开发塔楼结构在中震、大震

下有较高性能水准时，普通钢支撑往往不能满足设计要求。此时，可考虑采用框架＋防屈曲支撑结构形式。

框架＋防屈曲支撑结构，避免了框架＋普通支撑框架部分的包络设计要求，当按纯框架设计框架柱由承载能力及配筋控制时，可有效减小其截面尺寸及配筋。但此种结构形式也存在一定的问题。①与防屈曲支撑相连的"子结构"构件通常需要较高的性能化设计水准，子结构梁柱构件截面尺寸及配筋较大；②当上盖开发塔楼由刚度控制时，防屈曲支撑芯材截面尺寸会因需要满足小震下结构整体抗侧刚度而不能有效减小，且支撑杆件数量设置较多，以至出现大震下其耗能能力有限甚至不能屈服耗能的尴尬局面。如采用低屈服点材质的防屈曲支撑（如LY160或LY100低屈服点钢材），造价增加较为显著。

有业内学者或专家则进一步提出，既然以防屈曲支撑为代表靠降低材料屈服承载力为主要措施的金属阻尼装置普遍存在不易屈服问题，是否采用黏滞阻尼可回避这一问题呢？答案当然是肯定的。结构中设置足够的抗侧力构件使其保证必要的抗侧刚度，使小震下层间侧移角满足规范要求。在此基础上设置一定数量的黏滞阻尼装置（如液体黏滞阻尼器），使其在中震及大震下发挥减震性能。也就是说，抗侧力构件及黏滞阻尼装置二者各负其责。此种结构形式固然可以达到相对理想的消能减震效果，但阻尼装置的后期维护是值得考虑的问题，此外，对于一般民用建筑，是否有必要花费高额的造价满足如此高的设计标准值得商榷，经济效益也是结构设计不得不面对和考虑的问题。

综上所述，对上盖开发塔楼设计从有利到不利总的结构形式排序为：①层间隔震结构（上盖开发塔楼一般为剪力墙结构）；②框支剪力墙结构；③框架＋支撑/防屈曲支撑结构；④框架结构。即上盖开发塔楼竖向抗侧构件数量越多且刚度越大，越有利于优化单个墙柱构件的截面尺寸，从而有利于建筑功能的实现。而对下盖结构从有利到不利总的结构形式排序则正好相反。正所谓"鱼与熊掌不可兼得"，车辆段上盖开发项目上述结构形式均存在，必然因其"各有利弊"。此外笔者还想指出的是，上述结构形式应用于实际项目变化较多，体现在：①同一项目的不同上盖开发塔楼，可以采用同一种结构形式，也可以采用多种结构形式的组合。如当上盖开发各塔楼高度层数相差较大时，较高塔楼采用框剪结构，较低塔楼采用框架结构或框架＋支撑结构。②同一项目的不同方向，可以采用相同的结构形式，也可以采用不同的结构形式。如上盖开发塔楼只沿弱轴方向设置支撑形成框架＋支撑结构，而强轴方向未设支撑采用纯框架，塔楼整体形成单向框架＋支撑结构。③同一上盖开发塔楼不同楼层，可以采用同一种结构形式，也可以采用多种结构形式的组合。如下盖底盘采用框剪结构，上盖开发塔楼采用框架或框架＋支撑结构；采用框架＋支撑结构形式的上盖开发塔楼，底部若干楼层采用防屈曲支撑而上部楼层采用普通支撑。综上，广大结构设计人员应充分熟知各种结构形式的基本特征、优缺点和适用范围，根据所设计工程项目的特点和条件，采取合理的结构形式或其组合，以更好地适应不同工程的需求。

3.5 结构布置的基本原则

结构刚度均匀、对称，结构质量中心与刚度中心尽量重合，这是所有结构设计构件布置的一般总体原则。搞清车辆段上盖开发项目的结构特点，理解和把握结构概念设计尤为重要。

如前所述，对结构纵向布置，由于下盖结构首层层高较高，为满足刚度比及受剪承载力比的要求，避免形成明显的软弱层或薄弱层，纵向适当增设剪力墙形成框剪结构较为有效。纵向剪力墙布置一般不受其他专业条件制约，可在适当部位灵活布置，上盖开发塔楼剪力墙通常也可落至首层地面。对结构横向布置，如上盖开发塔楼位置位于辅跨用房或非线路跨上方，塔楼横向剪力墙可落至首层地面，如上盖开发塔楼位于线路跨上方，塔楼横向剪力墙则受线路影响不能落于首层地面。在塔楼楼座位置不可调整的情况下，必须采取措施布置一定数量的横向剪力墙，以使整体结构两主轴方向动力特性相近。包括以下做法：(1) 在非线路跨布置横向剪力墙（注意，不可距离楼座太远，最好位于"塔楼相关范围"，详见 6.1.4 节有关内容），例如辅跨夹层的隔墙部位，如图 3-3 所示。(2) 与建筑、工艺及站场等相关专业协调，适当增大下盖结构横向尺寸，预留个别"结构富裕跨"，目的是在这些"结构富裕跨"布置横向剪力墙，如图 3-4 所示。(3) 采用框支剪力墙的结构，尽量增大下盖剪力墙开洞后短肢墙的宽度及厚度。(4) 选择合适的柱截面形式，如工字形、箱形截面等。

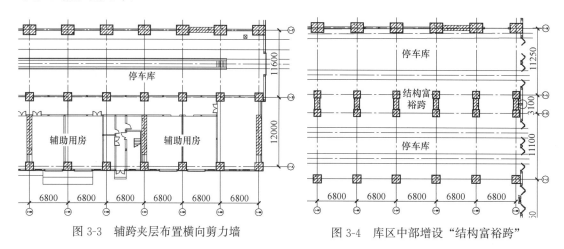

图 3-3　辅跨夹层布置横向剪力墙　　　　图 3-4　库区中部增设"结构富裕跨"

除剪力墙外，布置支撑也可提高结构抗侧刚度，布置原则与剪力墙布置相似。由于支撑的抗侧刚度远不及剪力墙，所以实际设计中还是首选考虑布置剪力墙，对采用框架＋支撑/防屈曲支撑结构形式的上盖开发塔楼其支撑对应的下盖位置，或因建筑功能要求不能布置剪力墙的部位，再行考虑布置支撑构件。

此外，对于层间隔震结构，隔震层下部结构剪力墙布置虽然相对其他结构形式灵活，但由于现行国家标准《建筑抗震设计规范》GB 50011 规定隔震层以下的结构（包括地下室和隔震塔楼下的底盘）中直接支撑隔震层以上结构的相关构件，应满足嵌固的刚度比和隔震后设防地震（中震）的抗震承载力要求，故在"塔楼相关范围"内，纵横两向也应布置足够的剪力墙以满足此项规定。

竖向上，首层受工艺等专业限制结构层高较高，在满足相关专业需求的前提下尽量压低层高是结构专业配合的唯一要务。对于 2 层汽车库，结构层高控制尤为关键。(1) 层高过高，则上盖开发塔楼底盘不稳，对塔楼抗侧固然不利；(2) 层高过矮，则容易造成楼层侧向刚度及受剪承载力远大于首层。为满足楼层侧向刚度比及受剪承载力比值要求，需增大首层柱截面尺寸且需减小 2 层柱截面尺寸，可能造成不能满足上盖开发塔楼承载需求的情形。总之，结构设计人员应与建筑专业配合严格控制2层汽车库层高，使整体结构楼层侧向刚度及受剪承载能力沿高度方向均匀变化。按以往工程经验，汽车库层高4.5～5.0m较为理想。

对2层汽车库顶覆土厚度的控制，结构设计人员应特别引起重视。(1)覆土过厚，下盖2层汽车库顶荷载过大，不但不利于梁板结构承载，而且为适应此覆土厚度使得3层（上盖开发塔楼首层）层高过高，使上盖开发塔楼同样形成"猴顶灯"式的下柔上刚不利情形，塔楼首层与塔楼2层的楼层侧向刚度比与受剪承载力比也不容易满足要求。对上盖开发住宅类塔楼项目，塔楼首层柱截面尺寸过分加大会严重影响建筑使用功能。(2)覆土过薄，消防车及上盖开发塔楼二次施工时重车走行至2层汽车库顶屋面梁板结构，轮压无足够覆土分散，对梁板结构局部荷载作用较大。即使是项目建成后的一般正常使用阶段，一定的覆土对2层汽车库顶屋面梁板结构也是一种必要的保护。按以往工程经验，覆土厚度1.0～2.0m为宜。

上盖开发塔楼的结构布置与一般多高层建筑相似，应根据上盖开发塔楼的建筑功能选择合适的结构形式并进行结构布置。一般上盖开发住宅类塔楼的剪力墙布置在楼电梯间及分户墙部位，上盖开发公共建筑类塔楼的剪力墙布置在垂直交通核部位等，此处不再赘述。这里需提请广大结构设计人员注意的是，在方案阶段结构专业就需与建筑专业尽量配合使上盖开发塔楼柱网与下盖结构柱网尽可能多地对齐，从而有效减少结构转换数量。

3.6 结构构件的优化思路

3.6.1 构件类型的优化

车辆段下盖结构除采用一般混凝土构件外，大量使用包括型钢混凝土及钢管混凝土在内的组合结构构件，以及预应力混凝土构件，是多种构件类型混合而成的组合结构体系。

众所周知，组合结构构件在普通钢筋混凝土构件基础上加入型钢，在结构截面尺寸相同的情况下，大幅提高了构件的抗弯抗剪承载能力，故一般用于承载能力控制且截面尺寸受限的结构构件。具体到车辆段上盖开发项目，应用范围包括：(1)上盖开发塔楼楼座范围的下盖墙柱竖向构件，因其承受上盖开发塔楼荷载且受建筑、限界等专业限制截面尺寸，而广泛采用组合结构构件；(2)转换梁、转换桁架等荷载较大且受净高要求限制截面尺寸，通常选用组合结构构件；(3)高烈度地区下盖结构或上盖开发塔楼的底部楼层计算所需墙柱截面尺寸较大，受建筑使用功能要求限制截面尺寸，可采用组合结构构件；(4)因抗震超限性能化设计所涉及的构件，也可采用组合结构构件；(5)其他大跨度且荷载较大的梁也可酌情考虑使用组合结构构件。

鉴于钢管混凝土构件存在钢结构防腐防火等问题，对车辆段上盖开发项目，应首先考虑采用型钢混凝土结构构件，尤其对截面形状为矩形的库区部分（运用库及联合检修库），采用型钢混凝土构件相对较为常规。型钢混凝土构件主要包括型钢混凝土梁、型钢混凝土柱、内藏钢板混凝土剪力墙等。钢管混凝土构件通常仅考虑在咽喉区的圆柱中使用。

预应力混凝土构件包括有粘结预应力及无粘结预应力两种类型。有粘结预应力混凝土构件,即通过在普通钢筋混凝土构件中增设有粘结预应力钢筋并施加预应力,起到控制结构裂缝和挠度的作用。有粘结预应力混凝土构件一般用在跨度及荷载较大且截面高度受限的楼面梁中,车辆段下盖结构楼面或屋面荷载及跨度均较大的结构构件可考虑采用。无粘结预应力混凝土构件主要通过在梁板构件中增设无粘结预应力钢筋并施加预应力,从而抵抗温度引起的应力作用,解决超长混凝土梁板结构温度开裂问题。车辆段下盖梁板结构通常均属超长混凝土结构,梁板中均可配置无粘结预应力钢筋抵抗使用阶段(后浇带封闭后)的温度应力作用(详见第10章内容)。

这里还应指出的是,车辆段下盖墙柱等竖向结构构件仅为型钢混凝土或钢管混凝土组合结构构件;而对梁板水平结构构件,除增设无粘结预应力以抵抗温度应力外,笔者建议组合结构及有粘结预应力两种构件类型最多再加入一种,否则将出现组合结构、有粘结、无粘结预应力三者混合的情况,构件的设计与施工过于复杂。

3.6.2 竖向构件的优化

首先,应区分车辆段上盖开发项目"塔楼范围内"与"塔楼范围外"(注意本节所述"塔楼范围"即指塔楼楼座投影覆盖范围,不同于6.1.4节所述的"塔楼相关范围")。对塔楼楼座范围内的下盖结构构件,因其直接承担上盖开发塔楼传递下来的竖向荷载,故应当按照塔楼底部楼层构件确定其构件的截面形式和截面尺寸。实际工程设计通常采用型钢混凝土等组合结构构件,且需适当加大截面尺寸。对塔楼楼座范围外的下盖结构构件,原理上可适当减小其截面尺寸,形式也以普通钢筋混凝土构件为主。

其次,对下盖大库首层与2层汽车库层应采取不同的截面尺寸优化策略。因首层层高较高,首层墙柱截面尺寸一般受首层与2层的楼层侧向刚度比及受剪承载力比控制,故对于首层大库而言,即使非塔楼楼座下方也不宜过多减小墙柱截面尺寸,目的是为首层提供足够的抗侧刚度。而对2层汽车库,因层高相对首层较矮,对非塔楼楼座范围的墙柱截面尺寸应减小弱化,部分剪力墙甚至可以适当取消,目的是为满足首层与2层的楼层侧向刚度比及受剪承载力比要求。作为上部开发塔楼的下部结构构件,2层楼座范围的墙柱截面尺寸不宜过分减小,且不应小于上盖开发塔楼的上部墙柱截面尺寸。

最后,对上盖开发塔楼,由于3层(塔楼首层)层高一般高于其上标准层(2层汽车库顶覆土厚度范围形成"塔楼首层加高层"),故3层一般墙柱截面尺寸也较其上标准层大,以满足3层与4层的楼层侧向刚度比及受剪承载力比要求。4层及以上则划分标准层段,根据计算按标准层段逐渐减小截面尺寸直至塔楼顶层,基本同一般多高层结构设计。

构件截面尺寸优化的总体思路是,通过结构计算,在满足抗侧刚度及构件承载力的前提下,首先应尽量减少上盖开发塔楼的构件截面尺寸,尤其是上盖开发塔楼首层的构件截面尺寸。其次,对2层汽车库,塔楼楼座范围内构件截面尺寸不小于上盖结构,在满足承载的条件下,一定程度减小塔楼楼座范围外的构件截面尺寸。最后,对首层大库,在横向构件截面尺寸受限的情况下,调整纵向构件截面尺寸以满足首层与2层楼层侧向刚度比及受剪承载力比要求。笔者曾反复试算不同层数及高度上盖住宅塔楼开发项目,并对上下盖各部位构件截面尺寸的主要控制因素予以总结。以8度地区上盖开发12层(整体结构14层)住宅塔楼为例,结构形式为框架+普通支撑/防屈曲支撑结构,各部位框架柱截面尺寸控制因素如表3-4所示,竖向构件设计加强范围如图3-5所示。

框架柱截面尺寸控制因素一览表　　　　表 3-4

框架柱位置		控制指标	建议截面形式	设计思路
首层	塔楼范围内	强度:性能化设计 刚度比及受剪承载力比:首层/2层	型钢混凝土	截面尺寸由指标及限界控制,加入型钢,尽量做强
	塔楼范围外	刚度比及受剪承载力比:首层/2层	钢筋混凝土	截面尺寸由指标控制,无需型钢
2层	塔楼范围内	强度:性能化设计 刚度比及受剪承载力比:2层/3层	型钢混凝土	截面尺寸由强度及指标控制,加入型钢,尽量做强
	塔楼范围外	强度:小震强度	钢筋混凝土	截面尺寸由强度控制,适当缩小截面尺寸,无需型钢
3层	塔楼范围内	强度:小震/性能化设计 刚度比及受剪承载力比:3层/4层 侧移:上盖塔楼侧移	型钢混凝土	截面尺寸由强度及指标控制,加入型钢提高其承载能力,尽量缩小截面尺寸
4～6层	塔楼范围内	强度:小震/性能化设计 侧移:塔楼侧移	型钢混凝土/钢筋混凝土	截面尺寸由指标控制,部分构件加入型钢提高承载能力,尽量缩小截面尺寸
7～11层	塔楼范围内	侧移:塔楼侧移	钢筋混凝土	截面尺寸由指标控制,强度一般不控制,无需加入型钢
12～14层	塔楼范围内	一般构造或较小截面即可满足	钢筋混凝土	一般不控制,普通钢筋混凝土可满足要求

注:1. 表中所列楼层分段范围及建议截面形式仅供参考,实际中需根据具体工程情况酌情调整。
　　2. 对于 6、7 度区,塔楼底部框架柱截面尺寸可能由轴压比控制。

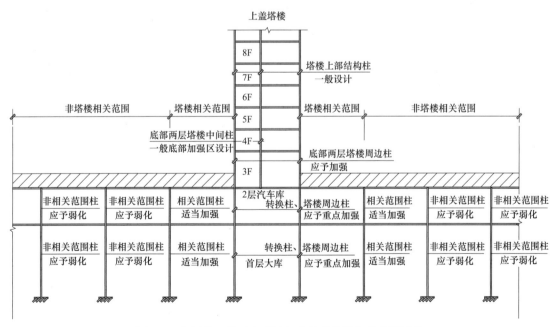

图 3-5　车辆段上盖开发项目竖向构件设计加强范围图示

3.6.3 水平构件的优化

车辆段上盖开发项目属大底盘多塔结构，下盖大底盘顶部梁板结构在"塔楼相关范围"应采取重点加强措施；其上下两层梁板结构也应给予适当加强，如图3-6所示。

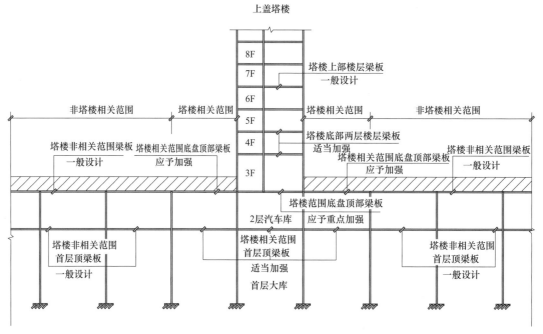

图3-6 车辆段上盖开发项目水平构件加强范围图示

3.7 关于转换层位置及转换形式的思考

3.7.1 转换层位置比选

通常上盖开发塔楼柱网布置不可能与下盖结构柱网布置完全对应，故结构转换是车辆段上盖开发项目不可回避的问题。除层间隔震车辆段考虑上下盖柱网及结构形式等因素大多采取在2层汽车库顶设置隔震层转换外，其余结构形式的车辆段上盖开发项目均存在转换层楼层位置选择首层大库还是2层汽车库的关键问题，即上盖开发塔楼不与下盖柱网对齐的框架柱是否向下延伸落至2层汽车库。

如果单从结构概念设计的角度出发，显然应将首层作为结构转换楼层，理由是转换层位置越低对结构受力越有利。但通过对以往工程设计经验作总结，我们发现对车辆段上盖开发项目这一类特殊工程而言，转换层设置在首层与2层，二者各有利弊。转换楼层不同位置的优缺点比较如表3-5所示。

通过比较我们不难发现，对车辆段上盖开发这类特殊工程项目，转换层设置于首层还是2层，结构设计各有利弊。实际中应当充分进行结构方案的比选，确定合理的转换楼层位置。

转换楼层不同位置的优缺点比较表　　表 3-5

转换层位置	优点	缺点
首层	转换层位置低，符合结构概念设计	(1) 受 2 层汽车库顶覆土荷载影响，2 层顶梁截面尺寸通常相对首层较大，将转换层设在首层，不能减小 2 层顶梁截面尺寸； (2) 2 层汽车库竖向结构构件增多，不但对汽车库建筑布置不利；也不利于下盖首层与 2 层的楼层侧向刚度比及受剪承载力比控制； (3) 首层净高控制部位，如需设置结构转换大梁，可能影响净空要求从而进一步增加首层层高，对整体结构不利
2 层	(1) 可利用 2 层顶屋面覆土厚度范围，将 2 层顶楼座范围转换大梁上反，不但起到挡墙作用，而且不占用 2 层建筑净空高度，如图 3-7 所示； (2) 2 层结构竖向构件较少，不但有利于汽车库建筑布置；而且有利于下盖首层与 2 层的楼层侧向刚度比及受剪承载力比控制； (3) 首层顶梁可进一步减小截面尺寸，从而尽可能压低首层层高； (4) 转换大梁上反可有效提高上盖开发塔楼首层的楼层抗侧刚度及受剪承载力，有利于塔楼首层与其上一层的楼层侧向刚度比及受剪承载力比满足要求	(1) 转换层位置高，结构概念相对不利； (2) 转换梁跨度大，荷载大，当需要采用型钢混凝土等组合构件且采用上反梁时，其与周边楼盖连接节点复杂

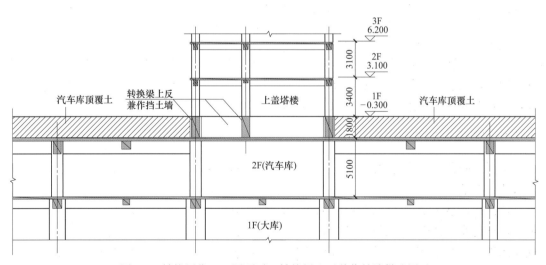

图 3-7　转换层位于 2 层顶时，转换梁上反兼作挡墙做法图示

以北京某轨道交通车辆段为例，说明不同转换楼层位置的方案比选情况。

从表 3-6 可以看出，在不改变首层墙柱截面尺寸的前提下，转换层设置在首层，则首层与 2 层的刚度比不满足现行《高层建筑混凝土结构技术规程》JGJ 3 附录 E 关于转换层上下剪切侧向刚度比的规定。而将转换层设置在 2 层，则可满足要求。

转换楼层位置方案比选主要计算结果 表 3-6

楼层	方向	剪切刚度 ($\times 10^9$ kN/m)	剪切刚度比值	侧向刚度 ($\times 10^9$ kN/m)	侧向刚度比值	楼层剪力 ($\times 10^5$ kN)
方案 1:首层顶转换						
塔楼首层	X	0.75	0.60	0.13	1.75	2.06
	Y	1.13	0.60	0.27	1.51	3.46
2 层	X	4.46	5.93	1.44	10.50	4.68
	Y	3.56	3.15	0.75	2.71	5.93
首层	X	1.84	0.26	1.14	1.82	6.41
	Y	0.93	0.41	0.35	1.05	7.45
方案 2:2 层顶转换						
塔楼首层	X	0.75	0.60	0.17	1.28	1.91
	Y	1.17	0.60	0.26	1.21	2.72
2 层	X	3.66	4.76	1.44	1.46	3.75
	Y	2.49	2.13	0.44	1.65	4.31
首层	X	1.92	0.52	1.19	1.89	4.87
	Y	1.14	0.50	0.31	1.62	5.48

注:1. 表中"剪切刚度"按现行《高层建筑混凝土结构技术规程》JGJ3 附录 E 公式计算所得;"侧向刚度"按现行《高层建筑混凝土结构技术规程》JGJ3 正文公式计算所得。
2. 表示"剪切刚度比值"与"侧向刚度比值"为本层与上层的比值结果。

从图 3-8 及图 3-9 可以看出,转换层设置在首层时,因首层顶楼板开洞较少、整体连续性较好,损伤均匀且程度较轻。转换层设置在 2 层时,由于 2 层结构分块不连续,2 层顶楼板存在局部损伤集中现象,采取加强措施后方可满足设计要求。

3.7.2 转换层形式比选

根据不同的结构受力状态及建筑功能要求,结构的转换形式分为多种类型,比较常见的有梁式转换、桁架转换、斜柱转换(搭接柱转换)、厚板转换及隔震层转换等。

梁式转换最为常见,包括托柱转换和托墙转换两种类型,其中托墙转换又称框支转换。该种转换方式因其形式相对简单,传力相对明确,故实际设计频次最高占比最大,广泛应用于各类托柱及托墙转换,范围也从局部构件转换到整体结构转换均有使用,如图 3-10(a)所示。

其次较为常见的属桁架转换。类比梁式转换,桁架转换在首层顶梁板结构与 2 层顶梁板结构之间设置斜向及竖向杆件使 2 层汽车库整层形成桁架结构。桁架腹杆上端与上盖开发塔楼首层柱对应,相当于上盖开发塔楼柱底荷载直接作用于桁架节点位置,有效将梁式转换构件的受弯状态变换为桁架拉压二力杆件受力状态,从根本上提高了构件的受力性能。

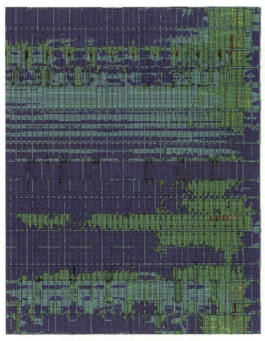

(a) 首层顶(9.5m标高)楼板损伤云图　　　　　(b) 2层顶(14.3m标高)楼板损伤云图

图 3-8　转换层设置在首层时，大震下楼板损伤分析结果

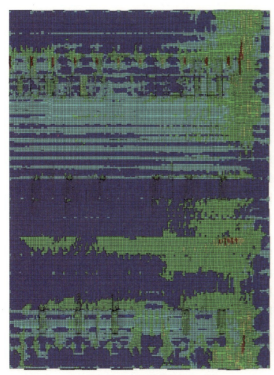
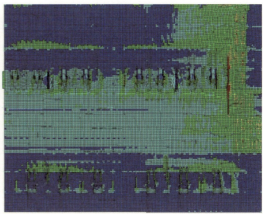

(a) 首层顶(9.5m标高)楼板损伤云图　　　　　(b) 2层顶(14.3m标高)楼板损伤云图

图 3-9　转换层设置在 2 层时，大震下楼板损伤分析结果

因此，当转换部位结构受力较大，一般梁式转换不能满足设计要求时，可与建筑专业设计人员商议，在不影响 2 层汽车库建筑功能的前提下考虑采用桁架转换形式，如图 3-10（b）所示。

斜柱转换则属较为特殊的一种转换形式，当上下盖柱网局部不对应且平面位置相差不多时，采用梁式转换和桁架转换均不理想（梁式转换，上柱落于转换梁端，转换梁抗剪不利；桁架转换，斜腹杆角度过大或过小，构造要求不易满足），此时可考虑采用斜柱转换。竖向结构柱变为斜柱后，将上层与下层竖向结构构件连接起来，虽然斜柱本身受力情况较为不利，但此种方式变相取消了"转换"，符合概念设计要求。此外，搭接柱转换是斜柱转换的一种特殊情形。搭接柱将其连接的上下层竖向结构构件在转换层重叠为一整体构件，有效改善了斜柱自身不利的受力状态，如图 3-10（c）所示。之所以将搭接柱转换称之为斜柱转换的特殊情形，主要是因为无论是斜柱转换还是搭接柱转换，其本质都是利用

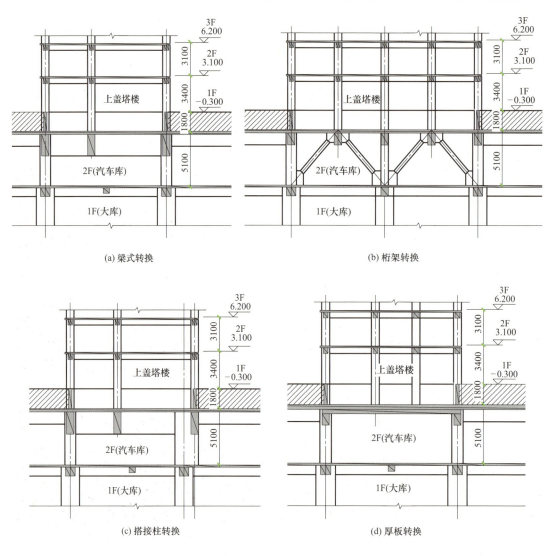

图 3-10 车辆段上盖开发项目各种转换形式

转换层上下楼板的"一拉一压"作用，平衡转换层上下柱平面偏差引起的附加弯矩，实现结构受力平衡。这里应当注意的是，无论是斜柱转换还是搭接柱转换，均是局部处理措施，不宜大面积应用于整体结构当中；此外，采用斜柱转换或搭接柱转换的部位应注意补充楼板应力分析，并采取必要的楼板加强措施，防止楼板在拉力作用下损伤开裂。

厚板转换是抗震设计谨慎采用的一种转换方式，虽然可以通过设置厚板实现转换功能，但转换厚板应力集中较为明显，一旦发生地震破坏均属脆性，抗震设计较为不利。基于上述原因，抗震设计时厚板转换的应用范围受到很大限制。根据以往工程设计经验，对于柱网布置较为规则的库区（运用库及联合检修库），采用梁式转换取得良好效果。厚板转换一般仅应用于低烈度地区柱网不规则的咽喉区，因梁式转换数量较多，有时采用厚板转换形式，如图3-10（d）所示。

此外还有隔震层转换，顾名思义应用于层间隔震结构当中，此处不再赘述。

3.8 关于上盖开发塔楼首层挡墙与主体结构连接问题的思考

如前所述，上盖开发塔楼首层为"塔楼首层加高层"，目的是适应2层汽车库顶1.0～2.0m覆土厚度。如塔楼标准层层高3.0m，则塔楼首层加高层层高为4.0～5.0m。上述层高差造成塔楼首层与塔楼2层的楼层侧向刚度比与受剪承载力比不容易满足规范要求，且由于上盖开发塔楼首层较为薄弱，使得塔楼底盘"不稳"，塔楼上部楼层的层间位移角也不容易满足要求（虽然底盘不稳可能造成无害层间位移角占比较大，但规范对有害、无害位移角并不加以区分）。为满足各项指标要求，实际设计当中塔楼首层墙柱截面尺寸通常大于塔楼标准层墙柱截面尺寸，严重影响上盖塔楼首层的建筑使用功能，尤其对上盖开发住宅类建筑这一问题更加突出。如何解决上盖开发塔楼首层相对薄弱的问题呢？

当上盖开发塔楼首层周边框架柱间设置挡墙用以挡土时，以往传统的做法是框架柱间挡墙与框架柱设缝脱开，各自形成独立的结构，此时塔楼主体结构不因柱间挡墙改变受力特性。塔楼主体结构框架柱与挡墙之间填充软材料用来做封堵，如图3-11（a）所示。显然，挡墙与塔楼主体结构脱开的做法受力明确，且塔楼主体结构并不承受周边土体传导来的土压力。然而对车辆段上盖开发项目，笔者根据以往设计经验提出利用塔楼首层周边挡墙兼作层间剪力墙的做法，即将挡墙与塔楼主体结构框架柱结合，此时挡墙可起到"一箭三雕"的奇效，如图3-11（b）所示。(1) 挡墙仍然起到传统挡土的作用。(2) 因挡墙的抗侧刚度及受剪承载能力远大于框架柱，故挡墙显著提高了上盖开发塔楼首层整体抗侧刚度和受剪承载能力，使得上盖开发塔楼首层与2层的楼层侧向刚度比与受剪承载力比容易满足要求。(3) 上盖开发塔楼底部更稳，从而减小了上部楼层的层间位移角，有利于上盖开发塔楼整体抗侧指标计算通过。

有设计人员质疑，认为上盖开发塔楼首层增设层间剪力墙从而增大塔楼首层抗侧刚度和受剪承载力后，下盖结构2层与上盖开发塔楼首层的楼层侧向刚度比与受剪承载力比不容易计算通过。笔者通过工程试算，认为基本不存在这一问题。理由如下：(1) 下盖结构2层存在"塔楼相关范围"，分塔楼2层墙柱数量多于塔楼首层墙柱数量。(2) 即便塔楼楼座范围下盖结构没有布置剪力墙，实际为了保证大底盘结构的稳定性通常在"塔楼相关范围"也增设一定数量的剪力墙或支撑，为下盖结构楼层抗侧刚度和受剪承载力提供了很大的贡献。

笔者发现，上述方案较为不利之处应当是，上盖开发塔楼首层框架柱间因设置了半高的层间剪力墙，使得首层框架柱容易形成短柱。因层间剪力墙吸收了大量地震作用并传给相连的框架柱，造成框架柱存在较大的层间剪力，抗剪截面检算不容易满足要求。此问题在上盖开发塔楼构件也需做一定性能化设计的情况下更为突出。

除上述挡墙与上盖开发塔楼框架柱结合的处理办法外，另一种操作方式是将"塔楼首层加高层"设计为"刚性层"，即在挡墙顶部设计一层刚度很大的梁板结构形成局部"夹层"，并在夹层高度范围内设置横纵间距较密的混凝土墙体。这种方式相当于在下盖结构与上盖开发塔楼之间设置了一层刚度很大的箱体结构（类似于塔楼底部箱形基础），可以认为这一箱体结构等同于一层空腹梁板。此时"塔楼首层加高层"接近一刚度很大的"刚性层"，如图 3-11（c）所示。由于此"刚性层"刚度很大，其在地震作用下侧移及转动很小，几乎可认定为是刚体，故箱体自身变形可忽略不计。因此，上盖开发塔楼首层层高可从"刚性层"顶端开始计算。此时上盖开发塔楼首层层高减小，塔楼首层楼层侧向刚度及受剪承载能力大幅提高，其与上层的楼层侧向刚度比与受剪承载力比也相对容易满足要求。表 3-7 列出了传统挡墙与主体"脱开"方案、笔者提出的挡墙与主体"结合"方案，以及设置"刚性层"方案对于车辆段上盖开发项目结构的优缺点对比。

传统"脱开"、笔者"结合"及设置"刚性层" 3 种方案结构优缺点比较　　表 3-7

方案	优点	缺点
挡墙与塔楼主体结构脱开方案	(1) 各自结构构件受力明确； (2) 土压力不传导至塔楼主体结构	(1) 塔楼首层与 2 层的楼层侧向刚度比与受剪承载力比计算不易满足要求，由此造成塔楼首层墙柱截面尺寸较大，影响建筑使用功能； (2) 塔楼整体抗侧刚度较弱，上部楼层的层间位移角计算不易满足要求； (3) 挡墙与塔楼主体结构框架柱之间设缝，容易造成渗漏水问题
挡墙与塔楼主体结构结合方案	(1) 充分利用了挡墙，为塔楼首层提供了必要的侧向刚度和受剪承载能力，有利于塔楼首层与 2 层的楼层侧向刚度比和受剪承载力比计算满足要求； (2) 通过增大塔楼首层的抗侧刚度，使塔楼底盘更稳，从而增大了塔楼整体抗侧刚度，有利于上部楼层层间位移角计算满足要求； (3) 挡墙与塔楼主体结构之间不设缝，无渗漏水问题	(1) 土压力通过挡墙传至塔楼主体结构，需对塔楼主体结构增加土压力荷载工况核算； (2) 上盖开发塔楼首层的框架柱因设置半高的层间剪力墙，从而容易形成短柱。此外，剪力墙吸收了大量地震作用并将其传给两端相连的塔楼主体结构框架柱，使框架柱承受较大的层间剪力，框架柱抗剪截面检算不容易满足要求
设置"刚性层"方案	(1) 通过减少上盖开发塔楼首层层高，从而有利于塔楼首层与 2 层的楼层侧向刚度比和受剪承载力比计算满足要求； (2) 通过减少上盖开发塔楼首层层高，增大了塔楼整体抗侧刚度，有利于上部楼层间位移角计算满足要求	(1) "刚性层"内部设置密集墙体，不利于上盖开发塔楼的管线布设，也不利于夹层空间的利用； (2) "刚性层"梁板及内部墙体自身荷载较大，局部增大了下盖结构的竖向荷载作用

第3章 结构方案与优化

此外，对于层间隔震车辆段上盖开发项目，隔震层同样在汽车库顶覆土厚度范围设置。由于布置了隔震支座（铅芯隔震支座），隔震层侧向刚度较小且有附加阻尼，材料非线性特征显著。隔震层上部结构与隔震层下部结构被隔震支座分隔，上盖开发塔楼首层层高从隔震层顶梁板结构位置起算，如图3-11（d）所示。

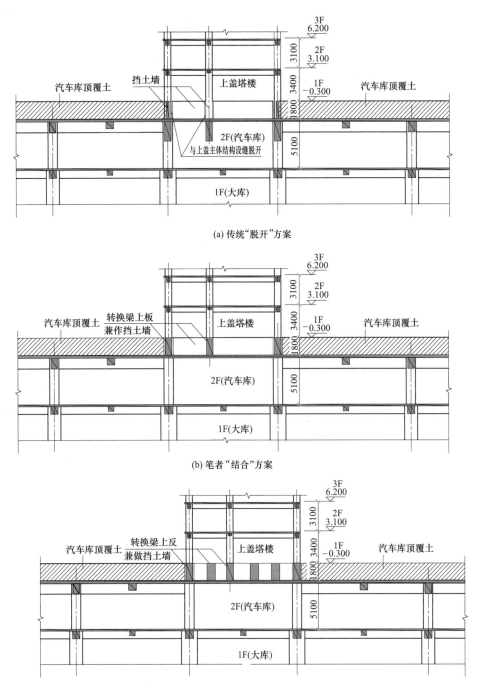

(a) 传统"脱开"方案

(b) 笔者"结合"方案

(c) 设置"刚性层"方案

图3-11 转换部位的不同结构布置方案（一）

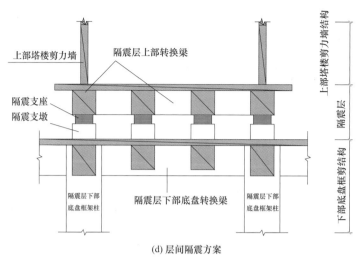

(d) 层间隔震方案

图 3-11 转换部位的不同结构布置方案（二）

由此看来，下盖结构与上盖之间的"塔楼首层加高层"结构处理方式尤为关键，决定着上下盖结构楼层刚度和受剪承载能力的比例乃至整个车辆段多塔结构的指标计算结果和整体受力特性。因此，广大设计人员应根据具体工程情况，详细分析比选，采用合适的处理方式。笔者推荐，当上盖开发塔楼首层结构框架柱可以满足受剪承载力截面要求时，优先采用挡墙与主体结合方案或设置"刚性层"方案，此两种方案对结构整体指标的贡献很大。

这里笔者还想提醒广大结构设计人员，当采用上盖开发塔楼楼座范围2层顶梁上反兼做挡墙做法时，无论采用何种方案，2层顶标高位置梁板结构应保留为宜（图3-12所示为取消2层顶标高位置梁板结构做法），理由如下：（1）该部位为下盖大底盘顶部与上盖开发塔楼分界部位，根据规范梁板结构应加强设计，如取消该层梁板，则对多塔结构的关键部位削弱很大；（2）当覆土较厚时，如取消该层梁板，则2层顶标高位置梁板存在较大错层，原理上不能形成整体刚性梁板结构，不符合结构整体计算刚性楼板假定，不但不利整体抗震性能，而且当开洞典型宽度或开洞面积大于相关超限条款规定时，还将增加抗震超限条款数量。

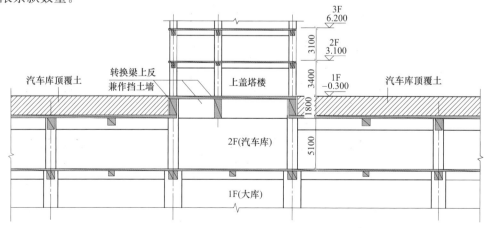

图 3-12 2层顶梁上反时，取消2层顶标高位置梁板结构做法

3.9 关于过渡层的设置

现行《组合结构设计规范》JGJ 138 规定，当结构下部楼层采用型钢混凝土柱，上部楼层采用钢筋混凝土柱时，在此两种构件类型间应设置结构过渡层，此时下部型钢混凝土柱中的型钢应向上延伸一层或两层作为过渡层。所谓过渡层，即不同材料构件之间设置的，为防止承载力或刚度突变从而形成薄弱部位而设置的过渡楼层。对车辆段上盖开发项目，主要存在以下两种情形。

（1）当上盖开发低矮的多层混凝土结构塔楼或仅为裙房时，如果此时大库首层由于性能化设计指标的计算需求部分采用了型钢混凝土构件，对应 2 层采用普通钢筋混凝土构件，此时是否需要在大底盘 2 层设置过渡层，不同的学者有不同的观点。部分学者认为，过渡层主要为超高层结构避免楼层刚度和承载能力突变而设置的渐变过渡构造措施。所以对于上部开发低矮的多层混凝土塔楼或是裙房不开发塔楼的情形，不必要设置过渡层，首层柱内型钢通至首层大库顶即可。另外一部分学者则认为，过渡层是不同材质构件实现渐变过渡连接的需要，否则容易在不同材质构件连接部位出现薄弱突变，类似于现行《组合结构设计规范》JGJ 138 要求型钢混凝土梁与邻跨钢筋混凝土梁相接时，型钢混凝土梁内型钢应延伸至混凝土梁内不小于 1/4 跨度的要求。因此，不论上盖是否开发塔楼或塔楼高度如何均需设置过渡层。

笔者在此认为上述两种观点均存在一定的道理，前者是从结构整体抗震性能的角度出发；而后者是从构件设计的角度考虑。但结构设计的原则是，合理的结构概念设计从而保证结构整体抗震性能更为重要，即局部构件设计不能影响结构整体抗震性能，否则将会本末倒置。针对车辆段上盖开发项目，对上盖开发多层混凝土结构房屋的情形，总体上讲笔者不建议将首层柱内型钢延伸至 2 层顶，理由是：①大底盘多塔与上盖塔楼之间是天然的质量和刚度突变部位，在此情况下不应再叠加构件材质突变从而使楼层突变更为严重。②对于裙房不开发上盖塔楼的情形，可选择是否将首层柱内型钢延伸至 2 层顶。鉴于上述情况①，故笔者仍不建议将首层柱型钢延伸至 2 层顶，否则出现 2 层塔楼范围内混凝土柱而塔楼范围外型钢混凝土柱的尴尬局面。如果确需延伸至 2 层顶，此时由于上部无塔楼结构，首层及 2 层均可按型钢混凝土构件计算。

当首层柱型钢未通至 2 层顶在首层柱顶截断时，首层型钢混凝土柱与 2 层普通混凝土柱构件在相接部位产生突变，笔者建议采用适当增大 2 层柱底配筋等构造措施以减小此处构件突变影响。但切莫仿照型钢混凝土梁与钢筋混凝土梁连接时型钢伸入混凝土梁内 1/4 跨度的操作方式，此方法容易造成 2 层楼层半高位置截面突变，对 2 层框架柱抗震不利。

（2）当上盖开发高度较高的混凝土建筑时，上盖开发塔楼底部若干楼层采用型钢混凝土构件，上部楼层采用普通钢筋混凝土构件。塔楼底部楼层型钢混凝土构件型钢的设置存在多种原因，如抗弯抗剪截面检算不满足要求，名义拉应力检算不满足要求，大震弹塑性损伤检算不满足要求等。不管基于上述哪种原因采用型钢混凝土组合构件，计算中均按型钢混凝土构件输入模型计算，均需在下部型钢混凝土构件和上部混凝土构件之间设置过渡层。如本书 6.1.6 节所述，不论转换楼层位于首层还是 2 层，车辆段上盖开发项目上盖开发塔楼底部两层均建议设定为底部加强部位，此时笔者建议塔楼底部加强部位采用型钢混凝土组合构件，即型钢混凝土组合构件至少延伸至塔楼 2 层顶，在塔楼 3 层设置不同材质构件的过渡层。当型钢混凝土组合构件设置范围超过塔楼底部 2 层时，则应在型钢混凝土组合构件所至最高楼层的上一层设置不同材质构件连接的过渡层。设计中，应将下部型钢混凝土柱内型钢延伸至过渡层，且过渡层不应考虑型钢作用按普通钢筋混凝土构件进行计算。过渡层内的型钢截面尺寸可适当减小，满足型钢混凝土构件的最小含钢率要求即可。

此外，根据现行《高层建筑混凝土结构技术规程》JGJ 3 的规定，对于 B 级高度的高层建筑，底部加强部位及其上一层应设置约束边缘构件，约束边缘构件的上一层需要设置过渡层。虽然车辆段上盖开发项目并非 B 级高度建筑，但也有学者认为车辆段上盖开发项目也可仿照设置过渡层。由于塔楼底部两层为底部加强部位，故塔楼底部三层应设置约束边缘构件，塔楼 4 层应设置过渡层。值得广大设计人员注意的是，此过渡层仅为剪力墙边缘构件采用的过渡设置而并非不同材质结构构件之间的过渡，与前述不同材质构件之间设置的过渡层概念不同。

3.10 车辆段上盖开发项目抗震超限条款汇总

建质〔2015〕67 号《超限高层建筑工程抗震设防专项审查技术要点》附表 2～附表 5 如表 3-8～表 3-11 所示。

同时具有下列三项及三项以上不规则的高层建筑工程　　　　　表 3-8

序号	不规则类型	简要含义	备注
1a	扭转不规则	考虑偶然偏心的扭转位移比大于 1.2	详见规范 1
1b	偏心布置	偏心率大于 0.15 或相邻层质心相差大于相应边长 15%	详见规范 3
2a	凹凸不规则	平面凹凸尺寸大于相应边长 30% 等	详见规范 1
2b	组合平面	细腰形或角部重叠形	详见规范 2
3	楼板不连续	有效宽度小于 50%，开洞面积大于 30%，错层大于梁高	详见规范 1
4a	刚度突变	相邻层刚度变化大于 70% 或连续三层变化大于 80%	详见规范 1
4b	尺寸突变	竖向构件收进位置高于结构高度 20% 且收进大于 25%，或外挑大于 10% 和 4m，多塔	详见规范 2
5	构件间断	上下墙、柱、支撑不连续，含加强层、连体类	详见规范 1
6	承载力突变	相邻层受剪承载力变化大于 80%	详见规范 1
7	其他不规则	如局部的穿层柱、斜柱、夹层、个别构件错层或转换	已计入 1～6 项者除外

注：1. 深凹进平面在凹口设置连梁，当连梁刚度较小不足以协调两侧的变形时，仍视为凹凸不规则，不按楼板不连续的开洞对待；序号 a、b 不重复计算不规则项目；局部的不规则，视其位置、数量等对整个结构影响的大小判断是否计入不规则的一项。

2. 表中"规范 1"系指现行《建筑抗震设计规范》GB 50011；"规范 2"系指现行《高层建筑混凝土结构技术规程》JGJ 3；"规范 3"系指现行《高层民用建筑钢结构技术规程》JGJ 99。

具有下列两项或同时具有本表和表 3-8 中某项不规则的高层建筑工程　　　表 3-9

序号	不规则类型	简要含义	备注
1	扭转偏大	裙房以上的较多楼层考虑偶然偏心的扭转位移比大于 1.4	表 3-8 之 1 项不重复计算
2	抗扭刚度弱	扭转周期比大于 0.9，超过 A 级高度的结构扭转周期比大于 0.85	
3	层刚度偏小	本层侧向刚度小于相邻上层的 50%	表 3-8 之 4a 项不重复计算
4	塔楼偏置	单塔或多塔与大底盘的质心偏心距大于底盘相应边长 20%	表 3-8 之 4b 项不重复计算

具有下列某一项不规则的高层建筑工程　　　表 3-10

序号	不规则类型	简要含义
1	高位转换	框支墙体的转换构件位置：7 度超过 5 层，8 度超过 3 层
2	厚板转换	7~9 度设防的厚板转换结构
3	复杂连接	各部分层数、刚度、布置不同的错层，连体两端塔楼高度、体型或沿大底盘某个主轴方向的振动周期显著不同的结构
4	多重复杂	结构同时具有转换层、加强层、错层、连体和多塔等复杂类型的 3 种

注：仅前后错层或左右错层属于表 3-8 中的一项不规则，多数楼层同时前后、左右错层属于本表复杂连接。

具有下列某一项不规则的高层建筑工程　　　表 3-11

序号	不规则类型	简要含义
1	特殊类型高层建筑	抗震规范、高层混凝土结构规程和高层钢结构规程暂未列入的其他高层建筑结构，特殊形式的大型公共建筑及超长悬挑结构，特大跨度的连体结构等
2	大跨屋盖建筑	空间网格结构或索结构的跨度大于 120m 或悬挑长度大于 40m，钢筋混凝土薄壳跨度大于 60m，整体张拉式膜结构跨度大于 60m，屋盖结构单元的长度大于 300m，屋盖结构形式为常用空间结构形式的多重组合、杂交组合以及屋盖形体特别复杂的大型公共建筑

注：表中大型公共建筑的范围，可参见现行《建筑工程抗震设防分类标准》GB 50223。

根据前述，车辆段上盖开发项目建筑竖向布置为"大库层-汽车库层-塔楼首层加高层-塔楼标准层"模式，除层间隔震车辆段及消能减震车辆段外（层间隔震结构及消能减震结构需做隔震或消能减震专项设计，大多需要进行抗震超限评审或咨询），各种结构形式车辆段上盖开发项目涉及的抗震超限条款相对固定，共性超限条款讨论如下。

针对表 3-8（建质〔2015〕67 号《超限高层建筑工程抗震设防专项审查技术要点》附表 2），首先，考虑偶然偏心的扭转位移比大于 1.2 是绝大多数车辆段上盖开发项目均存在的问题。计算使所有楼层的扭转位移比均控制 1.2 以内几乎是"不现实的"，1a 项算作一项超限条款。不论 1b 项塔楼偏置与否，1 项均为一项超限条款。其次，对于下盖 2 层大底盘多塔结构，收进部位高于结构高度 20% 且收进大于 25% 很容易满足要求，4b 尺寸突变也是必然的，算作一项超限条款，不论 4a 项刚度比满足与否，4 项均为一项超限条款。再次，上下盖之间柱网一般无法完全对应，转换是不可避免的超限条款，5 项确定为一项超限条款。至于其他几项，2a、2b、3、6、7 项要根据具体工程做判断是否超限。综上，参照表 3-8，车辆段上盖开发项目通常确定至少有三项超限条款，通常情况属抗震超限工程。

针对表 3-9~表 3-11（建质〔2015〕67 号《超限高层建筑工程抗震设防专项审查技术

要点》附表3～附表5)，表3-9中2项"各分塔第一扭转周期与第一平动周期的比值是否超0.9（车辆段上盖开发项目一般情况下高度不超限）"需引起设计人员足够重视。如果超标，则证明结构的抗扭刚度较弱，需要增大结构的抗扭刚度。事实上，当上盖开发塔楼较规则时，此项容易满足要求。再者是4项塔楼偏置，当塔楼较为明显偏置于底盘一侧时，质心偏心距可能不满足要求（后续章节具体讲述"偏心距"的计算方法），但备注说明此项与表3-8中4b项不重复计算，4b项已经计入过超限条款，故此项影响已给予一定考虑。另外，高位转换对下盖为两层的车辆段也不涉及；对于厚板转换，虽然规范没有强制规定不许使用，但该种转换形式对结构整体抗震不利，笔者建议对于车辆段上盖开发项目尽量不予采用。其余条款，基本不予涉及。综上，车辆段上盖开发项目容易满足表3-9～表3-11的各项要求。

总体来讲，车辆段上盖开发项目确定属抗震超限工程项目，但多数情况，超限程度并不严重。

最后笔者还想指出，现行《高层建筑混凝土结构技术规程》JGJ 3规定，当楼层的最大层间位移角不大于规程规定限值的40%时，该楼层竖向构件的最大水平位移与平均位移的比值限值可适当放松。理由是考虑当层间侧移角很小时，结构刚度很大，整体侧移绝对数值很小，在此情况下仍按"不宜超过1.2且不应超过1.5"限值要求控制位移比过于严苛，由不宜超过1.2放松为不宜超过1.25；由不应超过1.5（B级高度高层建筑、超过A级高度混合结构及复杂高层建筑为1.4）适当放松至1.6属合理调整。尤其对墙柱截面尺寸较大的车辆段下盖结构，楼层刚度很大，层间侧移角很小，位移比限值可适当放松。笔者根据以往工程经验，并与业内一些专家学者交流，提出表3-12的具体放松标准，供广大结构设计人员参考。

层间位移角很小时的位移比放松标准　　　　　表3-12

层间位移角检算结果	40%层间位移角限值	20%～40%层间位移角限值	20%及以下层间位移角限值
位移比限值	1.5(1.4)	线性内插	1.6(1.5)

注：括号中的数字用于B级高度高层建筑、超过A级高度混合结构及复杂高层建筑。对于车辆段上盖开发项目一般属于带转换的高层建筑，应按括号中的数字进行控制。

第4章 结构设计标准

如前所述,车辆段上盖开发项目建筑竖向布置为"大库层-汽车库层-塔楼首层加高层-塔楼标准层"的固定模式,因此结构设计标准也相对固定。

4.1 基本设计标准

表 4-1 给出车辆段上盖开发项目的基本设计标准。

车辆段上盖开发项目的基本设计标准 表 4-1

设计使用年限	50 年	结构重要性系数	1.0
设计基准期	50 年	抗震设防分类标准	丙类（一般设防类）
水平地震影响系数最大值	小震 0.04/0.08/0.12/0.16/0.24 大震 0.28/0.50/0.72/0.90/1.20	竖向地震影响系数最大值	水平地震影响系数的65%
耐火等级	一级	防水等级	一级

注:表中水平地震影响系数最大值分别用于 6 度(0.05g)、7 度(0.1g)、7 度(0.15g)、8 度(0.2g)、8 度(0.3g)地区。

抗震设防烈度按现行《建筑抗震设计规范》GB 50011 及现行《中国地震动参数区划图》GB 18306 取用,设计地震分组按工程所在城市地区查现行《建筑抗震设计规范》GB 50011 附录 A 采用,场地土类别按勘察报告采用。根据地震分组及场地土类别确定场地特征周期,此特征周期为小震及中震计算的特征周期取值,大震计算的特征周期在此基础上增加 0.05s。

4.2 结构材料的选取及耐久性标准

工程材料的选用应综合考虑结构类型、受力条件、使用要求及所处环境、经济性、可靠性和耐久性等多种因素。混凝土的原材料和配比、最低强度等级、最大水灰比和每立方混凝土的水泥用量等应符合耐久性要求,且满足抗裂、抗渗、抗冻和抗侵蚀的需要。

对车辆段下盖结构的竖向墙柱构件,在塔楼楼座范围,因其作为上盖开发塔楼的底层结构构件或转换关键构件,建议采用高强混凝土,C50~C60 属常规强度等级,必要时 C65~C70 也可考虑采用。上盖开发塔楼底部加强部位的混凝土强度等级也不宜减小,一般同下盖结构。其上塔楼标准层可根据具体情况逐渐降低混凝土强度等级。梁板构件相对竖向构件可适当减小混凝土强度等级，但由于下盖大底盘一般属超长混凝土结构，通常需配置一定数量的预应力钢筋以抵抗温度应力作用，按预应力混凝土结构构造要求，其混凝土强度等级不宜低于 C40，实际采用 C40~C45 混凝土为宜。梁板结构过分提高混凝土强度等级是不可取的，不但对以受弯为主的梁板结构承载能力提高有限，反而会因高强度等级混凝土水化热过大造成结构开裂风险增大。对上盖开发塔楼梁板结构采用 C30~C35 等较低强度等级混凝土即可。此外对基础构件，采用 C30~C35 等较低强度等级混凝土可满足要求。

车辆段上盖开发项目大量使用组合结构构件，对钢管混凝土构件，规范规定采用自密实混凝土，对型钢混凝土构件及其梁柱节点核心区，因钢筋及钢结构板件众多，结构复杂，笔者建议也使用自密实混凝土以提高混凝土的浇筑质量。此外，车辆段下盖大底盘梁板属超长混凝土结构，通常采用微膨胀混凝土（亦称补偿收缩混凝土）以达到防裂目的。具体做法是采取调整混凝土配合比、适当加入掺料（如粉煤灰等）及适当加入膨胀剂等措施。设计文件应明确提出此方面的要求。

车辆段上盖开发项目一般为地上建筑，无地下室，所以混凝土抗渗要求不高。但因车辆段大多结合工艺需求设置与主体结构相连的地面层，其上铺设轨道道床相关结构及各种检修设备，故当工程所处地区地下水位或抗浮水位较高时，地面层及相连的承台结构需采取一定的抗渗措施。此外对下沉或半下沉式车辆段，也需考虑混凝土抗渗问题。根据地下埋置深度一般 P6 等级抗渗混凝土可满足要求。

车辆段主体结构构件的环境类别及裂缝控制标准应根据现行《混凝土结构设计规范》GB 50010 的要求确定。表 4-2 以北京地区为例说明车辆段上盖开发项目各部位结构构件的环境类别及裂缝控制标准。因各地区气候环境不同，设计人员应根据工程所在地的气候环境条件，确定构件环境类别及裂缝控制标准。

车辆段上盖开发项目主要构件环境类别及裂缝控制标准　　　　表 4-2

构件位置	桩基	承台、拉梁、首层墙柱	首层顶梁板	除卫生间、盥洗室、厨房等以外的 2 层墙柱	卫生间、盥洗室、厨房等潮湿环境的 2 层墙柱及屋面梁板	女儿墙等突出屋面结构
环境类别	二 a 类~二 b 类	二 a 类~二 b 类	一类	一类	二 a 类	二 b 类
裂缝控制标准(mm)	0.2(0.3)	0.2	0.3	0.3	0.2	0.2
混凝土保护层厚度(mm)	50	墙25，柱35	板15，梁20	墙15，柱20	墙、板20，梁、柱25	墙、板25，梁、柱35

注：1. 桩基、承台、拉梁、首层框架柱的环境类别需根据地下水土的腐蚀性及地下水位变动情况具体判定。

2. "桩基"括号中的数值参考现行《建筑桩基技术规范》JGJ 94 规定，位于稳定水位以下的桩基可采用 0.3mm 裂缝宽度限值。

3. 2 层顶屋面梁板结构，虽铺设防水层及防水保护层，但因车辆段 2 层顶存在 1.0~2.0m 厚度覆土，梁板结构长期与水土接触，偏于保守，笔者推荐按二 a 类取用。

4. 当车辆段上盖开发项目梁板结构采用无粘结预应力钢筋抵抗温度应力时，首层顶楼面梁板结构及 2 层顶屋面梁板结构裂缝宽度限值可分别取 0.2mm 及 0.1mm。

5. 承台底部混凝土保护层厚度采用 50mm。

6. 表中所列各类构件混凝土保护层厚度仅按现行《混凝土结构设计规范》GB 50010 取用，未按现行《混凝土结构耐久性设计标准》GB/T 50476 的规定采用，设计人员可根据具体工程情况酌情调整。

此外，应充分考察勘察报告中地下水土的腐蚀特性，根据其对主体结构混凝土及钢筋腐蚀的严重程度适当提高混凝土的耐久性要求，如适当提高混凝土的强度等级、增加保护层厚度或使用特殊功能外加剂等。

车辆段钢筋材料的选用以HPB300级、HRB400级钢筋为主，必要时也可采用HRB500级钢筋。纵向受力钢筋的抗拉强度实测值与屈服强度实测值的比值不应小于1.25；钢筋的屈服强度实测值与屈服强度标准值的比值不应大于1.3，且钢筋在最大拉力下的总伸长率实测值不应小于9%。此外，对超长混凝土梁板结构，通常使用无粘结预应力钢筋抵抗温度应力，一般采用抗拉强度为1860MPa的预应力钢绞线，公称直径15.2mm（7ϕ5）为常见规格，17.8mm（7ϕ6）也可考虑采用。此外，对个别荷载较大或大跨度楼面或屋面梁，可考虑采用有粘结预应力钢筋提高其变形和抗裂能力，一般仍采用抗拉强度1860MPa预应力钢绞线可满足计算要求。

车辆段上盖开发项目大量使用组合结构构件，其型钢通常采用Q235或Q355牌号钢材，推荐使用Q355系列高强钢材或高建钢品种（某些地区仍为Q345或Q345GJC）；吊车梁建议采用Q355或以上牌号钢材。钢材的抗拉强度值与屈服强度值的比值不应小于1.2；钢材应有明显的屈服台阶，且伸长率应大于20%；钢材应有良好的可焊性和合格的冲击韧性。首层库区直接承受吊车动力荷载的吊车钢梁应有良好的抗疲劳冲击韧性。此外，如钢构件长期处于强侵蚀介质或150℃以上的高温环境，需采取专门防护措施。这里需要特别注意的是，组合结构构件型钢板材厚度有时较厚，对厚度超过40mm的钢结构板材，应明确含硫量及防止板材层状撕裂不低于Z15级断面收缩率的相关要求。

吊钩、吊环均采用HPB300级钢筋，不得采用冷加工钢筋。普通螺栓及高强螺栓的选用、锚栓的选用、钢结构栓钉的选用、建筑二次隔墙材料的选用等均需符合相应的国家或地方标准，此处不再赘述。需要特别注意的是直接承受动力荷载的吊车梁钢结构构件，应采用摩擦型高强螺栓连接。

还需指出的是，现行《混凝土结构设计规范》GB 50010与现行《混凝土结构耐久性设计标准》GB/T 50476均规定了混凝土的耐久性要求。总体来看，现行《混凝土结构耐久性设计标准》GB/T 50476较现行《混凝土结构设计规范》GB 50010要求更高，体现在现行《混凝土结构耐久性设计标准》GB/T 50476环境等级的划分更为细致，混凝土的最低强度等级、混凝土的水胶比、最小或最大胶凝材料用量、混凝土保护层厚度等规定更为严格。现行《混凝土结构设计规范》GB 50010是强制性规范，是设计人员必须执行的规范，同时也是最低标准；而现行《混凝土结构耐久性设计标准》GB/T 50476仅为推荐标准，设计人员可根据具体情况酌情考虑是否采纳。笔者认为车辆段上盖开发项目设计使用年限通常为50年，并不属于特别重要的建筑或标志性建筑，且因地上结构后期维护相对容易，故仅参考现行《混凝土结构设计规范》GB 50010的要求设计未尝不可。对地面层及桩基承台等与水土接触的地下结构构件、处于特殊环境下的工程项目、业主或建筑功能有特殊要求时，设计人员可根据实际情况，酌情参照现行《混凝土结构耐久性设计标准》GB/T 50476适当提高混凝土耐久性要求。

车辆段上盖开发项目横向结构跨度有时较大。对跨度大于12m的楼面梁或屋面梁，设计应根据计算明确提出构件起拱数值，以指导施工。

4.3 抗震等级的选取

本节中各表为6~8度地区笔者归纳总结的不同结构形式车辆段上盖开发项目抗震等级，方便广大设计人员直接参考选用。车辆段下盖结构转换梁、转换柱并非高位转换，但各表仍按提高一级采用。部分抗震等级规范并未完全明确，笔者根据以往专家意见及经验适当取用，实际工程可做适当调整。所有混凝土结构抗震等级均按上盖开发混凝土塔楼为A级房屋高度（框架剪力墙不超60m，剪力墙不超80m）取用，上盖开发钢结构塔楼按不超过50m取用；层间隔震结构车辆段上盖开发塔楼抗震等级按水平向减震系数降低1度情况取用。如实际工程不符合上述情况，结构设计应在各表基础上做相应调整。各表所述抗震等级均为对应规范"抗震措施的抗震等级"，对应规范"抗震构造措施的抗震等级"需根据实际工程房屋高度、场地类别、设计基本地震加速度等再做相应提高或降低调整。如实际工程上下盖由不同结构形式混合组成（如上盖开发塔楼采用混凝土框架+支撑结构，下盖采用混凝土框剪结构等），则可分别按以下各表不同结构形式上下盖对应的抗震等级取用。对于4.3.1~4.3.3节所述各表，上盖塔楼底部两层除塔楼周边以外的中部墙柱构件，抗震等级也可根据实际情况酌情按本书6.1.5节所述抗震等级提高一级采用，或者比未提高抗震等级予以适当加强。此外，对于下盖结构，以下各表所列抗震等级均为"塔楼相关范围"内构件的抗震等级，"塔楼相关范围"外构件的抗震等级按多层建筑不同的结构形式查规范相应表格即可，此处不再赘述。

4.3.1 8度情况

表4-3~表4-7给出8度设防下，各类结构形式车辆段结构构件抗震等级取用情况。

框架结构车辆段抗震等级参考表　　　　　　　　　　　　　　　表4-3

钢筋(型钢)混凝土框架下盖结构 （首层、2层）	转换梁、转换柱	特一级(提高一级)
	塔楼周边框架柱	特一级(提高一级)
	其他框架柱、框架梁	一级
钢筋(型钢)混凝土框架塔楼	塔楼周边竖向柱(底部两层)	特一级(提高一级)
	其他框架梁、柱	一级

框支剪力墙结构车辆段抗震等级参考表　　　　　　　　　　　　表4-4

钢筋(型钢)混凝土框支剪力墙下盖结构 （首层、2层）	转换梁、转换柱(框支框架)	特一级(提高一级)
	塔楼周边剪力墙	特一级(提高一级)
	其他剪力墙	一级
	其他框架柱、框架梁	二级
钢筋(钢板)混凝土剪力墙/ 钢筋(型钢)混凝土框架剪力墙塔楼	塔楼周边剪力墙(底部两层)	一级/特一级(提高一级)
	其他剪力墙(底部两层)	二级/一级
	非加强区剪力墙	二级/一级
	塔楼周边框架柱(底部两层， 仅框架剪力墙结构)	一级(提高一级)
	其他框架梁柱(仅框架剪力墙结构)	二级

框架十支撑（普通支撑/防屈曲支撑）结构车辆段抗震等级参考表 表 4-5

钢筋(型钢)混凝土框架＋支撑下盖结构(首层、2层)	转换梁、转换柱	特一级(提高一级)
	塔楼周边竖向柱	特一级(提高一级)
	塔楼范围防屈曲支撑子结构框架柱、框架梁	特一级(提高一级)
	其他框架柱、框架梁	一级
钢筋(型钢)混凝土框架＋支撑塔楼	防屈曲支撑子结构框架柱、框架梁(底部两层)	特一级(提高一级)
	塔楼周边框架柱(底部两层)	特一级(提高一级)
	其他框架柱、框架梁	一级

钢结构（上盖开发塔楼）车辆段抗震等级参考表 表 4-6

钢筋(型钢)混凝土框架剪力墙下盖结构(首层、2层)	转换梁、转换柱	特一级(提高一级)
	剪力墙	一级
	其他框架柱、框架梁	二级
钢结构塔楼	塔楼周边柱、支撑(底部两层)	二级(提高一级)
	其他梁、柱、支撑	三级

层间隔震结构车辆段抗震等级参考表 表 4-7

钢筋(型钢)混凝土框架＋剪力墙下盖结构(首层、2层)	直接支撑隔震支墩的梁、柱、墙、斜撑	特一级(提高一级)
	其他剪力墙	一级
	其他框架梁、柱	二级
隔震转换层	隔震层顶转换梁	特一级(提高一级)
	隔震支墩	特一级(提高一级)
钢筋混凝土剪力墙塔楼	剪力墙	二级(或三级)

注：钢筋混凝土剪力墙塔楼剪力墙抗震等级应根据水平向减震系数的计算结果考虑是否降低，不降低时为二级，降低时最低为三级。

4.3.2 7度情况

表 4-8～表 4-12 给出 7 度设防下，各类结构形式车辆段结构构件抗震等级取用情况。

框架结构车辆段抗震等级参考表 表 4-8

钢筋(型钢)混凝土框架下盖结构(首层、2层)	转换梁、转换柱	一级(提高一级)
	塔楼周边框架柱	一级(提高一级)
	其他框架柱、框架梁	二级
钢筋(型钢)混凝土框架塔楼	塔楼周边竖向柱(底部两层)	一级(提高一级)
	其他框架梁、柱	二级

框支剪力墙结构车辆段抗震等级参考表　　　　　表 4-9

钢筋(型钢)混凝土框支剪力墙下盖结构(首层、2层)	转换梁、转换柱(框支框架)	一级(提高一级)
	塔楼周边剪力墙	一级(提高一级)
	其他剪力墙	二级
	其他框架柱、框架梁	三级
钢筋(钢板)混凝土剪力墙/钢筋(型钢)混凝土框架剪力墙塔楼	塔楼周边剪力墙(底部两层)	二级/一级(提高一级)
	其他剪力墙(底部两层)	三级/二级
	非加强区剪力墙	三级/二级
	塔楼周边框架柱(底部两层,仅框架剪力墙结构)	二级(提高一级)
	其他框架梁柱(仅框架剪力墙结构)	三级

框架＋支撑（普通支撑/防屈曲支撑）结构车辆段抗震等级参考表　　　表 4-10

钢筋(型钢)混凝土框架＋支撑下盖结构(首层、2层)	转换梁、转换柱	一级(提高一级)
	塔楼周边竖向柱	一级(提高一级)
	塔楼范围防屈曲支撑子结构框架柱、框架梁	一级(提高一级)
	其他框架柱、框架梁	二级
钢筋(型钢)混凝土框架＋支撑塔楼	防屈曲支撑子结构框架柱、框架梁(底部两层)	一级(提高一级)
	塔楼周边框架柱(底部两层)	一级(提高一级)
	其他框架柱、框架梁	二级

钢结构车辆段抗震等级参考表　　　　　　表 4-11

钢筋(型钢)混凝土框架剪力墙下盖结构(首层、2层)	转换梁、转换柱	一级(提高一级)
	剪力墙	二级
	其他框架柱、框架梁	三级
钢结构塔楼	塔楼周边柱、支撑(底部两层)	三级(提高一级)
	其他梁、柱、支撑	四级

层间隔震结构车辆段抗震等级参考表　　　　表 4-12

钢筋(型钢)混凝土框架＋剪力墙下盖结构(首层、2层)	直接支撑隔震支墩的梁、柱、墙、斜撑	一级(提高一级)
	其他剪力墙	二级
	其他框架梁、柱	三级
隔震转换层	隔震层顶转换梁	一级(提高一级)
	隔震支墩	一级(提高一级)
钢筋混凝土剪力墙塔楼	剪力墙	三级(或四级)

注：钢筋混凝土剪力墙塔楼剪力墙抗震等级应根据水平向减震系数的计算结果考虑是否降低，不降低时为三级，降低时最为四级。

4.3.3　6 度情况

表 4-13～表 4-17 给出 6 度设防下，各类结构形式车辆段结构构件抗震等级取用情况。

框架结构车辆段抗震等级参考表　　　　　　　　　　　表 4-13

钢筋(型钢)混凝土框架下盖结构 (首层、2层)	转换梁、转换柱	二级(提高一级)
	塔楼周边框架柱	二级(提高一级)
	其他框架柱、框架梁	三级
钢筋(型钢)混凝土框架塔楼	塔楼周边竖向柱(底部两层)	二级(提高一级)
	其他框架梁、柱	三级

框支剪力墙结构车辆段抗震等级参考表　　　　　　　　表 4-14

钢筋(型钢)混凝土框支剪力墙下盖结构 (首层、2层)	转换梁、转换柱(框支框架)	二级(提高一级)
	塔楼周边剪力墙	二级(提高一级)
	其他剪力墙	三级
	其他框架柱、框架梁	四级
钢筋(钢板)混凝土剪力墙/钢筋(型钢) 混凝土框架剪力墙塔楼	塔楼周边剪力墙(底部两层)	三级/二级(提高一级)
	其他剪力墙(底部两层)	四级/三级
	非加强区剪力墙	四级/三级
	塔楼周边框架柱(底部两层, 仅框架剪力墙结构)	三级(提高一级)
	其他框架梁柱(仅框架剪力墙结构)	四级

框架＋支撑（普通支撑/防屈曲支撑）结构车辆段抗震等级参考表　　表 4-15

钢筋(型钢)混凝土框架＋ 支撑下盖结构(首层、2层)	转换梁、转换柱	二级(提高一级)
	塔楼周边竖向柱	二级(提高一级)
	塔楼范围防屈曲支撑子 结构框架柱、框架梁	二级(提高一级)
	其他框架柱、框架梁	三级
钢筋(型钢)混凝土框架＋支撑塔楼	防屈曲支撑子结构框架柱、框架梁 (底部两层)	二级(提高一级)
	塔楼周边框架柱(底部两层)	二级(提高一级)
	其他框架柱、框架梁	三级

钢结构车辆段抗震等级参考表　　　　　　　　　　　　表 4-16

钢筋(型钢)混凝土框架剪力 墙下盖结构(首层、2层)	转换梁、转换柱	二级(提高一级)
	剪力墙	三级
	其他框架柱、框架梁	四级
钢结构塔楼	塔楼周边柱、支撑(底部两层)	三级(提高一级)
	其他梁、柱、支撑	四级

层间隔震结构车辆段抗震等级参考表　　　　　　　　　表 4-17

钢筋(型钢)混凝土框架＋ 剪力墙下盖结构(首层、2层)	直接支撑隔震支墩的梁、柱、墙、斜撑	二级(提高一级)
	其他剪力墙	三级
	其他框架梁、柱	四级
隔震转换层	隔震层顶转换梁	二级(提高一级)
	隔震支墩	二级(提高一级)
钢筋混凝土剪力墙塔楼	剪力墙	四级

4.4 整体结构及各类构件性能目标的设定

现行《高层建筑混凝土结构技术规程》JGJ 3 将结构抗震性能目标划分为 A、B、C、D 四个等级,如表 4-18 所示。

现行《高层建筑混凝土结构技术规程》JGJ 3 结构抗震性能目标及性能水准　　表 4-18

地震作用水准 \ 性能目标	A	B	C	D
多遇地震(小震)	1	1	1	1
设防地震(中震)	1	2	3	4
预估的罕遇地震(大震)	2	3	4	5

相应各类构件满足的性能水准如表 4-19 所示。

现行《高层建筑混凝土结构技术规程》JGJ 3 构件性能水准　　表 4-19

结构抗震性能水准	宏观损坏程度	损坏部位			继续使用的可能性
		关键构件	普通竖向构件	耗能构件	
1	完好、无损坏	无损坏	无损坏	无损坏	不需修理即可继续使用
2	基本完好、轻微损坏	无损坏	无损坏	轻微损坏	稍加修理即可继续使用
3	轻度损坏	轻微损坏	轻微损坏	轻度损坏、部分中度损坏	一般修理即可继续使用
4	中度损坏	轻度损坏	部分构件中度损坏	中度损坏、部分严重损坏	修理或加固后即可继续使用
5	比较严重损坏	中度损坏	部分构件中度损坏	比较严重损坏	需排险大修

注:"关键构件"是指该构件的失效可能引起结构的连续破坏或危及生命安全的严重破坏;"普通竖向构件"是指"关键构件"之外的竖向构件;"耗能构件"包括框架梁、剪力墙连梁及耗能支撑等。

根据上表"注"所述,对各类结构形式车辆段关键构件应包括:(1) 对带转换的框架结构、框支剪力墙结构,关键构件为转换梁及转换柱构件;普通竖向构件为剪力墙及除转换柱以外的其他框架柱构件;耗能构件为除转换梁以外的其他框架梁及连梁构件。(2) 对框架+支撑(普通支撑/防屈曲支撑)结构,关键构件为转换梁及转换柱构件、框架+防屈曲支撑结构中的"子结构"构件;普通竖向构件为除转换柱以外的其他框架柱构件;耗能构件为防屈曲支撑构件、除转换梁以外的楼层框架梁构件。

为达到上述整体结构性能目标及各类构件的性能水准,具体到各结构形式的车辆段,小震、中震及大震下,整体结构所需达到的层间位移角限值要求及下盖结构各构件所需达到的性能指标要求如表 4-20～表 4-23 所示。

框架结构车辆段整体及构件指标要求 表 4-20

地震烈度水准	小震	中震	大震
性能水准定性描述	不损坏	可修复的损害	无倒塌
层间位移角限值(rad)	1/550	—	1/50
构件性能 转换梁、转换柱	弹性	弹性	正截面不屈服,斜截面弹性
构件性能 普通竖向构件(柱)	弹性	正截面不屈服,斜截面弹性	斜截面不屈服
构件性能 框架梁	弹性	—	—

框支剪力墙结构车辆段所需达到的整体及构件指标要求 表 4-21

地震烈度水准	小震	中震	大震
性能水准定性描述	不损坏	可修复的损害	无倒塌
层间位移角限值(rad)	下盖:1/800;转换层:1/1000;上盖:1/1000(1/800)	—	下盖:1/100;转换层:1/120;上盖:1/120(1/100)
构件性能 转换梁、转换柱、框支墙	弹性	弹性	正截面不屈服,斜截面弹性
构件性能 普通墙构件	弹性	正截面不屈服,斜截面弹性	—
构件性能 普通柱构件	弹性	斜截面满足受剪截面条件*	—
构件性能 框架梁	弹性	—	—
构件性能 剪力墙连梁	弹性或小部分损坏	—	—

注:"层间位移角限值"一栏中,括号中的数值用于上盖结构形式为框架剪力墙时。

框支+支撑(普通支撑/防屈曲支撑)结构车辆段所需达到的整体及构件指标要求 表 4-22

地震烈度水准	小震	中震	大震
性能水准定性描述	不损坏	可修复的损害	无倒塌
层间位移角限值(rad)	1/550~1/800	—	1/50~1/100
构件性能 转换梁、转换柱	弹性	弹性	正截面不屈服,斜截面弹性
构件性能 子结构梁柱	弹性	正截面不屈服,斜截面弹性	斜截面不屈服
构件性能 普通墙构件	弹性	正截面不屈服,斜截面弹性	—
构件性能 普通柱构件	弹性	斜截面满足受剪截面条件*	—
构件性能 框架梁	弹性	—	—
构件性能 普通支撑	弹性	—	—
构件性能 防屈曲支撑	弹性	可进入塑性耗能	进入塑性耗能

注:"层间位移角限值"一栏中,当框架所占结构底部总倾覆力矩达到50%时取1/550;当框架所占结构底部总倾覆力矩不超过10%时取1/800;当框架所占结构底部总倾覆力矩为10%~50%时,应根据框架所占结构底部总倾覆力矩的百分比内插确定。对于框架+普通支撑,不应出现框架所占结构底部总倾覆力矩达到50%的情形。

层间隔震结构车辆段所需达到的整体及构件指标要求 表4-23

地震烈度水准		小震	中震	大震
性能水准定性描述		不损坏	可修复的损害	无倒塌
层间位移角限值(rad)		首层：1/800； 转换层及上盖：1/1000	—	下盖：1/200； 隔震支座极限位移 上盖：1/120
构件性能	直接支承隔震 柱墩的梁	弹性	弹性	弹性
	直接支承隔 震柱墩的柱、斜撑、墙	弹性	弹性	正截面不屈服， 斜截面弹性
	普通墙构件	弹性	正截面不屈服， 斜截面弹性	—
	普通柱构件	弹性	斜截面满足受 剪截面条件*	—
	框架梁	弹性	—	—
	隔震层顶转换梁	弹性	弹性	不屈服
	隔震支墩	弹性	弹性	不屈服

通过以上分析不难看出，车辆段上盖开发项目大体上需满足性能水准C的要求：即小震作用下达到性能水准"1"；中震作用下结构达到性能水准"3"；大震作用下结构达到性能水准"4"。

从以往工程经验及抗震超限评审专家的建议来看，高烈度地区下盖为框架剪力墙结构或采用层间隔震结构时，下盖作为二道防线的普通柱构件有时会略微降低性能指标，由中震正截面不屈服斜截面弹性降低为中震斜截面满足受剪截面条件（表4-21~表4-23中*所列）的规定。降低后的整体结构性能水准实际介于C级和D级之间，但总体仍偏向于C级。

4.5 结构控制指标汇总

4.5.1 规范规定结构控制指标

表4-24汇总一般情况下，层间隔震结构形式以外的车辆段上盖开发项目主要结构设计控制指标，供广大设计人员参考选用。

车辆段上盖开发项目主要结构设计控制指标汇总（层间隔震车辆段除外） 表4-24

序号	项目		控制指标
1	周期比		不应大于0.9
2	扭转位移比		不宜大于1.2；不应大于1.5
3	楼层刚度比	框架结构 （不考虑层高影响）	本层与相邻上层的侧向刚度比不宜小于0.7；与上三层刚度平均值的比不宜小于0.8
		其他结构 （考虑层高影响）	本层与相邻上层的侧向刚度比不宜小于0.9；当本层层高大于相邻上层层高的1.5倍时，不宜小于1.1；对结构底部嵌固层，不宜小于1.5
		转换层上下	转换层上下结构层剪切刚度比宜接近1；转换层与其上层的刚度比不应小于0.5

续表

序号	项目		控制指标
4	楼层受剪承载力比		不宜小于上层的80%；不应小于上层的65%
5	楼层最大层间位移角（rad）	混凝土框架结构	小震1/550；大震1/50
		框架+支撑结构	小震1/550～1/800；大震1/50～1/100
		框架剪力墙结构	小震1/800；大震1/100
		剪力墙结构	小震1/1000；大震1/120
		钢结构	小震1/250；大震1/50
		框支层	小震1/1000；大震1/120
6	刚重比	不考虑重力二阶效应条件	框架结构 $D_i \geqslant 20 \sum_{j=i}^{n} G_j / h_i$；其他结构 $EJ_d \geqslant 2.7H^2 \sum_{i=1}^{n} G_i$
		限值要求	框架结构 $D_i \geqslant 10 \sum_{j=i}^{n} G_j / h_i$；其他结构 $EJ_d \geqslant 1.4H^2 \sum_{i=1}^{n} G_i$
7	剪重比		6度0.008；7度0.016(0.024)；8度0.032(0.048)；9度0.064

注：1. 序号3楼层刚度比，对下盖大底盘顶层与上盖开发塔楼首层的刚度比（即2层与3层的刚度比）详见6.4.1节论述。

2. 序号5楼层最大层间位移角，框支层在大震下的弹塑性层间位移角指标规范未做规定，为笔者推荐指标；"框架+支撑结构"一栏中，当框架所占结构底部总倾覆力矩达到50%时取1/550（大震1/50），当框架所占结构底部总倾覆力矩不超过10%时取1/800（大震1/100），当框架所占结构底部总倾覆力矩介于10%～50%时，应根据框架所占结构底部总倾覆力矩的百分比内插确定。对于框架+普通支撑，不应出现框架所占结构底部总倾覆力矩达到50%的情形。

3. 序号7剪重比，括号中的数值分别为7度（0.15g）及8度（0.3g）情形。

表4-25汇总了层间隔震车辆段、隔震层、隔震层上部结构及隔震层下部结构除需满足表4-24的各项结构设计控制指标外，尚需满足层间隔震结构特有的各项控制指标。

层间隔震车辆段上盖开发项目主要结构设计控制指标汇总表 表4-25

序号	项目		控制指标
1	隔震支座	隔震支座拉压应力	重力荷载代表值下，压应力不大于15MPa； 大震作用下，考虑三向地震作用产生的支座压应力不大于30MPa； 大震作用下，考虑三向地震作用产生的支座拉应力不大于1MPa
		隔震支座水平位移	不应超过支座有效直径的0.55倍和支座内部橡胶总厚度3.0倍二者的较小值
		弹性恢复力	$K_{100} \cdot t_r \geqslant 1.40 V_{Rw}$
		偏心率控制	应尽量使隔震层的刚度中心与隔震层上部结构的总质量中心重合，偏心率不宜大于3%
2	隔震层上部结构	水平地震作用	水平地震作用由水平向减震系数确定；隔震以上结构的总水平地震作用不得低于非隔震结构在6度设防时的总水平地震作用；各楼层的水平地震剪力尚应符合抗震规范对本地区设防烈度的最小地震剪力系数的规定
		竖向地震作用	9度时及8度且水平减震系数不大于0.3时，隔震层以上的结构应进行竖向地震作用计算；竖向地震作用标准值，8度（0.2g）、8度（0.3g）和9度时分别不应小于隔震层以上结构总重力荷载代表值的20%、30%和40%
		抗震措施	当水平向减震系数大于0.40时（设置阻尼器时为0.38）不应降低非隔震时的有关要求；水平向减震系数不大于0.40时（设置阻尼器时为0.38），可按降低1度采用抗震构造措施，与竖向地震作用有关的抗震构造措施不应降低

续表

序号	项目		控制指标
2	隔震层上部结构	结构倾覆	抗倾覆安全系数≥1.2
		最大层间位移角（rad）	小震1/1000；大震1/120（剪力墙结构） 小震1/800；大震1/100（框架剪力墙结构） 小震1/250；大震1/50（钢结构）
3	隔震层下部结构	刚度比	隔震层以下的结构（包括地下室和隔震塔楼下的底盘）中直接支撑隔震以上结构的相关构件，应满足嵌固的刚度比和隔震后设防地震（中震）的抗震承载力要求，并按罕遇地震（大震）进行抗剪承载力验算
		楼层最大层间位移角（rad）	小震1/800；大震1/200（框架剪力墙结构） 小震1/550；大震1/100（框架结构）
4	抗风工况	水平力限值	风荷载下的总水平力，不宜超过结构总重力的10%
		抗风装置	$\gamma_w V_{wk} \leqslant V_{Rw}$
5	竖向隔离缝		缝宽不宜小于各隔震支座在大震下最大水平位移的1.2倍且不小于200mm；对两相邻隔震结构，其缝宽取最大水平位移之和，且不小于400mm
6	水平隔离缝		缝高取20mm，并用柔性材料填充；当设置水平隔离缝确有困难时，应设置可靠的水平滑移垫层

隔震层结构布置基本原则为：（1）隔震层刚度中心宜与隔震层上部结构的质量中心重合；（2）隔震支座的平面布置宜与隔震层上部结构和隔震层下部结构竖向受力构件的平面位置相对应；（3）隔震支座底面宜布置在同一高度上；（4）同一结构选用多种规格的隔震支座时，应注意充分发挥每个隔震支座的竖向承载能力和水平变形能力；（5）同一支承处选用多个隔震支座时，隔震支座之间的净距应满足安装和更换时所需的空间尺寸要求；（6）铅芯橡胶支座宜布置在结构角部及周边的墙柱下，以提高结构整体抗扭性能；中间区域布置刚度较小的无铅芯橡胶支座，在满足刚度要求的前提下尽量采用剪切模量较小的橡胶支座类型；（7）对层间隔震车辆段，宜在隔震层的两个水平方向均匀布置黏滞流体阻尼器。阻尼器的速度指数应小于1.0。

4.5.2 规范要求外的其他控制指标

车辆段工程结构复杂，除满足现行《建筑抗震设计规范》GB 50011，现行《高层建筑混凝土结构技术规程》JGJ 3的基本规定外，为使结构整体抗震性能更加合理，笔者推荐实际工程进一步考察下述各控制指标：

（1）整体结构沿两个主轴方向的抗侧刚度相差不大，结构前两阶平动周期之比 $T_{2平}/T_{1平} \geqslant 0.8$。

（2）框架剪力墙结构中剪力墙的数量及刚度占比相对合理，剪力墙承担的地震倾覆力矩百分比介于50%~90%；框架+支撑结构中支撑承担的地震倾覆力矩百分比可适当降低。

（3）下盖结构尽量在上盖"塔楼相关范围"布置剪力墙或支撑，有助于提高分塔结构的整体抗侧刚度。

（4）车辆段上盖开发项目属复杂高层结构，在考虑偶然偏心的规定水平力作用下，结构的层间位移比尽量不大于1.4。

(5) 对塔楼范围及周边1~2跨范围内的下盖结构竖向构件，适当提高其性能指标并进行性能化设计。

(6) 车辆段大底盘多塔结构关键部位应采取必要的加强措施：下盖大底盘2层顶塔楼相关范围梁板、塔楼底部两层周边竖向构件及对应的大底盘竖向构件应做加强处理；下盖大底盘首层顶"塔楼相关范围"梁板、上盖开发塔楼首层及2层顶梁板也应做适当加强处理。

第5章

结构设计基本方法、步骤与建模

5.1 框架结构、框支剪力墙结构基本设计思路与步骤

框架结构、框支剪力墙结构基本设计思路及步骤如下所述。基本流程如图 5-1 所示。

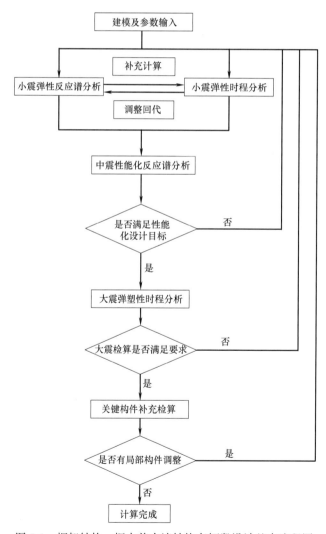

图 5-1 框架结构、框支剪力墙结构车辆段设计基本流程图

（1）按整体模型和各塔楼分塔模型分别进行小震反应谱分析。当塔楼周边的裙楼超过两跨时，分塔模型至少附带两跨裙楼结构。通过调整模型，使得小震计算主要控制参数满足规范相应要求。原则上应有至少两个相互独立的有限元计算软件进行小震对比计算。

（2）补充小震时程分析，可选取 7 条小震地震波（5 条天然波，2 条人工波）进行检算。先判断所选地震波的适用性，再对适用的一组 7 条地震波检算整体模型及各分塔模型的小震整体指标。小震下的计算结果应取各小震地震波时程分析法计算结果的平均值与反应谱法计算结果的包络结果。

（3）在小震计算完成的基础上，进行中震性能化设计。首先针对不同类型的构件确定合理的性能化指标，再进行相应的抗震性能化设计使其满足各自的性能化指标要求。如步骤（1）、步骤（2）小震计算的构件截面尺寸、配筋等不满足中震性能化设计的计算要求，则需根据中震性能化设计的要求做相应调整，并按调整后的信息重新回到步骤（1）、步骤（2）再次核算，直到满足要求为止。

（4）在小震反应谱及时程、中震性能化设计全部通过的基础上，导入大震模型进行大震动力弹塑性分析。大震分析应考虑材料非线性，必要时考虑几何非线性。其基本步骤如下：①根据弹性分析模型，输入配筋信息并进一步细分网格后导入大震程序；②考虑结构施工过程，进行重力加载初始分析，形成初始内力及变形状态；③计算结构基本信息及基本自振特性，并与小震模型进行对比校核，保证大震弹塑性分析模型与小震模型一致；④输入大震记录，进行结构大震作用下的弹塑性动力时程分析。经过大震弹塑性计算，对结构不甚合理部位重新布置及修改，并重新回到步骤（1）～步骤（3）再次检算，直到满足要求为止。

（5）通过以上所有步骤后，应对结构当中的关键构件进行补充检算，包括①转换层楼板应力分析；②转换梁、转换柱人工复核；③框支墙应力分析等。

5.2　框架＋支撑（普通支撑/防屈曲支撑）结构基本设计思路与步骤

对框架＋支撑（普通支撑/防屈曲支撑）结构，其设计思路与步骤和框架结构、框支剪力墙结构基本相似，重复部分不再赘述。在此基础上，还需补充以下步骤（1）～步骤（3）内容，基本流程如图 5-2 所示。

（1）在小震建模计算时，应对加入支撑的必要性比选分析，当明确纯框架结构不能满足要求时（如房屋高度超高、柱截面尺寸过大、塔楼层间位移角过大等），再行考虑加入支撑。

（2）在确定采用框架＋支撑结构形式后，应对普通支撑及防屈曲支撑二者再次比选。采用框架＋普通支撑相对常规，当采用纯框架结构仅因侧移较大而需增大结构整体刚度时，可考虑采用框架＋普通支撑结构形式。当采用纯框架结构框架柱承载能力不能满足要求时，如采用框架＋普通支撑结构形式，则按照现行《建筑抗震设计规范》GB 50011 附录 G 的要求，框架部分应采用"框架＋支撑"模型和"纯框架"模型二者的包络设计结果，因此无法通过在框架结构中加入普通支撑减小框架柱截面尺寸或配筋。此外，中、大震作用下，普通支撑易受压屈曲退出工作，当上盖开发塔楼在中、大震下要求较高时，普通支撑不能胜任。此时可考虑采用框架＋防屈曲支撑结构形式。

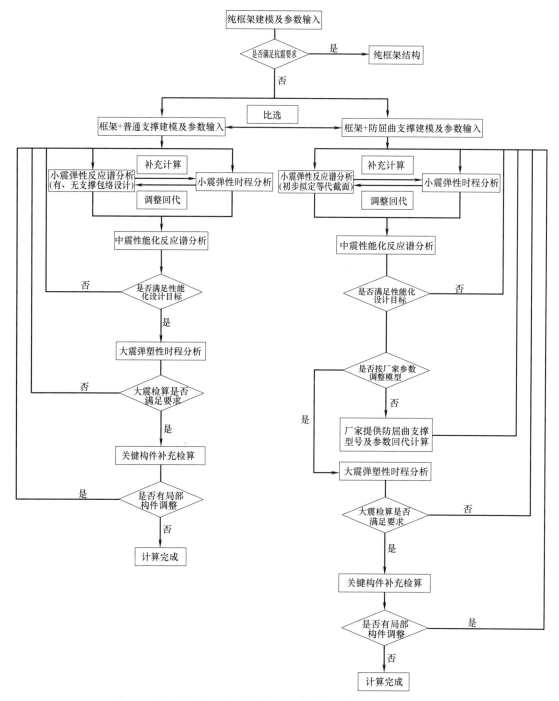

图 5-2 框架＋支撑（普通支撑/防屈曲支撑）结构设计基本流程图

（3）采用框架＋防屈曲支撑结构形式的车辆段，还应补充消能减震专项设计。具体操作步骤为：①按照实心等效截面尺寸与防屈曲支撑芯材杆件有效截面尺寸相等的原则，初拟等效防屈曲支撑芯材截面尺寸，建立小震计算模型并按照 5.1 节步骤（1）～步骤（3）内容进行小震弹性及中震性能化分析。等效截面尺寸确定原则为，不考虑支撑失稳（防屈曲支撑不存在失稳问题）且使整体结构计算指标（如层间侧移角）满足要求的前提下，尽量减小等效截面尺寸，从而有助于防屈曲支撑在大震下屈服并滞回耗能。防屈曲支撑应尽量布置在杆件内力较大及层间侧移较大的中部及下部楼层。②步骤（1）~步骤（3）计算完成后，将等效截面尺寸及计算所得内力提供给防屈曲支撑厂家选取适宜的防屈曲支撑产品，并根据所选的防屈曲支撑产品实际参数修正原计算等效截面尺寸，并再次回到步骤（1）~步骤（3）复核检算，反复迭代直到满足要求为止。③当上述计算全部通过后，将所有信息输入大震模型进行大震动力弹塑性计算，考察大震下结构整体及构件性能（包括一般构件、关键构件、耗能构件）是否满足要求。如不满足，则需回到初始步骤调整结构模型及参数重新计算，直到通过为止。

5.3 层间隔震结构基本设计思路与步骤

隔震层的位置通常选择设置于刚度突变部位（即下盖大底盘与上盖开发塔楼之间），通过隔震支座延长隔震层上部结构的自振周期，从而降低隔震层上部结构的地震作用，提高隔震层上部结构的抗震性能。

层间隔震结构存在一定的合理性。首先，对于8度区车辆段上盖开发多层或小高层项目，需设置一定数量的剪力墙才能有效保证塔楼整体结构的抗侧刚度。受下盖车辆限界的影响，库区横向剪力墙几乎全部不能落至地面，不能满足规范关于"部分框支剪力墙结构需有一定数量落地剪力墙"的要求。采用层间隔震结构以后解决了横向剪力墙不能落地的问题。其次，层间隔震结构的隔震层充当转换层，上盖开发塔楼墙柱实现灵活布置，基本不受下盖结构柱网条件的影响。再次，层间隔震结构可有效减小隔震层上部结构的地震作用，从而减小隔震层上部结构的梁柱截面尺寸。根据设计经验，8度区基本可实现减小1度地震作用（7度）处理。最后，隔震支座除减小水平地震作用外，一定程度上还可减小车辆引起的竖向振动，竖向减振效果虽然远不及弹簧隔振支座，但相比未设隔振支座的工程项目，其对上盖开发塔楼的减振降噪起到一定的积极作用。尤其对住宅类塔楼的车辆段上盖开发项目，改善住宅塔楼的舒适性是特别重要和关键的课题。隔震层构造如图5-3所示。

层间隔震结构基本设计思路及步骤如以下所述，基本流程如图5-6所示。

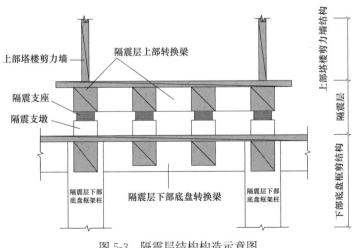

图5-3 隔震层结构构造示意图

（1）建立整体非隔震结构分析模型与整体隔震结构分析模型，确定隔震结构减震系数，如图 5-4 所示。对于高烈度地区，尽量满足降低 1 度的要求，并验算各项整体结构控制指标。

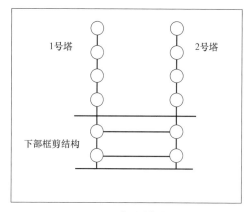

图 5-4　计算模型简图

（2）分别对整体隔震模型及各分塔隔震模型进行时程分析。隔震模型应包括隔震层上部结构、隔震层及隔震层下部结构。隔震支座如采用铅芯橡胶支座，本构关系为非线性模型；如采用非铅芯橡胶支座，本构关系为线弹性模型。铅芯橡胶支座本构关系如图 5-5 所示。

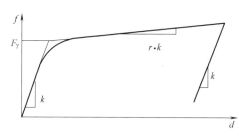

图 5-5　铅芯橡胶支座材料本构模型

（3）隔震层上部结构单独建立分析模型，按减震后的地震作用进行结构设计。应当注意的是，上盖开发塔楼基底剪重比不应小于未隔震时原地震烈度下最小剪重比的规定。

（4）隔震层下部结构大震下的层间位移角应满足规范要求。隔震层以下的结构（包括地下室和隔震塔楼下的底盘）中直接支撑隔震层以上结构的相关构件，应满足嵌固的刚度比和隔震后设防地震（中震）的抗震承载力要求，并按大震进行抗剪承载力验算。

（5）隔震层构件及相关隔震层下部结构关键构件按性能化要求进行复核。隔震层顶梁、支承隔震支座的隔震支墩按大震抗弯抗剪不屈服复核；直接支撑隔震层构件的隔震层下部结构框架柱按中震弹性、大震抗弯不屈服抗剪弹性复核，直接支承隔震支座的隔震层下部结构转换梁按大震弹性复核。上述关键构件应全部满足大震截面控制条件。此外，还应检算大震下隔震支座的极限位移及极限拉压应力。

（6）在前述小震计算及性能化设计全部通过的基础上，将所有信息导入大震模型进行大震动力弹塑性分析。大震分析应考虑材料非线性，必要时考虑几何非线性。其基本步骤如下：①根据弹性分析模型，输入配筋信息并进一步细分网格后导入大震程序；②考虑结构施工过程，进行重力加载初始分析，形成初始内力及变形状态；③计算结构基本信息及基本自振特性，并与小震模型进行对比校核，保证大震弹塑性分析模型与小震模型一致；

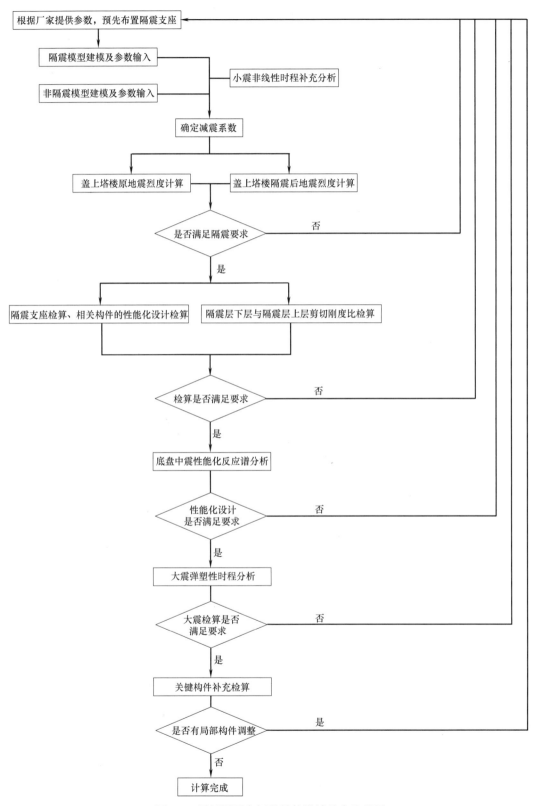

图 5-6 层间隔震车辆段结构设计基本流程图

④输入大震记录,进行结构大震作用下的弹塑性动力时程分析。经过大震弹塑性计算,对结构不甚合理部位重新布置及修改,并重新回到步骤(1)~步骤(5)再次检算,直到满足要求为止。

(7)通过上述全部计算后,应对结构当中关键构件进行补充检算,包括:①隔震层顶楼板应力分析;②隔震层下部结构塔楼相关范围2层顶楼板应力分析等。

5.4 计算软件及计算模型

5.4.1 计算软件的选用

选择适宜的结构分析软件,有助于结构设计人员完成复杂的结构设计与分析工作。表5-1汇总了目前市面上常见的结构有限元计算软件,以及各软件适用的分析类型和方法。

常见计算软件选用汇总表   表5-1

分析软件		PKPM、YJK	PMSAP、ETABS、MIDAS、SAP	SAUSAGE、ABQUAS
分析内容	小震	反应谱法;时程分析法	反应谱法;时程分析法	反应谱法;时程分析法
	中震	反应谱法	—	—
	大震	—	—	动力弹性、动力弹塑性时程分析
作用		小震弹性结构设计;小震弹性时程补充;中震性能化构件检算	小震弹性对比;减隔震专项分析	小震弹性对比;大震弹性、弹塑性对比;大震性能分析;减隔震专项分析

5.4.2 计算模型的建立

车辆段上盖开发项目需要进行小震、中震、大震等各地震作用工况下的抗震分析与设计;分析方法包含反应谱法、时程分析法;分析类型囊括线弹性分析、弹塑性分析;除此之外还需多个软件之间对比分析检算和校核,应当说分析内容十分繁杂。笔者针对目前市面上常见的有限元计算软件,介绍和说明其在车辆段上盖开发项目中所建立模型的目的和作用,如表5-2及表5-3所示。

车辆段上盖开发项目计算模型及其用途汇总表(层间隔震结构形式除外)   表5-2

分析软件	应建立的模型		目的和作用
PKPM、YJK	整体模型(1)		整体构件校核及配筋计算,整体指标统计
	单塔模型	拆分模型(2)	单塔构件校核及配筋计算,单塔指标统计
		单建模型(3)	
	弹性时程分析整体模型(4)		弹性时程补充计算,统计弹性时程整体指标
	性能化设计整体模型(5)		性能化构件校核及配筋计算
	温度工况整体模型(6)		温度荷载组合构件校核及配筋计算
	大震对比模型(7)		与(11)对比

续表

分析软件	应建立的模型	目的和作用
PMSAP、ETABS、MIDAS、SAP	整体模型(8)	整体指标统计,与(1)对比
	单塔模型(单建模型)(9)	单塔指标统计,与(2)、(3)对比
SAUSAGE、ABQUAS	整体模型(10)	大震弹塑性分析;大震弹性分析等
	小震对比模型(11)	与(7)对比,确保导入模型的正确性

层间隔震车辆段上盖开发项目计算模型及其用途汇总表　　表 5-3

分析软件	应建立的模型		目的及用途
PKPM、YJK	整体模型	隔震模型(1)	减震系数确定;整体指标统计,隔震层上下剪切刚度比校核
		非隔震模型(2)	
	单塔模型	隔震模型(3)	减震系数确定;单塔指标统计
		非隔震模型(4)	
	上盖模型	上盖各单塔模型(5)	上盖隔震后小震设计,剪重比校核等
	下盖模型	下盖整体模型(6)	与(1)包络设计,下盖整体指标统计
	风载作用下整体隔震模型(7)		风荷载作用下补充检算
	性能化设计整体等效模型(8)		隔震层下部结构及隔震层相关构件性能化设计
	温度工况整体等效模型(9)		温度荷载组合构件校核及配筋计算
	大震对比整体隔震模型(10)		与(16)对比
PMSAP、ETABS、MIDAS、SAP	整体模型	隔震模型(11)	整体指标统计,与(1)、(2)对比
		非隔震模型(12)	
	单塔模型	隔震模型(13)	单塔指标统计,与(3)、(4)对比
		非隔震模型(14)	
SAUSAGE、ABQUAS	整体模型(15)		大震弹塑性分析计算
	小震对比整体隔震模型(16)		与(10)对比,确保导入模型的正确性

上述表格所列计算模型数量众多,设计人员可根据具体工程情况适当合并计算模型,从而达到简化工作量的目的。应当强调的是,无论多么智能的结构计算软件,终归都是设计人员的辅助工具,高质量的工程设计离不开优秀设计师的合理分析与判断。

第6章 结构分析相关问题讨论

6.1 关于设计标准的讨论

6.1.1 关于抗震设防类别

现行《建筑工程抗震设防分类标准》GB 50223规定，城市轨道交通的地下隧道、枢纽建筑及其供电、通风设施，抗震设防类别应划为重点设防类（乙类建筑）。其中城市轨道交通包括在国内特大和大型城市迅速发展的轻轨、地下铁路等。此类建筑具有体量大，结构复杂、人员集中、受损后影响严重且修复困难等特点。

现行《建筑工程抗震设防分类标准》GB 50223划分抗震设防类别的原则主要考虑以下几个因素：（1）城镇的大小、行业的特点、工矿企业的规模等；（2）建（构）筑物破坏后对社会影响的严重程度、抗震抢险救灾及恢复的难易程度；（3）建（构）筑物破坏后造成的人员伤亡、直接和间接经济损失等。

具体到车辆段上盖开发项目，有业内学者认为此类项目属于重要的城市轨道交通工程，虽然规范没有明确规定，但按就高不就低的原则应划分为重点设防类。在此，笔者认为划分为一般设防类（丙类建筑）为宜，理由如下：（1）从人员密集程度来看，车辆段上盖开发项目人员较少。车辆段下盖为库区，通常仅有轨道交通运营工作人员，人群较为稀疏；而上盖一般受开发面积和高度等因素限制，仅为一般的住宅或商业开发，并非重要的市政基础设施建筑或人员密集的大型公建；（2）从损坏后修复的难易程度来看，车辆段上盖开发项目通常为地上建筑，无地下室。相对地下工程，如地下隧道、地下车站等，可修复性较强；（3）从损坏后对社会的影响程度来看，车辆段虽然是城市轨道交通正常运营的基本保障，但并非不可替代。例如某个车辆段地震损坏严重，轨道交通运营可临时借用其他车辆段维持运营，极端情况某条线路临时停运也未尝不可。此类建筑相比重要的城市供水、供电等不能中断的生命线工程重要性程度低，其破坏后对社会的影响有限。综合以上分析，笔者认为车辆段上盖开发项目应按一般设防类考虑为宜。

还应指出的是，如上盖开发塔楼为重点设防类建筑（如上盖开发医院、幼儿园、养老院、面积大于1万 m² 的大型商业等公建），下盖对应"塔楼相关范围"（有关"塔楼相关范围"的论述详见6.1.4节）建筑抗震设防类别应不低于上盖，即按重点设防类考虑。

6.1.2 关于设计使用年限

现行《建筑结构可靠性设计统一标准》GB 50068 及现行《工程结构可靠性设计统一标准》GB 50153 规定，普通房屋和构筑物的设计使用年限为 50 年；标志性建筑和特别重要的建筑结构设计使用年限为 100 年。而规范对"什么是标志性建筑和特别重要的建筑"并没有明确的规定。业界有学者认为，城市轨道交通属于大型的市政基础设施建筑，建议按照 100 年设计使用年限进行结构设计。

笔者认为：(1) 虽然车辆段上盖开发项目属于大型市政基础设施项目，但仅因使用功能的需求造成此类工程建筑规模较大，够不上所谓的"标志性"；(2) 是否为"特别重要的建筑"，还是要看破坏后造成人员伤亡、直接和间接经济损失、社会影响严重程度、抗震抢险救灾及恢复的难易程度等因素。上节分析可知此类项目够不上所谓的"特别重要的建筑"。

综上所述，车辆段上盖开发项目设计使用年限还是按 50 年为宜。

6.1.3 关于裂缝宽度限值及挠度限值

现行《混凝土结构设计规范》GB 50010 规定，一类环境包括：(1) 室内干燥环境；(2) 无侵蚀性静水浸没环境。一类环境，对普通混凝土构件，裂缝宽度应按三级 0.3mm 控制；对预应力混凝土构件，裂缝宽度应按三级 0.2mm 控制。二 a 类环境包括：(1) 室内潮湿环境；(2) 非严寒和非寒冷地区的露天环境；(3) 非严寒和非寒冷地区与无侵蚀性的水或土壤直接接触的环境；(4) 严寒和寒冷地区的冰冻线以下与无侵蚀性的水或土壤直接接触的环境。二 b 类环境包括：(1) 干湿交替环境；(2) 水位频繁变动环境；(3) 严寒和寒冷地区的露天环境；(4) 严寒和寒冷地区冰冻线以上与无侵蚀性的水或土壤直接接触的环境。二 a 类及二 b 类环境，对普通混凝土构件，裂缝宽度应按三级 0.2mm 控制；对预应力混凝土构件，裂缝宽度应按三级 0.1mm 控制。

车辆段上盖开发项目裂缝宽度限值有争议的部位主要为以下 2 处：(1) 承台桩基。因现行《建筑桩基技术规范》JGJ 94 规定，二 a 类环境，位于稳定地下水位以下的桩基，其裂缝宽度限值可按 0.3mm 控制，所以设计人员要充分判别所在地区桩基的环境类别到底是二 a 类还是二 b 类，以及是否位于稳定地下水位以下。对有抗拔要求的桩基，裂缝控制限值是 0.2mm 还是 0.3mm 影响较大。(2) 对车辆段下盖 2 层汽车库顶梁板结构，有设计师认为梁板结构被屋面覆土长期覆盖，属于与水土接触构件，至少应按二 a 类考虑；也有设计师认为屋面铺设防水，不属于"直接"与水土接触，可以按室内一类环境考虑。在此，笔者建议环境类别按二 a 类考虑，原因是受各种外部因素影响，下盖汽车库顶梁板结构施工完成后可能未及时覆盖保护，出现梁板结构长期暴露于大气的不利情形；此外上盖开发塔楼二次建设时，汽车库顶还需承受施工重车、材料堆放、塔吊等荷载，工况较为不利。综合来看，笔者建议偏于严格按二 a 类环境考虑，预应力混凝土梁板结构裂缝控制标准应按 0.1mm 采用。当然设计可以根据业主要求或工程情况提高标准，如不允许出现裂缝等。

由于车辆段横向跨度较大，按照现行《混凝土结构工程施工质量验收规范》GB

50204 规定，对跨度大于 12m 的楼面及屋面梁构件应按照设计提供的起拱值预起拱。总体来说，车辆段上盖开发项目除轨道专业要求较高的地面层外，首层顶楼面梁及 2 层顶屋面梁变形控制要求不高。值得设计人员注意的是梁式转换构件的挠度变形问题，尤其对于"梁托柱"转换，设计人员应明确提出转换梁起拱值要求（笔者建议即便不超过 12m，最好也由设计提出）。转换梁随着上盖开发塔楼的逐层加载而挠度逐渐增大，从而可能造成上盖开发塔楼的整体变形。虽然上盖塔楼施工中可以通过各层"找平"消除此挠度变形，但过大的转换构件挠度变形不利其承担上盖开发塔楼的长期荷载作用，也给人以"不安全"的感觉。此外，广大结构设计人员应特别注意大震弹塑性分析，转换构件的塑性变形及损伤情况，避免出现因转换构件不可恢复的塑性变形造成上盖开发塔楼过大的整体变形。图 6-1（a）为某工程上盖开发塔楼一侧边柱落于下盖首层顶梁，即在首层顶形成"梁托柱"转换。图 6-1（b）所示为 RH2 大震人工波 90 度方向工况下，上盖开发塔楼的变形云图。从图中可以明显看出，由于转换梁的塑性挠度变形，上盖开发塔楼发生整体倾

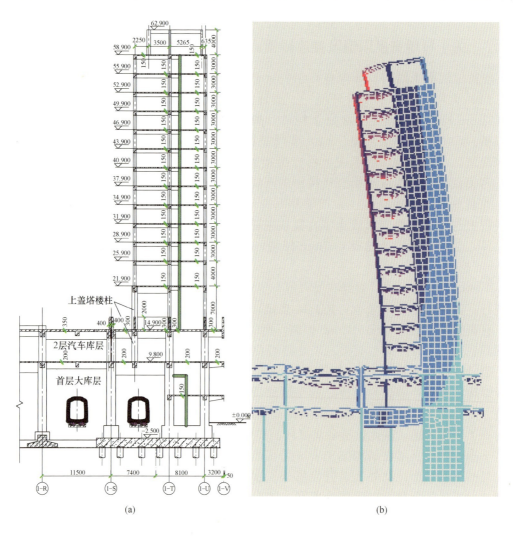

图 6-1　转换梁塑性挠度变形引起的上盖开发塔楼整体倾斜

斜。图 6-2 为 RH2 大震人工波 90 度方向位移时程曲线。从图中可以看出，大震过后弹塑性位移时程数值"不能归零"。

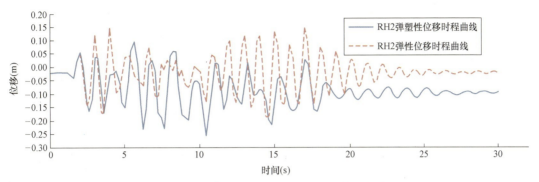

图 6-2　RH2 大震人工波 90 度方向位移时程曲线

6.1.4　关于"塔楼相关范围"

上盖开发塔楼在下盖底盘存在一定的"塔楼相关范围"，即下盖底盘受上盖开发塔楼的影响范围。现阶段各规范关于"塔楼相关范围"的具体说法不尽相同，现行《高层建筑混凝土结构技术规程》JGJ 3 规定"塔楼相关范围"指上盖开发塔楼楼座范围外扩不超过 3 跨。现行《建筑抗震设计规范》GB 50011 规定"塔楼相关范围"指上盖开发塔楼楼座范围外扩不大于 20m。根据实际经验，笔者建议实际工程纵向按上盖开发塔楼楼座范围外扩 3 跨后不超 20m 时取 3 跨，超过取 2 跨。例如：楼座范围外跨度为 8m，此时 3 跨共计 24m 超过 20m，取 2 跨作为"塔楼相关范围"；如楼座范围外跨度为 6m，此时 3 跨共计 18m 未超 20m，取 3 跨作为"塔楼相关范围"。横向因柱网跨度较大，按上盖开发塔楼楼座范围外扩 1 跨即可。

6.1.5　关于抗震等级

车辆段上盖开发项目构件抗震等级的选取应按照现行《建筑抗震设计规范》GB 50011 及现行《高层建筑混凝土结构技术规程》JGJ 3 的要求查表取用。在此，笔者提醒结构设计人员关注以下几个问题。

（1）现行《高层建筑混凝土结构技术规程》JGJ 3 规定体型收进复杂高层结构，当收进位置超过房屋总高度 20% 时，多塔结构抗震设计中体型收进部位上、下各两层塔楼周边竖向结构构件的抗震等级宜提高一级采用，一级提高至特一级，已为特一级时允许不再提高。针对车辆段上盖开发项目，限于柱网、跨度、建筑防火及日照间距等要求，上盖开发塔楼多采用"板楼"形式（如上盖开发住宅塔楼），即塔楼标准层平面为矩形，纵向（矩形平面长向）多跨而横向（矩形平面短向）仅为 2～3 跨。整体塔楼纵向沿下盖纵向布置，横向剖面如图 6-3 所示。上盖开发塔楼边柱与下盖库区柱网对齐，而中柱落于下盖结构框架梁上形成转换。按规范要求，塔楼边柱抗震等级提高一级，而中柱未提高抗震等级。但此中柱恰为抗震较为不利的"梁上柱"，且属于大底盘多塔收进部位上下各两层范围。笔者认为，可将塔楼底部两层框架中柱也予提高一级，即上盖开发塔楼底部两层所有框架柱抗震等级均按提高一级采用。

(2) 现行《高层建筑混凝土结构技术规程》JGJ 3 规定对部分框支剪力墙结构，当转换层位置设置在 3 层及以上时，其框支柱、剪力墙底部加强部位的抗震等级应提高一级采用，已为特一级的不再提高。即通常所说的"高位转换，提高一级"。对车辆段上盖开发项目，虽然转换位置为首层顶或 2 层汽车库顶，即转换楼层为首层或 2 层，不属于规范规定的"高位转换"结构，但笔者建议仍"提高一级"采取抗震措施，否则容易造成下盖结构的抗震等级低于上盖开发塔楼的抗震等级，从而出现被传力构件抗震等级低于传力构件的不合理情形。如图 6-4 所示，上、下盖均采用框架结构，上盖开发塔楼框架抗震等级为一级，塔楼底部两层框架柱提高至特一级；下盖塔楼范围框架柱提高至特一级，但转换梁按规范则可不予提高，出现转换梁低于上盖开发塔楼首层柱抗震等级的问题。实际中，转换梁属于重要关键构件，也宜提高至特一级采用。

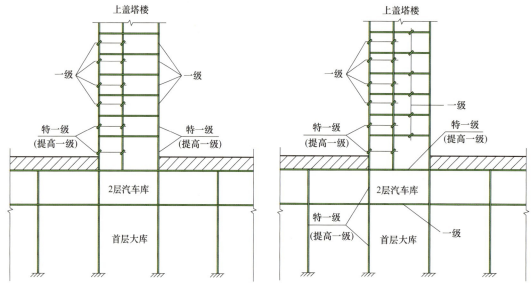

图 6-3　上盖开发塔楼底部两层框架柱抗震等级提高示意

图 6-4　下盖底盘转换构件抗震等级提高示意

(3) 下盖结构塔楼楼座范围的竖向构件抗震等级不应低于对应的上盖开发塔楼竖向构件。由于上、下盖结构形式可能不同，有可能出现下盖结构按现行规范查得的抗震等级比上盖开发塔楼低的情况。根据传力途径由上至下的原则，笔者建议下盖结构竖向构件的抗震等级不应低于上盖开发塔楼，此时才符合结构概念设计的基本原则。如图 6-5 所示，上盖开发塔楼采用框架结构，下盖底盘采用框剪结构，但剪力墙未在"塔楼相关范围"内设置。对上盖开发塔楼，由于剪力墙未在其"塔楼相关范围"，故应按框架结构确定抗震等级，即上盖开发塔楼框架抗震等级为一级，底部两层框架柱提高至特一级；而对下盖底盘，整体为框剪结构，剪力墙抗震等级为一级，框架抗震等级为二级，塔楼周边框架柱对应下盖框架柱即便提高一级，也仅为一级，仍低于上盖开发塔楼底部楼层的特一级。此时，下盖框架柱抗震等级应继续提高至特一级，满足不小于上盖开发塔楼框架柱抗震等级的要求。

(4) 如前所述，上盖开发塔楼在下盖底盘存在"塔楼相关范围"。"塔楼相关范围"内下盖底盘竖向构件抗震等级应按下盖底盘与上盖开发塔楼各自结构形式分别所得的抗震等

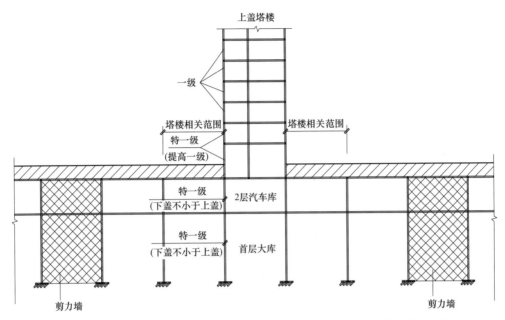

图 6-5 下盖底盘竖向构件抗震等级不小于上盖开发塔楼竖向构件抗震等级示意

级取"包络"。如图 6-6 所示,上盖开发塔楼采用框架结构,下盖底盘采用框剪结构,但剪力墙未设置于"塔楼相关范围"内。对上盖开发塔楼,由于剪力墙未设置于"塔楼相关范围",故应按框架结构确定抗震等级,即上盖开发塔楼框架抗震等级为一级,底部两层框架柱提高至特一级;而对下盖底盘,整体为框剪结构,剪力墙抗震等级为一级,塔楼周边框架柱对应下盖框架柱抗震等级不小于上盖,也提高至特一级。"塔楼相关范围"内且非上盖开发塔楼对应框架柱的抗震等级,应按下盖底盘结构形式查表所得抗震等级(二

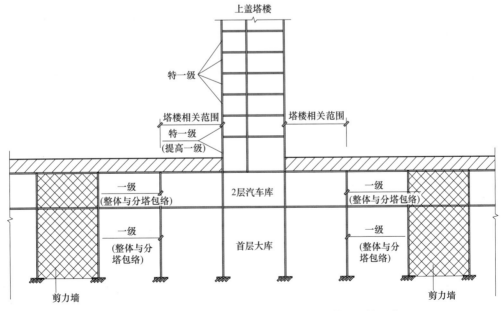

图 6-6 "塔楼相关范围"下盖结构构件抗震等级包络示意

级）及分塔结构查表所得抗震等级（一级）包络采用。此时，"塔楼相关范围"内且非上盖开发塔楼对应框架柱的抗震等级应按一级采用。

（5）当相邻上盖开发"塔楼相关范围"相互重叠时，"塔楼相关范围"下盖构件的抗震等级应按整体模型、重叠部分各自分塔模型共同包络采用，此处"共同包络"，是指底盘与所有塔楼所属"塔楼相关范围"的包络结果。如图 6-7 所示，上盖开发塔楼左塔采用框剪结构，右塔采用框架结构，下盖底盘采用框剪结构，下盖剪力墙在左塔"塔楼相关范围"内设置而未在右塔"塔楼相关范围"内设置。对上盖开发塔楼，左塔为框剪结构，剪力墙为一级，框架为二级；底部两层提高一级，剪力墙为特一级，框架为一级。由于剪力墙未设置在右塔"塔楼相关范围"，故应按框架结构采用抗震等级，框架抗震等级为一级，底部两层框架柱提高至特一级。对下盖底盘，整体为框剪结构，剪力墙抗震等级为一级，塔楼周边框架柱对应下盖框架柱抗震等级需满足不小于上盖的要求也做相应提高。左、右塔相互重叠的"塔楼相关范围"内且非上盖开发塔楼对应框架柱的抗震等级，应按下盖底盘结构形式查表所得抗震等级（二级）及各个分塔结构查表所得各自分塔的抗震等级（左塔为二级，右塔为一级）包络采用。此时，图示"塔楼相关范围"相互重叠范围内且非上盖开发塔楼对应框架柱的抗震等级应按一级采用。

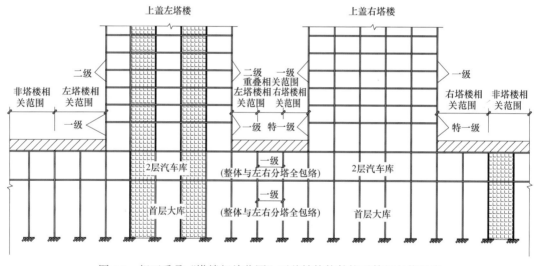

图 6-7 相互重叠"塔楼相关范围"下盖结构构件抗震等级包络示意

（6）对于层间隔震车辆段上盖开发塔楼的抗震等级，现行《建筑抗震设计规范》GB 50011 规定，隔震层以上结构的抗震措施，当水平向减震系数大于 0.40 时（设置阻尼器时为 0.38）不应降低非隔震时的有关要求；水平向减震系数不大于 0.40 时（设置阻尼器时为 0.38），可适当降低对非隔震建筑的要求，但烈度降低不得超过 1 度，与抵抗竖向地震作用有关的抗震构造措施不应降低。对下盖底盘的抗震等级，现行《建筑抗震设计规范》GB 50011 并未明确。仿照其他结构形式抗震等级的选取，笔者认为隔震层以下结构的抗震等级应区分塔楼范围内直接支撑隔震层结构的部位、上盖开发"塔楼相关范围"内部位、其他部位 3 种情况。具体来说，直接支撑隔震层结构部位的构件抗震等级应予以重点提高（建议均按最高抗震等级采用）。"塔楼相关范围"内部位的构件，也应予以适当提高（建议提高一级采用），其他部位的构件按常规结构查取抗震等级即可。如图 6-8 所示，上盖开发塔楼为剪力墙结构，下盖底盘为框剪结构，上下盖之间设置隔震转换层。上盖开发塔楼根据水平向减震系数考虑采用二级或三级（不降低上盖抗震等级时采用二级，降低时最低采用三级，注意层间隔震上盖开发塔楼底部两层可不再提高抗震等级）。下盖底盘非"塔楼相关范围"按一般框剪结构抗震等级，剪力墙为一级，框架为二级；"塔楼相关范围"提高一级，剪力墙为特一级，框架为一级，塔楼楼座范围直接支撑隔震层的下盖结构构件，全部按最高抗震等级特一级取用。

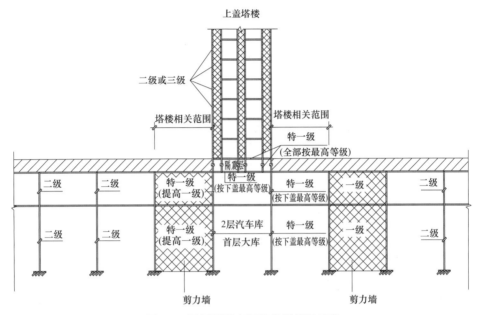

图 6-8　层间隔震车辆段抗震等级示意

隔震层各结构构件的抗震等级，现行《建筑抗震设计规范》GB 50011 也未予明确。鉴于隔震层的重要地位和作用，笔者建议所有梁柱从严采用最高抗震等级，图 6-8 所示全部采用特一级。

实际上根据经验，即便采用最高抗震等级，隔震层下部结构的构件截面尺寸及配筋通常不是小震控制的，而是性能化设计和嵌固刚度要求决定的。按现行《建筑抗震设计规范》GB 50011 的规定，隔震层以下的结构（包括地下室和隔震塔楼下的底盘）中直接支撑隔震层以上结构的相关构件，应满足嵌固的刚度比和隔震后设防地震（中震）的抗震承载力要求，并按大震进行抗剪承载力验算。按上述性能化要求及刚度要求计算所得隔震层下部结构构件截面尺寸及配筋远超小震下提高抗震等级后计算所得结果。

（7）对上盖开发塔楼采用框架＋普通支撑结构形式的车辆段，现行《建筑抗震设计规范》GB 50011 明确规定，钢支撑-混凝土框架结构房屋应根据设防类别、烈度和房屋高度采用不同的抗震等级，并应符合相应的计算和构造措施要求。一般设防类建筑的抗震等级，钢支撑框架部分（子结构部分）应提高一个抗震等级采用；钢筋混凝土框架部分按框架结构确定抗震等级。

对上盖开发塔楼采用框架＋防屈曲支撑结构形式的车辆段，规范并未明确规定抗震等级。笔者认为，此种结构形式车辆段的抗震等级也可仿照框架＋普通支撑结构采用。所不同的是，框架＋防屈曲支撑的子结构尚应提出性能化设计要求，而框架＋普通支撑没有性能化设计要求。通过确保子结构框架在中、大震下不出现过大的损伤破坏，从而保证与其相连的防屈曲支撑构件在中、大震下有效工作，为整体结构提供附加阻尼并耗散地震能量。

在此提醒广大设计人员注意的是，子结构包括与支撑相连的框架及其下盖底盘框架。简单讲就是，即便上盖开发塔楼支撑未落至下盖首层或2层，支撑跨对应的下盖框架结构同样应定义为子结构，其抗震等级也应予以提高并不小于上盖开发塔楼的抗震等级，如图6-9所示。

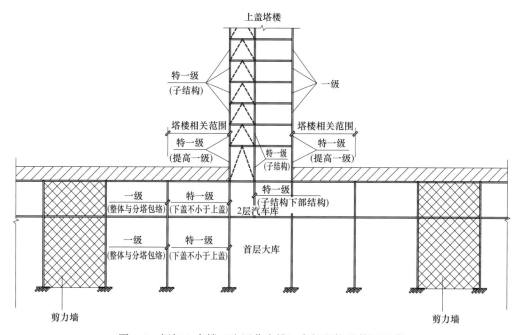

图6-9 框架＋支撑（防屈曲支撑）车辆段抗震等级示意

6.1.6 关于框支剪力墙车辆段底部加强部位

现行《高层建筑混凝土结构技术规程》JGJ 3规定，带转换层的高层建筑结构，其剪力墙底部加强部位的高度应从地下室顶板算起，宜取至转换层以上两层且不宜小于房屋高度的1/10。

对框支剪力墙车辆段上盖开发项目，（1）当转换部位位于2层汽车库顶（2层为转换层）时，按照规范要求应取"底盘两层＋上盖开发塔楼底部两层"与"1/10房屋高度"二者的较大值，一般情况为前者控制。（2）当转换部位位于首层大库层顶（首层为转换层）时，底部加强部位原则上可取"底盘两层＋上盖开发塔楼首层"与"1/10房屋高度"二者的较大值。但鉴于大底盘多塔结构，底盘顶上下各两层塔楼周边竖向构件抗震等级应提高一级采用，属于抗震加强区域，故笔者强烈建议此时底部加强部位仍按"底盘两层＋上盖开发塔楼底部两层"与"1/10房屋高度"二者的较大值采用。前者控制时，结合6.1.5节所述塔楼底部加强部位竖向构件抗震等级全部提高。

6.1.7 关于《地震安全性评价报告》抗震包络设计

对车辆段上盖开发项目，设计资料通常提供《地震安全性评价报告》。即使没有车辆段工程场地的报告,也会有项目全线的报告。广大设计人员应该正确认识并使用报告中的数据。

一般情况下,《地震安全性评价报告》提供的数据与现行《建筑抗震设计规范》GB 50011 对比,可能存在以下几点不同:(1)反应谱分析所用的水平地震影响系数最大值 α_{max} 不同。规范反应谱的 α_{max} 仅与小震、中震、大震相关,而与特征周期 T_g 无关;《地震安全性评价报告》中提供的 α_{max} 与小震、中震、大震及特征周期 T_g 均有关。(2)反应谱曲线不同。规范反应谱的曲线下降段与直线段可能与《地震安全性评价报告》存在参数差异。(3)《地震安全性评价报告》根据场区实际地震动各项参数,利用危险性分析方法进行计算,得到场址基岩不同超越概率的峰值加速度,进而根据傅氏变换确定场地特征周期 T_g,用三角级数叠加法则合成人工地震波。

结构设计人员计算时,除了将《地震安全性评价报告》中对应设计年限的地震动参数 α_{max}、T_g 等输入软件外,还应考虑规范反应谱与报告反应谱的不同进而修正软件程序自带的反应谱曲线。也可将《地震安全性评价报告》的反应谱与规范谱分别计算,包络设计。此外,应采用《地震安全性评价报告》中提供的人工波进行小震、大震时程分析。

6.1.8 关于层间位移角限值

现行《建筑抗震设计规范》GB 50011 及《高层建筑混凝土结构技术规程》JGJ 3 规定了不同结构形式小震下结构楼层的层间位移角限值要求,这是现阶段普遍采用的结构整体刚度控制指标。但规范仅明确了常规结构形式的层间位移角限值,笔者根据设计经验和业内专家看法,在此补充车辆段上盖开发项目其他结构形式层间位移角限值的参考建议。

对框架+普通支撑结构,普通钢支撑小震下处于弹性工作阶段,大震下屈曲失稳破坏退出工作。根据现行《建筑抗震设计规范》GB 50011 附录 G 的规定,原理上应该按框架及普通支撑各自承担的结构底部倾覆力矩比例确定层间位移角限值。具体如下:(1)如果支撑承担的倾覆力矩大于结构底部总倾覆力矩的 50% 且小于 90%,是"标准的"框架+支撑结构,此时结构的受力特性更趋向传统框剪结构,应根据支撑承担的结构底部倾覆力矩占比在框架结构与框架剪力墙结构之间(1/550~1/800)插值确定。(2)大震下,普通支撑已屈曲退出工作,层间位移角限值执行框架结构的 1/50 要求即可。(3)对框架+普通支撑,不应出现框架所占结构底部倾覆力矩达到 50% 的情形。

对框架+防屈曲支撑结构,防屈曲支撑在小震下处于弹性工作阶段,与普通支撑相同;大震下杆件屈服耗散地震能量。具体如下:(1)原理上小震下的结构层间位移角限值同框架+普通支撑结构,但由于防屈曲支撑芯材有效截面较小,抗侧刚度一般小于普通支撑,故笔者认为层间位移角限值可比框架+普通支撑有所放宽。(2)由于防屈曲支撑刚度进一步减弱,有可能造成框架承担的倾覆力矩大于结构底部总倾覆力矩的 50%,整体结构框架部分起了很大的贡献,此时按框架结构层间位移角限值小震 1/550、大震 1/50 控制即可。

对层间隔震结构,现行《建筑抗震设计规范》GB 50011 仅给出了隔震层下部结构大震下的层间位移角限值要求,笔者认为小震时可仿照一般结构按规范取值。规范并未明确隔震层的层间位移角限值要求,笔者在此强调,隔震层通常属于弹塑性变形工作状态(橡胶隔震支座在小震时也可能处于线弹性阶段),原理上不能用线弹性层间位移角限值硬性规定。对于隔震层的侧移控制,重要的是检算大震下隔震支座的极限位移是否满足要求。

这里笔者还想指出的是,对3.8节所述"刚性层",应控制其层间位移角足够小,即满足刚度"无限刚"的假定。

6.1.9 关于转换层刚度比控制

现行《高层建筑混凝土结构技术规程》JGJ 3规定,当转换层位于首层或2层时,应检算转换层与其相邻上层结构的等效剪切刚度比γ_{e1},γ_{e1}宜接近1,抗震设计时不应小于0.5;当转换层位于3层及以上时,除按上述剪切刚度检算所得刚度比值不应小于0.6外,尚应考虑转换层上部若干楼层(若干楼层总高度等于或接近转换层以下楼层总高度)的等效刚度,采用等效侧向刚度比γ_{e2}检算,γ_{e2}宜接近1,抗震设计时不应小于0.8。

对于高位转换结构,规范采用等效侧向刚度比γ_{e2}检算的原因是:由于转换层位置较高造成转换层下部楼层总高度较高,转换层下部楼层的整体弯曲变形不可忽略。如仅比较转换层与相邻上层的侧向刚度而忽略转换层下部各楼层的整体弯曲变形影响,则不能反映转换层下部楼层与转换层上部楼层的真实刚度比例,可能造成结构不安全。规范等效侧向刚度比γ_{e2}实质是考虑了转换层上下部楼层整体弯曲变形修正后的"剪弯刚度比"。

笔者认为,对常规层高的建筑而言,按规范要求以转换层是否位于3层及以上确定是否采用"剪弯刚度比"γ_{e2}检算并无不妥,但对车辆段上盖开发项目,下盖首层结构层高很高(运用库10~11m,联合检修库达12~14m),几乎相当于正常3层楼高度。如转换位置在2层汽车库顶,则转换层下部楼层总高度早已超过正常3层楼。所以笔者建议,对此类车辆段上盖开发项目,除按γ_{e1}检算"剪切刚度比"外,尚需按γ_{e2}检算"剪弯刚度比"。

这里还应指出的是,对于层间隔震车辆段,应按剪切刚度比γ_{e1}检算。理由是规范明确规定隔震层以下的结构(包括地下室和隔震塔楼下的底盘)中直接支撑隔震层以上结构的相关构件,应满足嵌固刚度比的要求。参考地下室作为地上结构嵌固端的规定,应采用剪切刚度比检算。

6.1.10 关于性能化指标

如前所述,车辆段上盖开发项目总体上要满足性能水准C的要求:即小震作用下结构达到性能水准"1";中震作用下结构达到性能水准"3";预估的大震作用下结构达到性能水准"4"。对高烈度地区整体结构性能水准可能会略有降低,降低后的性能水准介于C级和D级之间。以上所说的性能水准通常指下盖结构的性能水准。

设计人员固然会问,何种情况可以降低性能水准呢?笔者结合实际工程对"是否可降低性能水准"有如下看法:(1)要区分不同构件。如果是关键构件或需加强的构件,如转换梁柱、塔楼周边竖向构件、子结构构件等,不但不应降低标准而且应该按照关键构件的要求提高其性能水准;如果是塔楼范围外的一般构件,则可考虑适当降低要求。(2)要区分不同结构形式。如果下盖为框架结构,则不建议降低,原因是框架结构不存在多道防线,冗余度较差;如果下盖为框剪结构,则可考虑将作为二道防线的框架柱适当降低性能水准。

根据笔者经验,对低烈度地区,性能指标可按性能水准C(不降低性能水准)采用,由于地震作用相对较小,按性能水准C计算也较容易通过。对高烈度地区,当性能水准偏高时计算较为困难。尤其当构件截面尺寸受限时,会造成抗剪截面不足或超筋现象严重。所以对高烈度地区的性能水准及构件性能指标更应该谨慎确定。

关于性能指标的确定,一般情况设计单位需要自行拟定性能指标后,征得抗震超限评审专家的同意。某些工程的抗震超限评审,性能化指标要求较高,例如高烈度地区下盖塔楼相关范围以外剪力墙按中震抗弯不屈服抗剪弹性设计;框支转换车辆段下盖短肢墙按大震抗弯抗剪弹性设计等。满足上述计算要求所得的构件截面尺寸及配筋均较大。此时,设计人员应充分考察自身工程的特点,并与抗震超限评审专家沟通探讨是否可适当降低构件的性能指标,既要保证结构安全可靠,又要兼顾建筑使用功能与工程经济性。

此外,笔者还想指出的是,本书所述性能化设计均参照现行《高层建筑混凝土结构技术规程》JGJ 3 提出。事实上,现行《建筑抗震设计规范》GB 50011 及现行《高层建筑混凝土结构技术规程》JGJ 3 各自均提出了性能化设计相关规定。笔者认为(1)现行《高层建筑混凝土结构技术规程》JGJ 3 提出的 A、B、C、D 四级抗震性能目标及结构抗震性能水准 1~5,与现行《建筑抗震设计规范》GB 50011 提出的结构抗震性能 1~4 本质是一致的。(2)现行《建筑抗震设计规范》GB 50011 属于指导性纲领,是抗震性能化设计的总体把握;现行《高层建筑混凝土结构技术规程》JGJ 3 针对不同的结构构件规定不同的性能水准实现性能目标,更为具体,具备可操作性。(3)现行《高层建筑混凝土结构技术规程》JGJ 3 中并未明确结构变形性能目标的控制要求,此部分内容需参照现行《建筑抗震设计规范》GB 50011 执行。

具体到实际操作,目前市面上的有限元结构设计软件大多支持按现行《建筑抗震设计规范》GB 50011 及按现行《高层建筑混凝土结构技术规程》JGJ 3 进行性能化设计,方便广大结构设计人员选择。有的甚至还支持按照某些地方标准(如广东地标)进行性能化设计。笔者建议按现行《高层建筑混凝土结构技术规程》JGJ 3 指定构件类型(普通构件、关键构件、耗能构件)的方式进行性能化设计。

6.1.11 关于普通构件、关键构件、耗能构件

现行《高层建筑混凝土结构技术规程》JGJ 3 规定,结构性能化设计应根据结构各构件所起的作用及在结构中的重要性地位进行分类,划分为(1)普通构件;(2)关键构件;(3)耗能构件。其中"关键构件"是指该构件的失效可能引起结构的连续破坏或危及生命安全的严重破坏;"普通竖向构件"是指除"关键构件"之外的竖向构件;"耗能构件"包括框架梁、剪力墙连梁及耗能支撑等。实际工程 3 类构件划分的准确与否直接关系到该构件是否采用了正确的性能水准并按适宜的性能指标进行了构件设计,其重要性地位不言而喻。

对"耗能构件"及"普通竖向构件"均易理解和执行,而对"关键构件"规范并未展开解释何为"构件失效引起结构的连续破坏或危及生命安全"。笔者与业内专家和学者沟通,基本认定以下共识,"关键构件"包括(1)直接支撑上盖开发塔楼结构的各类转换构件,包括转换梁、转换柱、转换桁架、转换厚板、搭接柱等;(2)悬挑结构构件,这里所说"悬挑结构"指现行《高层建筑混凝土结构技术规程》JGJ 3 复杂高层建筑中的悬挑结构;(3)层间隔震车辆段中隔震层各类构件,及隔震层以下的结构(包括地下室和隔震塔楼下的底盘)中直接支撑隔震层以上结构的相关构件;(4)与消能减震构件(如防屈曲支撑构件)相连的"子结构"构件及其对应的下部结构竖向构件等。

此处还应指出的是,对框架+普通支撑结构,与普通支撑相连的框架不应划分为"关

键构件",理由是"关键构件"主要是提高构件在中、大震下的抗震性能,而普通支撑在中、大震下已屈曲失效,整体结构已经变为纯框架结构,此时再提高与普通支撑相连框架的性能指标毫无意义。这也是规范强调框架+普通支撑结构,框架部分承担的地震作用应按框架结构及框架+支撑结构两种情况包络设计的原因。只有框架+防屈曲支撑的"子结构"需定义为"关键构件",通过提高"子结构"框架在中、大震下的抗震性能,不致产生过大的损坏,从而充分确保与其相连的"耗能构件"在中、大震下正常工作。

6.2 关于结构建模的讨论

6.2.1 关于楼层层高取值

如前所述,车辆段上盖开发项目首层层高较高,2层及以上相对较小。因此,首层与2层的楼层侧向刚度比及受剪承载力比是结构设计重要的控制指标,甚至实际工程首层墙柱截面尺寸由此指标控制确定。笔者认为,结构设计人员除尽可能与建筑、工艺专业沟通,在满足其需求的情况下尽量降低首层层高外,从自身结构建模方面也可以做些优化处理。

首先,车辆段下盖首层柱底一般均在承台上设置柱墩,目的是使柱墩满足嵌固刚度要求,此时首层层高可从柱墩顶面起算。其次,车辆段梁板截面尺寸较一般民用建筑偏大,即使不作上盖开发塔楼的转换层,首层顶纵向梁高 0.8~1.0m 均属正常截面尺寸,而横向因跨度较大,1m 以上的梁高均属正常。如果首层作为上盖开发塔楼的转换层,则首层顶转换大梁梁高可能更大,有时可达 2m 以上且为型钢混凝土转换梁。结构建模计算楼层层高通常取至各层梁板顶面,但对车辆段项目而言,笔者认为此种建模方式偏于保守。假设取至梁高中线位置,则可减少一半梁高尺寸的首层层高,对层高较为敏感的楼层侧向刚度比和受剪承载力比来讲,此层高优化可能起到关键作用。如果认为层高取至梁高中线位置偏不安全,笔者认为至少可以取到考虑楼板翼缘影响后按 T 形截面楼面梁的质心高度处。

6.2.2 关于库区首层辅跨夹层建模

车辆段首层层高较高,首层库区非线路部位(通常为边跨)一般设置结构夹层,形成上下两层附属用房以充分利用库区建筑净高。由于市面上的有限元结构设计软件主要以"按层建模"方式处理,这给广大结构设计人员的建模带来一定的困扰。

考虑到夹层范围占库区首层面积较少,笔者认为辅跨夹层仅影响结构局部计算,对整体结构指标影响不大。故整体指标计算时,首层辅跨夹层柱可忽略夹层影响按一般框架柱建模,夹层梁板简化为蒙皮考虑导荷,也即整体计算指标不受局部夹层的影响。此时首层楼层侧向刚度、受剪承载能力软件数据统计较为准确,确保首层与2层的楼层侧向刚度比、受剪承载力比计算合理。对辅跨夹层梁板及其相连的周边构件,单独建立模型进行构件配筋设计。

上述建模方式情况下,整体模型忽略了夹层楼板的刚度,整体结构的指标控制偏于安全;而影响辅跨夹层相连跃层柱线刚度的计算长度系数在单独建模中的输入是正确的,可以保证局部构件内力及配筋的准确性。值得广大设计人员注意的是,夹层楼板易使与辅跨夹层相连的跃层柱形成"短柱",应按"短柱"严格控制构件的各项设计指标(如轴压比限值降低等），柱箍筋建议全高加密。

6.2.3 关于塔楼首层加高层的建模处理

本节主要解决 3.8 节所述内容在实际建模中如何实现的问题。根据经验，上盖开发塔楼首层加高层一般不宜按单独 1 层建模处理（层间隔震车辆段除外）。原因是加高部分高度较矮（1.0~2.0m 与覆土厚度相当），按单独 1 层建模通常使相邻层侧向刚度比、受剪承载力比等结构整体指标失真且难以满足要求。按 3.8 节的论述，分以下 3 种情形：（1）当构造上挡墙不与上盖开发塔楼框架柱结合时，将夹层梁板作为荷载加载至 2 层结构顶即可，上盖开发塔楼首层层高从下盖底盘顶取至上盖开发塔楼首层顶。（2）当构造上挡墙与上盖开发塔楼框架柱结合，但挡墙顶未设置刚性梁板结构时，上盖开发塔楼首层层高仍按情况（1）考虑。但在计算结构整体指标时，塔楼首层的楼层刚度（包括剪切刚度及规范规定的楼层剪力与层位移之比刚度）及楼层受剪承载力均应考虑挡墙的贡献。（3）当构造上挡墙与上盖开发塔楼框架柱结合，且挡墙顶设置刚性梁板结构，形成"矮夹层"充当"刚性层"时，笔者建议此"刚性层"可认定为"刚体"，忽略此层的指标统计，按"刚性层"上下楼层统计和判别结构整体指标是否满足要求。

这里还需广大设计人员注意的是，采用"刚性层"方案时，结构建模不可忽略这一层而直接按降低后的塔楼首层层高输入，原因是此种建模方法降低了塔楼结构总高度，与实际情况不符。实际仍应将"刚性层"输入模型，计算完成后手动统计"刚性层"上下楼层的侧向刚度比及受剪承载力比等指标。

6.2.4 关于弹性楼板的设置

梁板结构除承担常规竖向荷载作用外，抗震设计同样发挥着重要作用，平面连续且有足够刚度的梁板是楼层各竖向抗侧力构件变形协调并按刚度分配地震内力的有效保障。结构建模时必须正确模拟楼板的状况，使其与实际情况相符，才能保证模型计算的正确性。

整体指标计算采用刚性楼板假定，而构件配筋计算取消刚性楼板假定，是广大设计人员众所周知的操作。对"常规结构"上述结论是成立的，所谓"常规结构"是指楼板平面没有过大的开洞、突出或凹入、细连接体等复杂情况，在这种情况下，楼板的平面内刚度可认为是"无限大"的，平面内各个节点的水平变形也相互协调，此时楼板才具备"刚性楼板假定"的资格。当楼板平面复杂导致不符合"刚性楼板假定"资格时，结构计算不能定义为"刚性楼板"，否则计算结果将出现严重失真。对车辆段上盖开发项目，2 层汽车库顶板（大底盘顶板）上盖开发塔楼楼座范围内，容易出现不符合"刚性楼板假定"资格情形，如 3.8 节所述塔楼范围取消 2 层顶楼板的做法是对楼板平面内刚度的严重削弱。现行《建筑抗震设计规范》GB 50011 规定了"凹凸不规则"与"楼板不连续"等参考标准，设计人员应严格研判 2 层汽车库顶楼板的平面规则性。如不满足"刚性楼板假定"要求，结构整体指标也应按弹性楼板或者"分块刚性板"进行计算。

除了上述"刚性楼板假定"（实质是面内无限刚，面外刚度不考虑），按楼板面内刚度与面外刚度考虑方式的不同，楼板在有限单元计算中的模拟还有以下几种方式：（1）面内实际刚度，面外刚度不考虑；（2）面内无限刚，面外实际刚度；（3）面内面外均按实际刚度。应当注意的是，需要考虑梁板结构面内轴向变形及内力时，必须设置弹性楼板并考虑面内实际刚度,即采用(1)或(3)进行结构计算,否则在楼板内各节点变形协调一致的情况下是不能计算得到梁板轴向内力的。针对车辆段上盖开发项目,以下两种情况需要考虑梁板轴向力作用:(1)大底盘梁板温度工况分析。众所周知,温度将引起超静定梁板结构轴向变形及内力,必须采用真实的梁板面内刚度才能确保轴向变形及内力计算正确;(2)水平转换构件(转换梁、转换桁架、转换厚板、搭接柱上下端楼板等)及转换层楼板分析。①由于框支转换的转换梁在其支撑墙体"传力拱"作用的影响下,类似"深梁"受力状态的偏心受拉构件,所以必须计算转换梁的轴向内力并按偏拉构件对其设计配筋,才能保证计算的正确性;②对一般托柱转换梁、转换桁架的上下弦杆同样存在较大的轴向内力,也应按压弯或拉弯构件考虑;③对搭接柱转换及厚板转换,应特别注意搭接柱上下端楼板及转换厚板的轴向内力影响;④转换层楼板受力状态复杂,除保证其连续及平面内具备足够刚度外,应按楼板应力进行配筋设计,包括楼板轴向应力。

对于是否需要考虑楼板的实际面外刚度,笔者建议通常情况不考虑。原因是考虑楼板面外刚度会使楼板在平面外方向与楼面梁刚度分配,从而使部分荷载通过楼板直接传给竖向构件而未通过楼面梁导荷。此做法一定程度会减小楼面梁配筋。对于类似转换梁这种重要的关键构件,此做法可能使结构设计偏于不安全。

6.2.5 关于合理模拟施工步骤

施工步骤加载的正确与否直接影响计算结果的正确性。对于常规结构,施工步骤是按建筑楼层逐层添加的。各楼层均按"构件单元建立—边界条件施加—楼层荷载加载"从下至上逐层模拟,符合地上结构的实际土建施工过程。

对车辆段上盖开发项目,广大结构设计人员需要注意以下3点:(1)对转换层,通常与其上部2~3个楼层同时施工、同时拆除模板,建模应注意将转换层及其上部2~3个楼层设置为同一施工步骤。(2)对上盖开发各塔楼,受二次开发建设周期及筹划的影响,应注意区分所有塔楼同时开工建设还是各塔楼有先后次序开工建设,建模应注意根据实际分期建设情况调整施工步序。(3)对后安装的结构构件(如防屈曲支撑构件,一般均待主体结构施工完成后再行安装),建模应注意在最后单独设立施工步骤,以免其因加载时序错误而过多参与竖向荷载的分配。

6.2.6 关于减隔震车辆段的建模与设计流程

如前所述,层间隔震车辆段及消能减震车辆段应用已较为普遍。减隔震工程项目较一般工程项目计算步骤复杂,加之抗震超限及减隔震专篇的设计与报告撰写工作,使减隔震车辆段上盖开发项目结构专业工作量巨大。

分部设计法是隔震结构的传统计算方法。层间隔震车辆段大致设计流程为:(1)建立隔震模型和非隔震模型,通过调整减震支座的参数及布置,尽量达到上盖开发塔楼降低1度的设防要求,进而按隔震后的地震动参数进行上盖开发塔楼的设计;(2)按性能化指标及嵌固刚度等要求设计隔震层及隔震层下部结构相关构件;(3)大震动力弹塑性分析,考察整体隔震结构在大震下的抗震性能;(4)进行隔震支座及其隔震层相关构件的补充检算等。完成以上计算,设计人员需要建立多种分析模型,包括隔震模型及非隔震模型,整体模型及分塔模型,按刚度及附加阻尼等效后模型等。

分部设计法也是消能减震结构的传统计算方法，以框架＋防屈曲支撑消能减震车辆段为例，大致设计流程为：（1）用等效截面替代防屈曲支撑芯材的方式建立模型进行小震线弹性分析及中震性能化设计，初步确定防屈曲支撑芯材的截面积，原则是在满足强度及整体刚度的前提下，尽量减小等效截面积，有助于防屈曲支撑在中、大震下屈服耗能。（2）厂家根据设计提供的初步数据选择相应产品，设计根据产品参数重新核算，直到结果满意。（3）大震动力弹塑性分析，考察整体消能减震结构在大震下的抗震性能。（4）对防屈曲支撑的耗能性能，如附加阻尼提供情况、滞回耗能情况、出力情况等进行研判。同样，完成以上计算，设计人员需要建立多种分析模型，包括减震模型及非减震模型，整体模型及分塔模型，按刚度及附加阻尼等效后模型等。此外，还需要与厂家密切配合选择合适的产品才能达到较为理想的效果。

造成减隔震项目计算繁复的原因，实质是由现阶段结构设计的思想和方法所致。现阶段结构抗震设计的基本思想是"小震不坏，中震可修，大震不倒"。设计人员在"小震不坏"阶段完成结构设计的主要工作，通过一系列的抗震及构造措施来确保"中震可修与大震不倒"。基本方法是：（1）以小震（多遇地震50年超越概率63.5%）的反应谱线弹性分析（该方法是将地震动力作用转化为静荷载作用的等效计算方法）为主导，计算中考虑不同构件类型、不同抗震等级的地震内力调整系数（包括强柱弱梁调整系数、强剪弱弯调整系数、强节点弱构件调整系数）。（2）工程复杂时进一步做大震弹塑性分析，通常也仅限于考察结构在大震下的整体性能指标，如大震弹塑性层间位移角、塑性铰开展情况、大震下的基底剪力及位移响应等。综上，结构所有抗震设计工作在小震线弹性设计阶段就已全部完成，大震分析只是对整体结构抗震性能和重点构件的复核考量，设计人员并不会用大震弹塑性分析计算结果进行构件配筋设计。市面上的设计软件也都是以线弹性反应谱法所得分析结果为依据，导入后处理模块完成构件配筋并绘制施工图的。

上述小震反应谱线弹性分析对传统的以"抗"为主的建筑结构较为适用，理由是此类结构在小震下可以近似认为处于线弹性工作状态。但对减隔震工程项目，就显得"勉为其难"了。（1）由于隔震支座和消能减震构件本身具有材料非线性属性，应用传统反应谱线弹性分析必须将结构进行各种等效处理，包括等效刚度、等效附加阻尼等，等效模型的建立增加了分析模型个数和设计难度。（2）采用减隔震结构目的之一就是与一般的结构相比，提高结构在中、大震下的抗震性能，规范相应也规定了减隔震结构大震下的控制指标；相比无需进行大震分析的常规工程增加了大震弹塑性分析工作。（3）减隔震工程项目势必涉及减震与非减震、隔震与非隔震之间的多模型对比，通过对比分析方能体现减隔震装置到底在整体结构当中起到多大的作用。综上，传统的小震反应谱线弹性单一模型分析不能满足减隔震工程项目的结构设计需求；以多模型对比分析为手段的分部设计法虽然可行，但必然增加结构设计人员的设计难度和工作量。因此，以非线性理论为主导的弹塑性直接设计法势在必行，必将成为此类工程的发展趋势和主流设计方法。

落实到实际工程设计，要切实推行"弹塑性直接设计法"，从根本上需要规范的理论支持及设计软件的优化完善。（1）规范方面，现行《建筑消能减震技术规程》JGJ 297已经颁布实施，该规程针对消能减震结构较为具体的提出了结构计算与构造的相关要求。现行《建筑隔震设计标准》GB/T 51408自2021年9月1日也已正式实施，该标准明确隔震层上部结构、隔震层及隔震层下部结构的计算方法等内容。上述规范为设计人员简化计算流程提供了理论支持。(2) 软件优化方面，市面上涌现出一批针对减隔震项目专门开发的结构计算及设计软件。这些软件大多针对减隔震设计规范编写，旨在减轻结构设计人员的设计负担。①软件大多具备"模型互导"、"模型拆分"等功能，方便多模型数据的建立；②软件内收集了大量减隔震厂家的产品参数，形成减隔震构件库，设计人员可以直接从中选用；③从原先繁复的分部设计法逐渐转变为弹塑性直接分析法。弹性分析（包括小震及大震、时程及反应谱）＋弹塑性分析（时程分析）＋配筋设计"一键式"完成。从模型建立（导入）、参数输入，到线弹性及非线性有限元计算分析，再到后处理的结果输出及构件设计，全部按规范编写，较大程度减轻了结构设计人员的工作负担。

隔震结构、消能减震结构传统分部设计法与弹塑性直接分析法流程如图 6-10、图 6-11 所示。

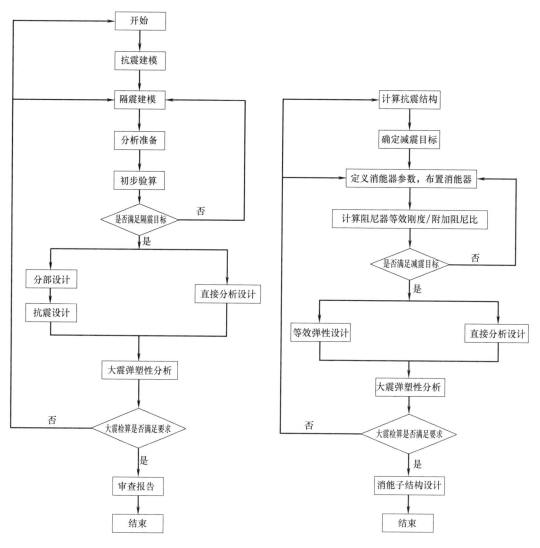

图 6-10 隔震结构设计流程　　　　　图 6-11 消能减震结构设计流程

6.3 关于前处理计算参数取值的讨论

6.3.1 关于斜交抗侧力构件与最不利地震作用方向角

通常的规则结构是沿 X、Y 相互垂直的两个主轴方向布置抗侧力构件的,地震作用计算、结构整体指标计算、构件内力分配、构件截面及配筋计算均沿两个主轴方向进行。但当建筑平面布置不规则时,可能需要布置斜交抗侧力构件(抗侧力构件不沿两正交主轴方向布置),这时应注意计算斜交抗侧力构件对应方向的地震作用,并与主轴方向进行包络设计。

针对车辆段上盖开发项目,结构设计人员需要注意分清,是局部构件斜交还是整体塔楼斜交。所谓"局部构件斜交"是指整个房屋(包括上盖开发塔楼和下盖底盘结构)抗侧力构件均是沿 X、Y 两主轴方向布置的,仅在个别位置布置了个别斜交抗侧力构件,如图 6-12 所示下盖结构因建筑平面局部切角而布置的斜交抗侧力构件。此时增加斜交抗侧力构件方向上的抗震计算分析,并与 X、Y 两主轴方向进行包络设计即可。如果是"整体塔楼斜交",即上盖开发塔楼受建筑功能需求(如朝向问题)整体相对下盖结构偏转角度,即上盖开发塔楼主轴方向(X'、Y'方向)与下盖结构主轴方向(X、Y方向)形成夹角,如图 6-13 所示。对大底盘多塔结构,各塔楼应取各分塔模型及整体模型的包络设计结果。此时,因不好分辨分塔结构到底是以下盖结构的 X、Y 为主轴方向还是以上盖开发塔楼的 X'、Y' 为主轴方向,偏于安全,笔者建议各塔楼自身应该先按照两种情况分别计算并进行包络设计,然后再与整体模型包络。

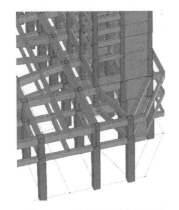

图 6-12 局部构件斜交图示

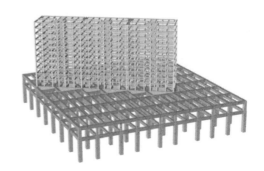

图 6-13 整体塔楼斜交图示

当计算分析得到最不利地震作用方向角偏过结构主轴方向 15°时(介于 15°～75°),应在前处理输入此不利地震作用方向角,重新计算该方向的水平地震作用并与两主轴方向包络设计。排除建筑平面不规则因素,最不利地震方向角偏转方向较大的原因主要是由于结构中布置了较多形心轴不沿结构主轴方向的抗侧力构件(如 L 形剪力墙构件),或不规则柱网(如咽喉区)。设计人员也需分清是整体模型还是分塔模型计算所得最不利地震方向角大于 15°,然后针对该模型输入最不利地震作用方向角包络设计即可。

6.3.2 关于周期折减系数

众所周知,周期折减系数是通过人为减少结构的自振周期,从而间接考虑建筑二次填充隔墙的刚度贡献。在结构有限元分析中，结构自振周期 T_c 必须给予适当折减，否则可能造成地震作用输入偏小从而使得结构设计偏不安全。实际工程的周期折减系数应根据填充墙的材料、数量等因素综合确定。通常情况填充墙数量多取小值，填充墙数量少取大值。现行《高层建筑混凝土结构技术规程》JGJ 3 规定"计算各振型地震影响系数所采用的结构自振周期应考虑非承重墙体的刚度影响予以折减"是强制性条文。根据规范，框架结构取 0.6~0.7，框剪结构取 0.7~0.85，剪力墙结构取 0.9~1.0。

对车辆段上盖开发项目，也应结合此类工程的具体情况采取适当的周期折减系数。整体来看，此类工程项目隔墙数量偏少且主体结构梁柱截面尺寸及刚度较大，填充墙对主体结构的刚度贡献相对有限，笔者认为可按规范推荐数值的上限采用。具体为：（1）针对上盖开发塔楼，如开发住宅，填充墙数量相对较多，剪力墙结构周期折减系数可取 0.9~0.95，框剪结构可取 0.7~0.75，框架结构可取 0.6~0.65；如开发公建，填充墙数量相对较少，框架结构可取 0.7~0.8，框剪结构可取 0.8~0.85。（2）针对下盖结构，则应根据车辆段不同建筑单体区别对待。库区部分（运用库及联合检修库）填充墙数量相对较多，可采用 0.8~0.85；咽喉区及出入段线部分首层开敞几乎无填充墙，2 层汽车库仅有少量填充墙，可采用 0.9~0.95。由于目前计算软件只提供全楼统一的周期折减系数，所以设计人员需要综合考虑上盖和下盖的情况确定适宜的周期折减系数。表 6-1 给出作者推荐的几种常见情况的周期折减系数取值参考，供广大设计人员参考选用。

不同类型车辆段上盖开发项目整体结构周期折减系数　　　表 6-1

上盖建筑功能	住宅			商业			
上盖结构形式	框架结构	框剪结构	剪力墙结构	框架结构		框剪结构	
上盖周期折减系数	0.6~0.65	0.7~0.75	0.9~0.95	0.7~0.8		0.8~0.85	
下盖周期折减系数	库区	库区	库区	库区	咽喉区	库区	咽喉区
	0.8~0.85	0.8~0.85	0.8~0.85	0.8~0.85	0.9~0.95	0.8~0.85	0.9~0.95
整体周期折减系数	0.7~0.75	0.75~0.8	0.85~0.9	0.75~0.8	0.8~0.85	0.8~0.85	0.85~0.9

还需强调的是，性能化设计及大震弹塑性分析，不考虑周期折减系数，设计人员应予以明确。

6.3.3 关于剪力墙连梁刚度折减系数

连肢剪力墙构件设计，可通过人为降低连梁弯矩设计值使得连梁先于墙肢屈服。降低连梁弯矩的同时也降低了连梁的剪压比，进而改善连梁的延性。降低连梁弯矩的方法之一就是在进行结构线弹性分析时，对连梁刚度进行折减。现行《高层建筑混凝土结构技术规程》JGJ 3 规定高烈度地震连梁刚度折减系数不小于 0.5，低烈度地区不小于 0.7；风荷载工况连梁刚度不宜折减。在保证常规竖向承载能力的条件下，通过连梁刚度折减，允许其在地震作用下适当开裂并刚度退化，可有效保护两侧相连的剪力墙体，有利于提高构件延性并实现多道抗震防线的设防目标。

应当明确，连梁刚度折减是为连梁损伤开裂引起的刚度退化所做的间接考虑，故连梁刚度折减系数取值也应根据连梁在不同地震作用下的开裂状态予以区别对待。以地震设防烈度 8 度（0.2g）为例，笔者根据设计经验，小震连梁刚度折减系数不低于 0.5，中震可适当降低为 0.3~0.4，大震可继续降低为 0.2~0.3。即通过不同连梁刚度折减系数来反应连梁在不同地震作用下的损伤及刚度退化状况。（注意，上述折减系数仅用于弹性或等效弹性计算方法，弹塑性计算方法不应考虑）

设计人员还应注意的是，对剪力墙结构或剪力墙数量布置较多的框剪结构，连梁刚度折减系数取值大小对结构整体刚度影响较大，进而影响整体结构抗侧指标的计算结果。设计人员应注意在调整连梁刚度折减系数时，核查整体结构抗侧指标（如层间位移角）是否满足规范要求。

6.3.4 关于中震弹性与中震不屈服的设计要义和操作要点

中震弹性与中震不屈服是截然不同的两个概念。中震弹性是指中震下不考虑各种内力调整的抗震验算；中震不屈服是指构件内力、材料强度均取标准值，且不考虑构件抗震承载力调整系数的抗震验算。中震弹性设计取消各种地震内力调整系数，保留了荷载分项系数，从而保留了结构的安全度和可靠度，仍属常规结构设计，所得构件配筋结果也相对较大；中震不屈服设计去掉所有安全度，属于承载能力极限状态设计范畴，所得构件配筋结果也相对小些。中震弹性性能化水准高于中震不屈服水准。

中震弹性具体计算方法为：(1) 水平地震影响系数按小震的 2.8 倍取值；(2) 地震内力调整系数均取为 1.0；(3) 其余分项系数均保留。中震不屈服具体计算方法为：(1) 水平地震影响系数按小震的 2.8 倍取值；(2) 地震内力调整系数均取为 1.0；(3) 承载力抗震调整系数 γ_{Re} 取为 1.0；(4) 材料强度及构件内力均采用标准值。设计人员需注意的是，现阶段部分计算软件并未实现上述计算参数的联动修改，此时进行中震弹性或中震不屈服验算，需要设计人员手动修改上述计算参数。

这里还需明确的是，地震内力调整系数除包括由规范不同抗震等级确定的不同"强柱弱梁""强剪弱弯""强节点弱构件"调整系数，还包括现行《高层建筑混凝土结构技术规程》JGJ 3 规定的"薄弱层地震作用增大系数"1.25。所以，无论中震弹性设计还是中震不屈服设计，软件参数输入"抗震等级"一项均应输入"四级"，薄弱层地震作用增大系数均应输入 1.0。

现阶段的结构设计软件基本均可实现中震性能化设计与小震弹性设计的自动包络。

6.3.5 关于阻尼比取值

阻尼比的取值，一直是抗震超限审查重点关注的问题。

小震计算时，各现行规范对结构阻尼比的规定总结如下：(1) 现行《建筑抗震设计规范》GB 50011 规定，钢筋混凝土结构及砌体结构在小震作用下的阻尼比取 0.05；对钢结构，高度不大于 50m 取 0.04，高度大于 50m 小于 200m 取 0.03，不小于 200m 取 0.02；钢支撑-混凝土框架结构的阻尼比取 0.045，也可按混凝土框架部分和钢支撑部分在结构总变形能所占的比例折算等效阻尼比采用。(2) 现行《高层建筑混凝土结构技术规程》JGJ 3 规定，混凝土结构的阻尼比可取 0.05，混合结构的阻尼比可取 0.04，验算风荷载作用下楼层位移和构件设计时，阻尼比取 0.02~0.04。(3) 现行《预应力混凝土结构抗震设计规程》JGJ/T 140 规定，以预应力框架、板柱-框架作为主要抗侧力体系的结构，其阻尼比应取 0.03。

大震计算时，各现行规范对结构阻尼比的规定总结如下：（1）现行《高层建筑混凝土结构技术规程》JGJ 3 规定，对于整体进入弹塑性状态的混凝土结构，计算中可适当考虑结构阻尼比的增加，增加值一般不大于 0.02，即钢筋混凝土结构大震下的阻尼比最大可取 0.07。（2）现行《建筑抗震设计规范》GB 50011 规定，钢结构在大震下的弹塑性分析，阻尼比可取 0.05，预应力混凝土框架结构在弹塑性阶段可取与钢筋混凝土相同的阻尼比。

风荷载作用下的计算，各现行规范对结构阻尼比的规定总结如下：（1）现行《建筑结构荷载规范》GB 50009 规定，对无填充墙的钢结构可取 0.01，对有填充墙的钢结构可取 0.02，对钢筋混凝土结构及砌体结构可取 0.05。（2）现行《高层建筑混凝土结构技术规程》JGJ 3 规定，风荷载作用下结构楼层位移和承载力验算时阻尼比可取 0.02～0.04。

上述规范关于阻尼比的规定指全楼统一阻尼比。车辆段上盖开发项目结构形式复杂，上下盖、不同结构单元，或者同一结构单元的不同部位可能由多种结构形式混合而成，设计人员应充分考虑各部分结构在整体模型计算中所占的比重，采取合理的结构阻尼比。实际设计中，当不易统一确定全楼阻尼比时（例如钢-混凝土混合结构、含有较多组合构件的结构等）笔者推荐按混凝土及钢材各自在结构总应变能中所占百分比折算等效阻尼比采用，目前大多数结构设计软件均支持此功能。

此外，对层间隔震车辆段及消能减震车辆段，铅芯橡胶支座及消能减震构件在其耗能工作阶段均可为整体结构提供附加阻尼。当采用等效线弹性计算方法进行中、大震分析时，整体结构阻尼比应计入该附加阻尼比。

6.3.6 关于特征周期的取值

现行《建筑抗震设计规范》GB 50011 规定，大震作用时场地特征周期应增加 0.05s。规范明确规定仅大震计算时特征周期需要增大，对小震及中震计算，均按未予增加的特征周期采用。

此外，由于此规定是规范的强制性条款，多数计算软件自动按规范调整大震计算时场地的特征周期，设计人员注意核对即可。

6.3.7 关于框架+支撑结构 $0.2V_0$ 调整问题

现行《高层建筑混凝土结构技术规程》JGJ 3 规定，抗震设计时，框架剪力墙结构对应于地震作用标准值的各层框架总剪力应按 $0.2V_0$ 和 $1.5V_{f,\max}$ 二者的较小值采用。对框架剪力墙结构设计，应按规范此项要求做相应调整；但对框架+支撑结构，规范并无明确说法。笔者认为是否有必要按此项要求调整，首先要充分理解规范规定此项要求的主旨思想。

框架剪力墙结构，作为第一道防线的剪力墙承担了绝大部分地震作用，而框架部分承担的地震作用较小。由于现阶段主要的计算方法仍是反应谱线弹性设计，当剪力墙开裂后，剪力墙本应承担的一部分地震作用有可能"转嫁"到框架上，框架承担的地震剪力不一定会随着结构刚度退化而减小，相反有增大的可能。规范做此项规定的目的是，适当增大框架部分抗侧承载能力的安全储备，以提高结构二道防线的抗震性能。

基于以上原因，框架+支撑结构是否进行调整，主要是看框架部分和支撑部分在抵抗地震作用时的"贡献度"，即二者各自承担地震倾覆力矩的比例。具体如下：（1）如果支撑承担的倾覆力矩大于结构底部总倾覆力矩的 50% 且小于 90%，是"标准的"框架+支撑结构，此时整体结构的受力特性更趋向传统框剪结构，应按规范规定进行调整。（2）如果框架承担的倾覆力矩大于结构底部总倾覆力矩的50%且小于80%，此时框架部分贡献较大，笔者认为调整限值可适当放宽，如各层框架总剪力按$0.15V_0$和$1.2V_{f,max}$二者的较小值采用。（3）如果框架承担的倾覆力矩大于结构底部总倾覆力矩的80%，整体结构受力特性可以认为接近框架结构，可不执行此项要求。

此处应当注意的是，规范规定的$0.2V_0$调整是指整体从上至下基本不变的结构或是分段基本一致的结构。车辆段上盖开发塔楼结构形式多样，上下盖、不同结构单元、不同塔楼或者同一结构单元的不同部位可能由多种结构形式混合而成，设计人员应将结构形式明显不同的部分进行分段，进而在每一段范围内作$0.2V_0$调整。针对目前市面上的结构计算软件，笔者强烈建议采用"广义层"建模方式，即上盖开发每一个塔楼的每一个楼层均按1层建模，有利于$0.2V_0$调整的分段。

此外还需明确的是，$0.2V_0$调整仅在小震计算时考虑，中震性能化设计不做调整。此外，对于上盖开发钢结构塔楼的车辆段，无论采用钢框架结构还是钢框架＋支撑（中心支撑/偏心支撑）结构，因上下盖结构材质不同，均应分段进行调整。按照现行《建筑抗震设计规范》GB50011的规定，上盖开发钢框架＋支撑结构的各层框架总剪力应按$0.25V_0$和$1.8V_{f,max}$二者的较小值采用。

6.3.8 关于考虑梁柱刚域

按定义，"刚域"指在杆件端部弯曲刚度无限大的区域。通俗地讲就是指没有质量只有刚度且刚度无限大、只有刚体位移和转动而无自身变形，且其位移和转动必须依附于周边构件而存在的一种理想化构件。刚域一般应用于结构有限元分析和计算中。

关于计算中何时可以考虑刚域作用，成为广大设计人员关心的问题，因为实际工程中，是否考虑刚域有时对梁柱配筋影响很大。而规范对此并无明确规定，只是定性指出当构件的截面尺寸相对杆件几何长度较大时，框架及壁式框架宜考虑梁柱节点区刚域的影响。考虑刚域后，梁柱的内力计算控制截面可扣除刚域长度取至刚域端部，对于变化急剧的内力（如弯矩）影响很是显著，即通常所说的"削峰"作用。

计算中是否可以考虑刚域作用，主要还是取决于刚域所关联的梁柱线刚度比例。比如柱截面尺寸较大，相连的梁截面尺寸较小，则计算梁内力时可以考虑刚域作用，因为柱有效限制了梁端转动变形，通俗地讲就是"梁拧不动柱"；计算柱内力时则不可考虑刚域作用，因为梁不能有效约束柱端转动变形。反之，如果梁截面尺寸较大，相连的柱截面尺寸较小，则梁计算时不可考虑刚域作用，柱计算时可考虑刚域作用。当然上述分析仅仅停留在理论上，现阶段很多参考书籍都建议梁柱截面尺寸较大，或者柱截面尺寸较大且梁截面尺寸较小时，梁计算时可考虑刚域作用，而柱子一般不考虑刚域作用。此做法对框架柱设计偏于保守，目的是有助于"强柱弱梁"的实现。

针对车辆段上盖开发项目，首层结构梁柱截面尺寸均较大，笔者认为考虑梁柱刚域作用是完全没有问题的；对于2层汽车库，塔楼楼座范围内梁柱截面尺寸一般也较大，也可考虑梁柱刚域作用，塔楼范围以外，柱截面尺寸明显减小而梁截面可能并未减小（2层顶上方覆土荷载较大所致），建议不考虑梁柱刚域作用。此外，虽然转换构件截面尺寸通常也较大，但因其重要性地位，偏于安全建议不考虑梁柱刚域作用。

6.3.9 关于考虑重力二阶效应（$P-\Delta$ 效应）

现行《高层建筑混凝土结构技术规程》JGJ 3 规定，对剪力墙结构、框架—剪力墙结构、板柱剪力墙结构、筒体结构

$$EJ_d \geqslant 2.7H^2 \sum_{i=1}^{n} G_i \qquad (6-1)$$

对框架结构

$$D_i \geqslant 20 \sum_{j=i}^{n} G_j / h_i \qquad (6-2)$$

当满足式（6-1）、式（6-2）规定时，可不考虑重力二阶效应的影响；当不满足时，应考虑重力二阶效应的影响，且应满足以下要求。

对剪力墙结构、框架—剪力墙结构、板柱剪力墙结构、筒体结构

$$EJ_d \geqslant 1.4H^2 \sum_{i=1}^{n} G_i \qquad (6-3)$$

对框架结构

$$D_i \geqslant 10 \sum_{j=i}^{n} G_j / h_i \quad (i=1,2,\cdots,n) \qquad (6-4)$$

式中，EJ_d——结构一个主轴方向的弹性等效侧向刚度，可按倒三角形分布荷载作用下结构顶点位移相等的原则，将结构的侧向刚度折算为竖向悬臂受弯构件的等效侧向刚度；

D_i——第 i 楼层的弹性等效侧向刚度，可取该层剪力与层间位移的比值；

H——房屋高度；

h_i——第 i 楼层层高；

n——结构计算总层数；

G_i、G_j——分别为第 i、j 楼层重力荷载设计值，取 1.2 倍的永久荷载标准值与 1.4 倍的楼面可变荷载标准值的组合值。

所谓重力二阶效应（$P-\Delta$ 效应），是指重力或轴向荷载在已产生弯曲或侧移变形的结构中，继续沿该弯曲或侧移方向使结构产生附加弯曲和侧移的效果，如图 6-14 所示。当水平荷载（如地震荷载或风荷载）作用使地上结构产生侧移或弯曲变形时，结构重力在此基础上继续使结构产生附加弯矩和侧移变形，因此重力二阶效应广泛存在于地上结构中。对整体刚度大、楼层层高及刚度分布均匀的一般建筑，重力二阶效应的不利影响是有限的。规范规定当满足式（6-1）、式（6-2）规定时，可不考虑重力二阶效应的影响。当结构刚度较弱侧移较大、结构层高及刚度分布不均时，重力二阶效应的不利影响将显著增大，结构设计不宜忽略此影响。

笔者认为，车辆段首层层高较高，基本相当于正常 3 层楼高度，首层柱的弯曲变形产生较大的弹性侧移，造成上部楼层结构重心相对下部楼层存在较大偏心，重力二阶效应较一般建筑显著增大。因此，虽然计算结果通常满足规范不考虑重力二阶效应影响的条件，但笔者仍建议此类工程项目考虑重力二阶效应的影响。目前市面上的结构计算软件均支持此项功能，设计人员分析中勾选"考虑重力二阶效应"即可。

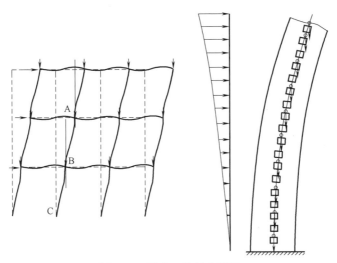

图 6-14 重力二阶效应图示

6.3.10 关于温度工况与地震工况的荷载组合

温度荷载作为现行《建筑结构荷载规范》GB 50009 的重要一章,很多情况被设计人员所忽视,因为对于严格按照现行《混凝土结构设计规范》GB 50010 关于伸缩缝间距规定设缝的建筑单体,温度荷载对混凝土结构的影响基本可以忽略不计。但对于车辆段上盖开发项目,结构单元的平面尺寸少则几十米,多则一两百米,温度荷载对主体结构的影响不可忽略,必须作为主要的荷载工况参与构件内力的计算。有关温度荷载的取值,本书将在后续预应力章节介绍,本节主要探讨温度工况与地震工况的荷载组合及建模问题。

现行《建筑抗震设计规范》GB 50011 给出地震工况荷载组合计算公式,列出地震与风荷载的组合,但并未说明地震与温度是否组合。以往的超限审查,有些专家提出地震与温度应予组合,笔者就此问题提出一些个人看法。现行《建筑结构荷载规范》GB 50009 规定,风荷载与温度的组合值系数均为 0.6,现行《建筑抗震设计规范》GB 50011 规定,小震与风荷载组合,风荷载组合值系数取 0.2。类比可知,小震与温度组合,温度组合值系数也为 0.2。此外,风震组合,风荷载的组合值系数考虑的是 50 年一遇风压与小震的耦合概率;同理,温震组合,考虑的是温度与小震的耦合概率。从这一角度来看,温度可不取极值温度,取荷载规范附录 E 中 50 年月平均气温更为合理。

建模方面,温度荷载组合的计算需要定义弹性楼板(详见 6.2.4 节内容),而结构整体指标的计算通常采用"刚性楼板假定",故温度荷载组合下的构件内力及配筋,应另行建立温度模型计算得出,设计人员应予注意。

6.3.11 关于消防车及施工荷载的荷载组合

车辆段上盖开发项目 2 层汽车库顶存在两种非常规荷载:(1)消防车荷载;(2)上盖二次开发塔吊与重车等施工荷载。

对于消防车荷载,虽然现行《建筑结构荷载规范》GB 50009 将其纳入活荷载章节,但笔者认为,火灾毕竟属于较为极端的状况,笔者更倾向将其认定为一种偶然荷载。荷载组合当中，笔者建议不与温度荷载、地震荷载组合。常规荷载组合计算时，消防车荷载可按现行《建筑结构荷载规范》GB 50009 活荷载表格中的规定取值。此外，应按消防车走行范围及轮压对下盖 2 层顶梁板结构的局部承载力二次复核。

上盖塔吊及重车属于施工荷载。由于该施工荷载加载频次更少（通常仅 1 次，即上盖开发塔楼二次施工时），故笔者建议其与地震荷载也不同时组合，按活荷载参与常规荷载工况组合时也可适当予以折减，折减系数可取 0.8～0.9。只有进行下盖 2 层顶梁板结构局部承载力检算时，再按实际材料堆场负荷范围及荷载大小、重车走行范围及具体轮压二次复核。

在此还需明确的是，消防车荷载及施工荷载在下盖 2 层顶梁板结构的局部复核中，仅需进行强度检算而不考虑裂缝宽度。

当前市面上的计算软件大多开发了消防车荷载、施工荷载等特殊荷载工况的自定义输入功能。设计人员可根据工程需求人工对其进行荷载组合并调整组合系数，操作较为方便。

6.3.12 关于吊车荷载的地震组合

现行《建筑抗震设计规范》GB 50011 规定，计算地震作用时，建筑的重力荷载代表值应取结构及构配件自重标准值和各可变荷载组合值之和。其中可变荷载组合值系数对起重机悬吊物重力，硬钩吊车取 0.3，软钩吊车不计入。

为满足车辆检修工艺需求，下盖联合检修库通常需要布设吨位较大的吊车（5t、10t 均较常见），且硬钩吊车不在少数。笔者建议吊车荷载应按规范规定的组合值系数计入重力荷载代表值参与地震作用计算。很多设计人员认为吊车荷载与消防车荷载处理方法类似，整体结构抗震分析不予考虑，局部梁柱配筋单独核算即可，此种说法是不正确的。结构设计人员在进行整体结构抗震分析统计重力荷载代表值时，应注意按规范要求计入硬钩吊车荷载。

此外当吊车起吊物较重时，建议按实际情况适当提高吊车荷载的组合值系数。车辆段吊车通常以中级工作制为主，笔者建议设计人员根据实际情况酌情采用 0.3～0.6 的组合值系数。

6.4 关于后处理结果统计与合理性判断

6.4.1 关于底盘顶层与塔楼首层楼层侧向刚度比及受剪承载力比

车辆段上盖开发项目属大底盘多塔结构。如何计算下盖底盘顶层与上盖开发塔楼首层的楼层侧向刚度比及受剪承载力比是至关重要的问题，该指标统计正确与否直接决定了 2 层底盘裙房是否为上盖开发塔楼的薄弱层或软弱层。明确了"塔楼相关范围"概念后，下盖 2 层与上盖开发塔楼首层的楼层侧向刚度比及受剪承载力比可按包含"塔楼相关范围"的分塔模型计算得出，此时得到的楼层侧向刚度比及受剪承载力比更为科学合理。此外，现行《高层建筑混凝土结构技术规程》JGJ 3 附录 E 明确了转换层与其上层楼层侧向刚度比的规定。对转换部位在 2 层顶的车辆段上盖开发项目，尚应按照包含"塔楼相关范围"

的分塔模型计算此楼层侧向刚度比值。此处还需强调的是，对层间隔震车辆段，在检算隔震层上下楼层的剪切刚度比时，下盖楼层的剪切刚度统计不应考虑"塔楼相关范围"，仅统计塔楼楼座范围内的竖向构件。

有参考资料认为，大底盘多塔结构，考察底盘顶层与塔楼首层的楼层侧向刚度比及受剪承载力比没有意义；也有参考资料认为，下盖底盘面积大，竖向构件多，底盘顶层与塔楼首层的楼层侧向刚度比及受剪承载力比肯定可以满足要求。笔者认为上述两种说法均不妥，距离塔楼楼座较远的下盖竖向构件（"塔楼相关范围"外构件），已超出上盖开发塔楼的影响范围，无论是承载还是刚度已对上盖开发塔楼贡献很小，通俗地讲就是"帮不上忙"了。假设"塔楼相关范围"外竖向构件刚度大，而"塔楼相关范围"内竖向构件刚度小，即便下盖底盘楼层整体位移再小结构再刚，塔楼还是会出现底盘不稳致使上盖开发塔楼侧移过大的情形，下盖也会成为上盖开发塔楼的薄弱层或软弱层。所以研究"塔楼相关范围"内底盘顶层与上盖开发塔楼首层的楼层侧向刚度比及受剪承载力比才是科学合理的。

还有参考资料认为，大底盘多塔结构底盘顶层应该作为上盖开发塔楼的嵌固楼层，满足考虑层高修正后侧向刚度比 1.5 倍的要求（注意不是地下室顶板作为地上结构嵌固端情况下，剪切刚度比需满足 2.0 倍的要求）。笔者认为，此种说法也无必要。所谓嵌固端是指传统结构力学意义上的嵌固约束概念，通常计算模型均以基础作为力学嵌固位置，所以嵌固端与上层的侧向刚度比值为建筑结构首层（即基础面上一层）与 2 层的比值。对车辆段上盖开发项目，底盘顶层与塔楼首层则满足一般楼层侧向刚度比要求即可。

如果下部楼层侧向刚度小于上部楼层侧向刚度较多，则下部楼层认定为软弱层，这是众所周知的概念。对车辆段上盖开发项目的咽喉区，笔者认为首层与 2 层的楼层侧向刚度比更应该值得设计人员警惕和注意。理由是咽喉区首层一般四面开敞无建筑填充隔墙，首层计算模型统计的楼层侧向刚度与实际楼层侧向刚度差别不大；而 2 层汽车库存在一定数量的建筑填充隔墙，且建筑专业习惯将设备用房等置于咽喉区，此部位隔墙数量更多。通常结构建模并不输入建筑隔墙，从而软件统计所得 2 层楼层侧向刚度无法计入隔墙贡献。故当首层与 2 层的楼层侧向刚度比接近 70% 限值时，考虑隔墙贡献后的实际楼层侧向刚度比可能已不足 70%。笔者建议，对于车辆段咽喉区，首层与 2 层的刚度比限值，宜比规范要求略微严格按照不小于 80% 左右控制。

6.4.2 关于整体模型与单塔模型的结果取用与包络设计

车辆段上盖开发项目属大底盘多塔结构。现行《高层建筑混凝土结构技术规程》JGJ 3 规定，对大底盘多塔结构，宜按整体模型及各分塔模型分别计算，并采用较不利的结果进行结构设计。整体模型与分塔模型二者相互补充，缺一不可。整体指标计算结果究竟取自整体模型、分塔模型、还是二者包络结果，是设计人员必须明确的问题。在此，笔者根据以往工程经验及各种参考资料汇总如下：

（1）周期及周期比。应对整体模型和各分塔模型分别计算，二者的周期比均应满足要求。

（2）位移比。上盖开发塔楼应取各塔楼分塔模型计算结果；下盖底盘应取整体模型计算结果。

（3）楼层侧向刚度比、受剪承载力比。上盖开发塔楼应取各塔楼分塔模型计算结果；

下盖底盘首层与2层的比值应取整体模型计算结果；下盖底盘2层与上盖开发塔楼首层的比值应取包含"塔楼相关范围"的分塔模型计算结果。

（4）剪重比、层间位移角。应按整体模型及包含"塔楼相关范围"的各塔楼分塔模型分别检算，取二者包络计算结果。

（5）刚重比。应按整体模型检算下盖底部楼层的刚重比，按分塔模型检算各塔楼底部楼层的刚重比。

（6）转换层与其上层的剪切刚度比。当转换位置在首层顶时，取整体模型计算结果，当转换层位置在2层顶时，应取包含"塔楼相关范围"的各塔楼分塔模型计算结果。

（7）对于各塔楼的构件配筋设计，应采用整体模型和各塔楼分塔模型二者包络计算结果。

在此需要说明的是，对上述（1）项周期及周期比的计算，实际工程往往仅采用分塔模型计算的周期比，原因是整体模型各塔楼阵型耦联，通常不便提取整体模型各分塔的周期分量。对上述（3）项楼层侧向刚度比、受剪承载力比的计算，上述方法仅限于结构整体指标统计。由楼层侧向刚度比及受剪承载力比引起的薄弱层或软弱层，多数计算程序会根据整体模型和分塔模型的计算结果分别对不同模型考虑1.25地震作用放大系数。即无论整体模型还是分塔模型，比值不满足要求的楼层就会在相应计算模型乘以1.25地震作用放大系数，整体模型和分塔模型取包络设计，该楼层也就相当于考虑了1.25地震作用放大系数。对上述（5）项刚重比的计算，各分塔的刚重比通常是塔楼底部楼层最为不利，故应检算各分塔底部楼层的刚重比是否满足要求。对上述（6）项配筋包络设计，规范并未明确包络设计范围是上盖开发塔楼还是下盖底盘。目前某些软件的做法是仅上盖开发塔楼配筋取包络设计即可。笔者认为，车辆段首层及2层梁柱截面尺寸均较大，事实上"塔楼相关范围"内的下盖结构构件配筋取整体模型及分塔模型包络设计结果，也容易满足要求。

上述分塔模型存在两种建模方式，一种是整体模型经程序自动或手动"拆分"后的分塔模型，另一种是设计人员根据"塔楼相关范围"单独建立的分塔模型，上述两种建模方式以下分别简称为"拆分方式"和"单建方式"。原理上两种方式应当是等效的，但事实上，两种方式计算结果存在一定偏差，其主要原因是两种方式所建立模型的周边构件导荷不同所致。由于计算软件先行竖向导荷，将整体模型各轴线上框架梁两侧楼面荷载导算至梁后再行拆分，故实际拆分后的单塔模型周边框架梁仍承受两侧楼面荷载作用；相反，"单建模型"周边框架梁仅承受单侧楼面导算荷载。

各整体指标究竟采用哪种分塔模型统计合理，目前尚无明确说法。笔者推荐如下操作方式：（1）周期及周期比、位移比、楼层侧向刚度比，剪重比及刚重比，建议按"单建方式"计算结果采用。（2）楼层受剪承载力比、转换层与其上层的剪切刚度比，两种建模方式均可。（3）层间位移角，建议取"拆分方式"和"单建方式"二者不利包络结果。之所以给出上述结论，主要是因为凡涉及楼层剪力或需采用规范"规定水平力"计算所得的指标，均按照"单建模型"更为合理；楼层受剪承载力比、转换层与其上层的剪切刚度比，仅与结构竖向构件的截面尺寸、层高及配筋有关，与其他因素无关，故两种方式计算结果原理上应无差异（但"拆分方式"计算转换层与上层的剪切刚度比仅限于转换层位于首层的情况，当转换层位于2层时，检算应采用"单建方式"，详见6.4.1节）；对于层间位移角的计算，取两种方式计算结果的不利包络，原因是考虑底盘耦联影响下，"拆分方式"计算结果可能出现不利情形，偏于保守取二者的不利包络结果。（4）对上盖开发各塔楼的构件配筋设计，笔者认为可采用整体模型与"拆分方式"所得分塔模型二者的包络结果即可，当前计算软件均具备整体模型与分塔模型配筋自动包络设计的功能，省去设计人员烦琐重复的包络设计工作。对下盖底盘构件的配筋设计，某些软件直接取整体模型分析结果。笔者认为，从原理上"塔楼相关范围"下盖底盘构件也应按整体模型和分塔模型包络设计，但限于目前的计算手段，笔者建议仅对"拆分方式"各分塔模型首层及2层的内部构件进行包络。原因是分塔模型不能准确模拟周边边界约束条件，分塔模型底盘周边构件计算失真较为严重。

6.4.3 关于框架＋普通支撑塔楼有无支撑包络设计

现行《建筑抗震设计规范》GB 50011 附录 G 规定，钢支撑-混凝土框架结构的抗震计算，混凝土框架部分承担的地震作用，应按框架结构和框架＋支撑结构两种模型计算，并宜取二者的较大值。规范如此规定的目的是考虑钢支撑在地震作用下易受压屈曲并退出工作，作为结构二道防线的框架，有必要提高其抗震承载能力安全储备。

事实上，上述规定对结构设计较为严苛。（1）如果在框架结构中加入钢支撑仅为了提高整体结构抗侧刚度，以控制楼层层间位移角等整体指标，则采用框架＋支撑结构可取得良好效果。（2）如果加入钢支撑的目的不是因为框架结构计算所得整体指标超限，而是为了减小框架结构柱截面尺寸，通常情况下设计人员无法实现，原因是框架＋支撑结构的框架柱需采用"有支撑"和"无支撑"两种计算模型的包络设计结果。这对于使用功能要求较高的建筑而言（如住宅类建筑）较为不利，过大的框架柱截面尺寸会严重影响房间的使用功能。

对上述情况（2），上盖开发塔楼可考虑采用框架＋防屈曲支撑结构形式。小震作用下，防屈曲支撑未进入屈服阶段，可充分利用其刚度及强度，作用等同于普通钢支撑；在中、大震作用下，支撑杆件屈服产生塑性变形并通过滞回耗能为结构提供附加阻尼，有效地减轻了主体结构遭受地震损害的程度。

采用框架＋防屈曲支撑结构，应注意提高与防屈曲支撑相连"子结构"构件的性能指标，按构件性能化计算结果进行构件设计。设计人员需对框架＋普通支撑结构及框架＋防屈曲支撑结构做充分比选（详见5.2节内容），选择经济合理的结构形式。

6.4.4 关于多塔对底盘的质心偏心率

现行《高层建筑混凝土结构技术规程》JGJ 3 规定，大底盘多塔结构，各塔楼的层数、平面和刚度宜相近；塔楼对底盘宜对称布置；上盖塔楼结构的综合质心与底盘结构质心的距离不宜大于底盘相应边长的20%。

实际中，笔者发现不少设计人员忽略此项结构规则性检查。理由是：塔楼位置、高度、层数均由建筑专业确定，即使检算结果不满足要求也无能为力。事实上，即便结构专业对塔楼位置、高度、层数没有决定权，也可思考结构缝划分是否合理，是否有必要通过调整结构缝位置重新划分结构单元从而满足这一条件要求。再退一步，即便划分的结构单元不易调整，至少也可判定上盖开发塔楼结构质心与底盘质心的偏置情况，从而有的放矢的优化上下盖结构构件布置、质量分布和刚度分布，达到减小结构扭转效应并提高整体结构抗扭刚度的目的。此外，还可以对塔楼偏置造成的结构薄弱部位予以特殊加强。总之，进行上盖塔楼结构的综合质心对底盘结构质心偏置情况分析，利于结构作进一步优化和调整。

设计人员不做此项指标检算的另一原因是，计算软件不提供此项计算输出结果，其实手动提取现有软件的输出数据稍加计算就可得到。过程如下：

（1）提取上盖各塔楼标准层的质心位置坐标及质量，设共有 n 个塔楼，每个塔楼的质心坐标为 x_i，y_i，每个塔楼的质量为 m_i（$i=1, 2, 3, \cdots, n$）。

（2）提取下盖底盘首层及2层质心坐标及质量，首层质心坐标 X_1，Y_1，2层质心坐标 X_2，Y_2，首层结构质量 M_1，2层结构质量 M_2。

（3）计算上盖开发塔楼的综合质心

$$x = \sum_{i=1}^{n} x_i m_i / \sum_{i=1}^{n} m_i \tag{6-5}$$

$$y = \sum_{i=1}^{n} y_i m_i / \sum_{i=1}^{n} m_i \tag{6-6}$$

（4）计算下盖底盘的综合质心

$$X = (X_1 M_1 + X_2 M_2)/(M_1 + M_2) \tag{6-7}$$

$$Y = (Y_1 M_1 + Y_2 M_2)/(M_1 + M_2) \tag{6-8}$$

（5）检算质心偏心率

$$X_{\text{偏心率}} = (x-X)/B_x \tag{6-9}$$

$$Y_{\text{偏心率}} = (y-Y)/B_y \tag{6-10}$$

式中，B_x，B_y 为对应 X、Y 方向下盖底盘典型平面的长度及宽度。

6.4.5 关于小震楼层弹性层间位移角引起突变问题的思考

小震计算时，地震工况下结构各层的弹性层间位移角满足现行《建筑抗震设计规范》GB 50011 中的限值要求是广大结构设计人员熟悉的检算内容。通常情况下，设计人员查看小震软件的弹性层间位移角计算结果未超规范限值便认为满足要求。对车辆段上盖开发项目，此时是否真的可以保证整体结构抗震性能满足要求呢？

如前所述，车辆段首层结构层高较高，为保证首层与2层楼层侧向刚度比及受剪承载力比满足规范要求，通常情况下首层墙柱截面尺寸明显大于2层墙柱截面尺寸。而层间位移角的规范计算方法为层剪力（楼层规定水平力）与层抗侧刚度之比，所得结果再与层高作比值得到，故层间位移角与各楼层层间剪力密切相关，而楼层剪力即楼层重力荷载代表值所凝聚的质量所产生的惯性力。由于下盖2层结构顶存在1~2m覆土，故2层结构质量及楼层剪力较首层大也在情理之中，因此，可能造成2层层间位移角较首层增大较多的情形。图6-15所示为某车辆段上盖开发项目小震弹性层间位移角曲线，从图中可以看出，2层层间位移角较首层明显增大（1.2~1.3倍）。

结构设计的基本原则是应实现结构刚度、承载力及变形沿着楼层从下至上均匀过渡，避免出现过大的局部楼层突变。上述2层层间位移角突变增大可能使该楼层成为局部薄弱楼层，如果车辆段首层大库设置剪力墙且未通至2层，则更加重了首层与2层的突变程度。弹塑性分析发现，当2层层间位移角突变显著时，大震作用下2层柱根部易形成塑性

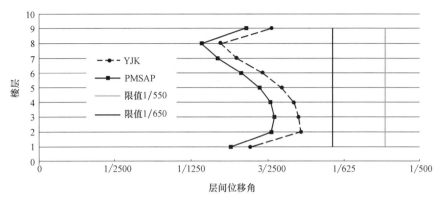

图 6-15 某车辆段上盖开发项目小震弹性层间位移角曲线

铰破坏。此外，较大的 2 层层间位移角表明下盖底盘结构不稳，也不利于上盖开发塔楼上部楼层整体抗侧指标的控制。

笔者建议，除满足现行《建筑抗震设计规范》GB 50011 中弹性层间位移角限制要求外，还应控制大底盘 2 层层间位移角相对首层的突变程度。笔者建议 2 层与首层层间位移角比值不宜超过 1.2 倍且不应超过 1.5 倍，从而实现整体结构从下至上层间位移角均匀过渡。实际设计中应合理调整首层与 2 层楼层抗侧刚度，使其在满足首层与 2 层楼层侧向刚度比的同时，控制 2 层结构层间位移角的突变程度。

6.4.6 关于小震时程分析所得地震作用放大

目前市面上大部分的计算软件，均提供小震弹性时程分析地震波库。设计人员可在地震波库中按照所设计工程的特性，筛选符合要求的一组 7 条地震波（5 条天然波＋2 条人工波）进行计算。对时程分析法得到的结构各层剪力、层间位移角，软件自动和振型分解反应谱法进行比较并给出各楼层地震剪力的比值结果，得到各楼层地震作用放大系数，包络这一结果便得到全楼的地震作用放大系数。

早先版本的计算软件，设计人员只能在前处理输入全楼统一的地震作用放大系数。近期某些计算软件作出改进，可按楼层输入不同的放大系数。那么，到底应该是全楼采用统一的放大系数还是各楼层分别采用自身的放大系数呢？目前规范及参考教材尚无明确规定。笔者认为，按楼层分别采用放大系数更为科学合理。理由如下：（1）现行《建筑抗震设计规范》GB 50011 规定结构的地震作用应取反应谱法和时程分析方法的包络结果。规范之所以这样做的目的是考虑到某些复杂工程，单纯反应谱法所得设计结果不一定安全可靠，故需要选取符合要求的小震地震波进行时程分析，用时程分析所得结果对反应谱法所得结果包络修正。如各层再按最大楼层放大系数统一放大，过于保守。（2）从概念上讲，地震波时程分析所得各楼层的地震剪力，已是结构各楼层可能达到的"最大地震响应"，凭空将所有楼层的放大系数增大至最大楼层的放大系数，没有理论依据。综上，笔者认为按楼层分别采用放大系数更为科学合理。

6.4.7 关于不同构件反应谱与性能化的设计控制问题

现行《建筑抗震设计规范》GB 50011 及现行《高层建筑混凝土结构技术规程》JGJ 3

规定了框架梁、框架柱、剪力墙从四级至特一级的所有地震内力调整系数，包括强柱弱梁调整系数、强剪弱弯调整系数、强节点弱构件调整系数。这些调整系数是设计人员熟知的针对小震反应谱分析采取的抗震措施。不同于小震反应谱分析，性能化设计是针对结构中的重要构件提高设计标准采取的加强措施，使之满足中、大震下的性能要求。一个是"人为放大内力"，一个是"提高地震作用"，二者是完全不同的计算方式。实际中，对常规结构仅做小震反应谱分析即可；对较为复杂的车辆段上盖开发项目，尚应按性能化指标进行性能化设计并与小震反应谱分析所得结果包络设计。

经常有设计人员问及，上述两种计算方式，到底哪种方式控制截面设计？由于小震反应谱分析与性能化设计均为线弹性分析，所以不论是"人为放大内力"还是"提高地震作用"，计算过程中乘以的放大系数都将线性等比例反映到构件的内力上，而材料分项系数、各调整系数也将线性叠加至构件承载能力上。笔者在此分别对6～8度地区工程进行详细梳理，到底是哪种方式控制截面设计，设计人员一目了然。表6-2～表6-6为小震分析时各抗震等级结构构件地震内力调整系数取值。

框架梁、连梁剪力调整系数表　　　　　　　表6-2

		特一级	一级	二级	三级	四级
框架梁	框架结构	$1.2 \times C_1$	C_1	1.2	1.1	1.0
	非框架结构	1.2×1.3	1.3	1.2	1.1	1.0
连梁		1.3	1.3	1.2	1.1	1.0

注：表中 $C_1 = \mathrm{Max}(1.1 \times 1.1 \times 超配系数, 1.3)$。

框架柱、框支柱弯矩调整系数表　　　　　　　表6-3

		特一级	一级	二级	三级	四级
框架结构	一般部位	$1.2 \times C_2$	C_2	1.5	1.3	1.2
	底层柱底	1.2×1.7	1.7	1.5	1.3	1.2
其他结构	框架柱	1.4×1.2	1.4	1.2	1.1	1.1
框支柱	弯矩	1.8	1.5	1.3	1.1	1.1
	轴力	1.8	1.5	1.2	1.0	1.0

注：表中 $C_2 = \mathrm{Max}(1.2 \times 1.1 \times 超配系数, 1.7)$。

框架柱、框支柱剪力调整系数表　　　　　　　表6-4

		特一级	一级	二级	三级	四级
框架结构	一般部位	$1.2 \times C_3 \times 1.2 \times C_2$	$C_3 \times C_2$	1.3×1.5	1.2×1.3	1.1×1.2
	底层柱底	$1.2 \times C_3 \times 1.2 \times 1.7$	$C_3 \times 1.7$	1.3×1.5	1.2×1.3	1.1×1.2
其他结构	框架柱	$1.4 \times 1.2 \times 1.4 \times 1.2$	1.4×1.4	1.2×1.2	1.1×1.1	1.1×1.1
	框支柱	$1.4 \times 1.2 \times 1.8$	1.4×1.5	1.2×1.3	1.1×1.1	1.1×1.1

注：(1) 表中 $C_2 = \mathrm{Max}(1.2 \times 1.1 \times 超配系数, 1.7)$；
　　(2) 表中 $C_3 = \mathrm{Max}(1.2 \times 1.1 \times 超配系数, 1.5)$。

剪力墙弯矩调整系数表　　　　　　　　　　　　　　　　表 6-5

		特一级	一级	二级	三级	四级
底部加强部位	普通墙	1.1	1.0	1.0	1.0	1.0
	框支剪力墙中的落地墙	1.8	1.5	1.3	1.1	1.0
一般部位	普通墙	1.3	1.2	1.0	1.0	1.0
	短肢剪力墙	1.3	1.2	1.0	1.0	1.0

剪力墙剪力调整系数表　　　　　　　　　　　　　　　　表 6-6

		特一级	一级	二级	三级	四级
底部加强部位	普通墙	1.9	1.6	1.4	1.2	1.0
	框支剪力墙中的落地墙	1.9	1.6	1.4	1.2	1.0
一般部位	普通墙	1.4	1.3	1.0	1.0	1.0
	短肢剪力墙	1.4	1.4	1.2	1.1	1.0

上述各表中的"超配系数"指实际配筋与计算配筋所得抗震承载力的比值，因部分特一级、一级构件需要按结构实配钢筋计算所得抗震承载力再行放大，而反应谱分析后仅有计算配筋而无实配钢筋，故采用超配系数近似考虑实际配筋较计算配筋承载力的放大倍数。

中震弹性计算方式为，（1）水平地震影响系数按小震的 2.8 倍取值；（2）地震内力调整系数均取 1.0；（3）其余分项系数保留。于是可知，表 6-2～表 6-6 所述数值直接与 2.8 比较，前者大则小震反应谱分析控制截面设计，后者大则中震弹性设计控制截面设计。取超配系数 1.1，结果如表 6-7～表 6-11 所示。可以看出，除特一级框架柱及框支柱构件的抗剪计算由小震反应谱控制外，其他构件均由中震弹性控制。

框架梁、连梁剪力比值结果表　　　　　　　　　　　　表 6-7

		特一级	一级	二级	三级	四级
框架梁	框架结构	1.75	2.10	2.33	2.55	2.80
	非框架结构	1.79	2.15	2.33	2.55	2.80
连梁		2.15	2.15	2.33	2.55	2.80

框架柱、框支柱弯矩比值结果表　　　　　　　　　　　表 6-8

		特一级	一级	二级	三级	四级
框架结构	一般部位	1.37	1.65	1.87	2.15	2.33
	底层柱底	1.37	1.65	1.87	2.15	2.33
其他结构	框架柱	1.67	2.00	2.33	2.55	2.55
框支柱	弯矩	1.56	1.87	2.15	2.55	2.55
	轴力	1.56	1.87	2.33	2.80	2.80

框架柱、框支柱剪力比值结果表　　　　　　　　　　　　　表 6-9

		特一级	一级	二级	三级	四级
框架结构	一般部位	0.76	1.10	1.44	1.79	2.12
	底层柱底	0.76	1.10	1.44	1.79	2.12
其他结构	框架柱	0.99	1.43	1.94	2.31	2.31
	框支柱	0.93	1.33	1.79	2.31	2.31

剪力墙弯矩比值结果表　　　　　　　　　　　　　　表 6-10

		特一级	一级	二级	三级	四级
底部加强部位	普通墙	2.55	2.80	2.80	2.80	2.80
	框支剪力墙中的落地墙	1.56	1.87	2.15	2.55	2.80
一般部位	普通墙	2.15	2.33	2.80	2.80	2.80
	短肢剪力墙	2.15	2.33	2.80	2.80	2.80

剪力墙剪力比值结果表　　　　　　　　　　　　　　表 6-11

		特一级	一级	二级	三级	四级
底部加强部位	普通墙	1.47	1.75	2.00	2.33	2.80
	框支剪力墙中的落地墙	1.47	1.75	2.00	2.33	2.80
一般部位	普通墙	2.00	2.15	2.80	2.80	2.80
	短肢剪力墙	2.00	2.00	2.33	2.55	2.80

注：表 6-7～表 6-11 为"2.8/地震内力调整系数"计算结果，比值大于 1.0 表示中震弹性控制，比值小于 1.0 表示小震反应谱控制。

中震不屈服计算方式为：（1）地震影响系数按小震的 2.8 倍取值；（2）地震内力调整系数均取 1.0；（3）承载力抗震调整系数 γ_{Re} 取 1.0；（4）材料强度及构件内力均采用标准值。将表 6-2～表 6-6 所述数值与 2.8/地震内力调整系数/承载力抗震调整系数/材料分项系数/荷载分项系数进行比较，前者大则小震反应谱分析控制截面设计，后者大则中震不屈服设计控制截面设计。材料分项系数混凝土为 1.4，钢筋为 1.1，为简化计算按综合分项系数 1.25 考虑；承载力抗震调整系数 γ_{Re} 的取值需按照不同构件类型加以区分，为简化计算梁构件抗弯统一取 0.75、抗剪取 0.85、柱构件抗弯统一取 0.80、抗剪取 0.85、剪力墙构件统一取 0.85。荷载分项系数恒荷载取 1.3、活荷载取 1.5、地震荷载取 1.3，为简化计算统一取 1.3。取超配系数 1.1，结果如表 6-12～表 6-16 所示。可以看出，除特一级、一级框架柱及框支柱构件的抗剪计算由小震反应谱控制外，其他构件均由中震不屈服控制。

框架梁、连梁剪力比值结果表　　　　　　　　　　　　表 6-12

		特一级	一级	二级	三级	四级
框架梁	框架结构	1.27	1.52	1.69	1.84	2.03
	非框架结构	1.30	1.56	1.69	1.84	2.03
连梁		1.56	1.56	1.69	1.84	2.03

框架柱、框支柱弯矩比值结果表　　　　　　　　　　　表 6-13

		特一级	一级	二级	三级	四级
框架结构	一般部位	1.06	1.27	1.44	1.66	1.79
	底层柱底	1.06	1.27	1.44	1.66	1.79
其他结构	框架柱	1.28	1.54	1.79	1.96	1.96
框支柱	弯矩	1.20	1.44	1.66	1.96	1.96
	轴力	1.20	1.44	1.79	2.15	2.15

框架柱、框支柱剪力比值结果表　　　　　　　　　　　表 6-14

		特一级	一级	二级	三级	四级
框架结构	一般部位	0.55	0.79	1.04	1.30	1.54
	底层柱底	0.55	0.79	1.04	1.30	1.54
其他结构	框架柱	0.72	1.03	1.41	1.68	1.68
	框支柱	0.67	0.97	1.30	1.68	1.68

剪力墙弯矩比值结果表　　　　　　　　　　　表 6-15

		特一级	一级	二级	三级	四级
底部加强部位	普通墙	1.84	2.03	2.03	2.03	2.03
	框支剪力墙中的落地墙	1.13	1.35	1.56	1.84	2.03
一般部位	普通墙	1.56	1.69	2.03	2.03	2.03
	短肢剪力墙	1.56	1.69	2.03	2.03	2.03

剪力墙剪力比值结果表　　　　　　　　　　　表 6-16

		特一级	一级	二级	三级	四级
底部加强部位	普通墙	1.07	1.27	1.45	1.69	2.03
	框支剪力墙中的落地墙	1.07	1.27	1.45	1.69	2.03
一般部位	普通墙	1.45	1.56	2.03	2.03	2.03
	短肢剪力墙	1.45	1.45	1.69	1.84	2.03

注：表 6-12～表 6-16 为 2.8/地震内力调整系数/承载力抗震调整系数/材料分项系数/荷载分项系数计算结果，比值大于 1.0 表示中震不屈服控制，比值小于 1.0 表示小震反应谱控制。

显然，大震弹性设计要求最高，按此性能化指标必定控制截面设计。对于大震不屈服与中震弹性二者到底谁控制截面设计，笔者分析如下：大震水平地震影响系数按中震的 2.0 倍取值，大震不屈服仍然沿用中震不屈服的各调整系数，则"2.0/承载力抗震调整系数/材料分项系数/荷载分项系数"对各类构件计算结果为：梁构件抗弯 1.64、抗剪 1.45、柱构件抗弯 1.54、抗剪 1.45、剪力墙构件 1.45。可见，各构件均由大震不屈服控制其设计。

应当指出，上述分析仅为粗略估算，旨为广大设计人员粗估构件截面尺寸并定性判断分析结果是否合理提供一定参考，实际计算中，中、大震性能化设计的某些参数取值发生变化对计算结果同样起到关键的影响，如周期折减系数、连梁刚度折减系数、薄弱层地震作用放大系数、楼层剪力 $0.2V_0$ 调整系数等，故设计人员还应按小震反应谱及性能化分别计算并取包络设计结果。根据笔者经验，实际工程考虑上述各计算参数调整后，大震所得计算结果较中震以及中震所得计算结果较小震增大幅度会相应减小。此外，上述结果均按超配筋系数 1.1 计算得到，实际设计中当裂缝宽度控制较为严格（如按 0.2mm 控制裂缝宽度）时，实配钢筋可能较计算配筋增大很多，设计人员应按实际情况调整超配筋系数的取值。笔者根据以往设计经验建议：对梁类构件，当裂缝宽度按 0.3mm 控制时，超配筋系数取 1.05～1.1；当按 0.25mm 控制时，超配筋系数取 1.2～1.3；当按 0.2mm 控制时，超配筋系数取 1.4～1.5。对墙柱类构件，统一取超配筋系数 1.15～1.25。

6.4.8 关于"轴力方式"倾覆力矩

地震倾覆力矩的计算存在两种方式：（1）抗规方式；（2）轴力方式。

"抗规方式"是将各楼层的层间地震剪力在本层产生的总倾覆力矩按本层各抗侧力构件的抗侧刚度分配并产生柱端及墙端弯矩，然后再将同一平面位置处的柱端或墙端弯矩代数叠加，最终得到框架部分及墙肢部分各自承受的底部总倾覆力矩，如图 6-16（a）所示。

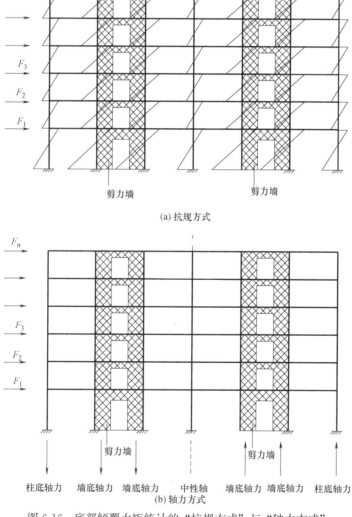

图 6-16 底部倾覆力矩统计的"抗规方式"与"轴力方式"

"轴力方式"则认为竖向抗侧力构件在水平地震作用下产生拉压轴力,以拉压轴力反向力矩抵抗地震产生的倾覆力矩。如果把整体房屋比作一直立空腹桁架,则拉压抗侧力构件如同桁架的上下二力弦杆。如图 6-16(b)所示,在水平左地震作用下,左侧部分抗侧力构件受拉,右侧部分抗侧力构件受压,房屋刚心位置形成"中性轴"。从力学角度来看,轴力方式计算所得倾覆力矩似乎更符合逻辑。

笔者认为,采用哪种倾覆力矩统计方式合理,关键还是要看整体结构的变形状态到底是以剪切变形为主还是以弯曲变形为主。通过结构力学分析不难发现,各抗侧力构件之间楼面连接(主要是楼面梁,一般不考虑楼板面外弯曲刚度)刚度越大,结构整体变形越接近弯曲变形;反之则接近剪切变形。这一现象类似剪力墙结构中整体小开口墙与壁式框架在水平力作用下的不同变形特征。对整体以剪切变形为主的结构(框架结构、壁式框架结构或"少墙"框剪结构),"规范方式"较为理想;但对以整体弯曲变形为主的结构(密柱深梁的框筒结构),"规范方式"存在较大偏差。

针对车辆段上盖开发项目,笔者要特别指出的是,"抗规方式"在统计框支剪力墙对应下盖框支柱倾覆力矩时是有较大偏差的。原因是转换构件以上为上盖开发塔楼剪力墙并无框架柱,故上盖框架分配到的倾覆力矩为零。此外,下盖框支框架虽然分配到一定倾覆力矩,但由于下盖框支柱的抗侧刚度和落地剪力墙相比相差悬殊,按"抗规方式"计算下盖框支柱分配所得层间倾覆力矩很小。按"抗规方式"将框支柱分得的倾覆力矩代数叠加后,会出现下盖框支框架分配所得倾覆力矩过小的不合理现象。此时,采用倾覆力矩统计的"轴力方式"去判断,更符合实际情况。由于规范规定框支剪力墙结构,框支框架所承担的底部倾覆力矩不应大于总倾覆力矩的 50%,故按照"规范方式"进行框支框架倾覆力矩的统计,是偏于"不安全"的,笔者强烈推荐采用"轴力方式"统计框支框架的倾覆力矩百分比,判断其是否满足规范要求。

6.4.9 关于中震下的墙肢名义拉应力检算

《全国超限高层抗震审查技术要点》规定:双向中震水平地震作用下,墙肢全截面由轴向力产生的名义拉应力超过混凝土抗拉强度标准值 f_{tk} 时宜设置型钢抵抗拉力,且平均名义拉应力不宜超过两倍混凝土抗拉强度标准值 $2f_{tk}$,计算中按弹性模量换算考虑型钢和钢板的作用,全截面型钢和钢板的含钢率超过 2.5% 时,可按比例适当放松。参与过超限项目的设计师都有体会,原本计算不需要设置型钢的剪力墙,仅由于名义拉应力超过混凝土抗拉强度标准值而必须设置型钢,此项要求对结构设计影响很大。

剪力墙受力状态类似于偏心受压或偏心受拉柱。对于偏心受拉状态剪力墙,又可进一步区分大偏心受拉与小偏心受拉两种状况。(1)大偏心受拉状况。墙肢为剪压破坏形态,截面分受拉区与受压区。受拉区混凝土开裂由钢筋承担应力,受压区则以混凝土受压为主。正常情况下,随着水平地震作用的增大,受拉区裂缝逐渐开展,受压区面积逐渐减小,最终混凝土压溃破坏,此为理想的延性破坏状态。(2)小偏心受拉状况。构件截面在拉力作用下首先形成通缝,随即截面失效。然而这是瞬时状况,很快截面发生转动形成新的受压区。所以只要限制裂缝在一定范围开展,从而确保构件不因产生过大变形而失效,墙肢就可有效承担水平地震剪力作用。(3)极限情况。墙肢拉力很大,构件截面形成通缝且不能闭合,此时墙肢尚可依靠水平钢筋及混凝土摩擦抗剪,配置交叉斜筋的剪力墙还可依靠斜筋承担部分水平地震剪力。

由上述分析可知，在大偏心墙肢截面的受拉区或小偏心全截面受拉时，不考虑混凝土的开裂后强度，墙肢依靠墙内钢筋抵抗竖向拉力和地震剪力作用。混凝土的受拉承载能力和名义拉应力并无直接关联，决定墙肢能否受剪（即是否失效）的主要因素是看墙肢构件的开裂情况和变形情况。大偏心受拉时，未形成通缝可以承受地震剪力；小偏心受拉形成通缝时，只要裂缝宽度较小，变形不至过大，依然会形成新的剪压区，也可承受地震剪力。况且墙肢构件剪切破坏的斜截面是穿过弯曲水平裂缝的，斜截面上未开裂的混凝土、水平及竖向钢筋均可提供受剪承载能力。

基于上述原因，笔者认为设计人员可根据工程项目的复杂程度、工程中不同墙肢构件的受力状态及重要性程度，酌情考虑是否有必要全部构件执行此项要求。此外，纵使混凝土墙肢名义拉应力检算超限，笔者认为除增设型钢外，也可考虑增加墙肢普通钢筋数量，或采用配置预应力钢筋等措施，如果检算增加配筋后的墙肢名义拉应力满足要求，也可保证墙肢在地震下正常工作。

6.4.10　关于弹塑性位移小于弹性位移

设计人员以往的概念是"刚度降低导致位移增大"，但实际弹塑性分析的结果经常会出现弹塑性分析所得位移不仅没有增大，反而比弹性分析位移还小，有些设计人员开始怀疑计算结果的正确性。伴随近年来相关理论的研究及大量弹塑性分析基本规律和经验的总结，业界逐渐消除了这种怀疑，普遍接受了弹塑性分析位移结果相对弹性分析既可能增大也可能减小这一现象。而且从出现频率看，弹塑性位移减小的可能性更高。

导致这一结果的主要原因在于刚度退化的同时，地震作用也在减小，并且弹塑性耗能产生的附加阻尼对于结构位移和地震作用的影响程度并不相同。研究发现，当结构损伤和刚度退化程度较低时（结构刚进入弹塑性阶段），更容易出现弹塑性位移减小的情况；当出现结构严重破坏或显著薄弱层后，弹塑性位移才显著增大。上述规律与所选取的地震波频谱特征并无太大关联。

基于以上分析，针对车辆段上盖开发项目，原理上更易出现弹塑性位移小于弹性位移的情形。原因是此类项目结构总高度相对不高，在性能化设计要求下构件刚度及承载能力较大且损伤程度较小，大震弹塑性分析结构往往达不到损伤程度严重及刚度退化严重的阶段，尚处于刚刚进入弹塑性初期阶段。按照上述理论，计算结果出现弹塑性位移小于弹性位移的情况似乎更合乎情理。

6.4.11　关于弹塑性地震作用大于弹性地震作用

如果说弹塑性位移小于弹性位移尚可被设计人员所接受，那么弹塑性地震作用大于弹性地震作用似乎就很难理解了。刚度退化导致周期变长进而地震作用减小，似乎是"天经地义"的道理。然而，上述分析仅仅是一种基于反应谱的思维模式，并没有考虑结构动力特性的改变及某些地震波的特殊频谱特征所带来的影响。图 6-17 所示为 L0344 大震时程经频谱分析所得反应谱与规范反应谱的对比图。从图中可以看到，对于规范谱，刚度退化周期变长，地震作用相应减小；但对于 L0344 大震时程反应谱，出现结构刚度退化自振周期增加反而地震作用增大的情况。原因是该条地震波在图示 2s 左右周期区段较为特殊，地震影响系数随结构周期的增大而增大，且超过规范谱。当阵型参与系数贡献较大的结构弹性自振周期（一般为低阶周期）及弹塑性自振周期位于图示位置时，便出现结构弹塑性地震作用相比弹性地震作用增大的情形。到目前，业界也逐渐认识和接受这一规律。

上节所述弹塑性位移小于弹性位移是一种普遍现象，几乎不依赖地震波特性而客观存在。而本节所述弹塑性地震作用大于弹性地震作用则相对较少出现，且受地震时程频谱特性影响显著。实际设计中，如果计算出现弹塑性地震作用大于弹性地震作用的情况，设计人员也不必立即怀疑结果的合理性。可将所选地震波频谱分析，查看是否在结构阵型参与系数较大的周期分量位置出现地震影响系数随结构周期增大而增大的情形；也可另选其他地震波重新计算。如情况好转则无大碍。

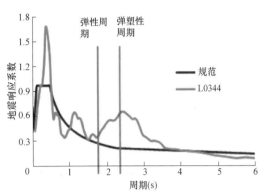

图 6-17 L0344 大震时程经频谱分析所得反应谱与规范反应谱的对比图

6.4.12 关于弹塑性地震作用降低幅度与刚度退化的关系

广大设计人员通常的认知是，结构在地震作用下发生损伤，刚度退化，周期变长，地震作用降低且存在一个合理的程度。大震弹塑性地震作用约为小震反应谱地震作用的 3～5 倍，不低于大震弹性的 70%。真的是这样吗？事实上并非如此。不同大震地震波的频谱特性不尽相同，地震作用可能在某一周期区段地震响应系数突然减小。假设对结构地震作用贡献较大的周期分量正好落在这一范围，则会出现地震作用大幅度减小的情况，从而让设计人员误认为结构刚度退化严重。这和前述某些大震波地震作用随周期增大而增大道理相同。

退一步，排除某些地震波特定周期区段谱值变化的特殊性后，根据地震作用降低程度判断结构刚度退化程度进而判断损伤程度是否合理呢？答案仍然是不科学的。原因是不同高度、不同材料、不同结构形式的建筑相同刚度退化程度条件下，地震作用降低幅度也不相同，结构周期和阻尼对相同刚度退化程度导致的地震作用降低也有很大的影响。具体影响参考相关文献，此处不再赘述。

总之，弹塑性地震作用降低幅度与刚度退化程度没有本质联系，地震作用降低幅度除与结构刚度退化程度有关外，尚与所选大震波频谱特性及结构自身动力特性紧密相关。设计人员通过地震作用降低幅度对结构刚度退化作粗略定性判断大致尚可，若要对结构刚度退化程度做准确判定，还需综合考察各项指标计算结果以及各构件的损伤情况等内容。

6.4.13 关于两个主轴方向弹塑性地震响应差异大

现行《建筑抗震设计规范》GB 50011 要求结构布置时宜满足结构在两个主轴方向动力特性相近。此时，通常小震线弹性分析两个主轴方向的基本周期差别不大，地震作用也比较接近。但大震弹塑性分析也是如此吗？答案是否定的。研究发现，即便小震下两个主轴方向的动力特性十分接近,也可能出现大震弹塑性分析两个主轴方向动力特性差异较大的现象,而且这一现象普遍存在。

造成这一现象的主要原因多数情况是结构两个主轴方向剪力墙开洞差别较大,或者墙肢分布情况不同。尽管小震下两个主轴方向的抗侧刚度基本一致,但这种所谓的"一致"仅仅停留在小震线弹性阶段,而大震分析则差异明显。总体规律是,洞口较多的一个方向连梁破坏致使刚度退化较多;墙肢截面小而墙肢数量多的方向刚度退化显著。刚度退化程度的不同最终造成两个方向的地震作用差别较大。从另外一个角度讲,这种地震作用降低程度差别大,反映了连梁破坏或短肢墙破坏导致结构刚度退化程度的不同,也揭示了连梁作为"耗能构件"身先士卒先行破坏,保护了剪力墙等主要结构抗侧力构件的重要特征。

6.4.14　关于层间位移角与结构损伤程度的关系

弹塑性层间位移角是大震弹塑性分析结果中重要的控制指标,也是现行规范的主要控制指标。但需指出,单纯认为弹塑性层间位移角计算结果满足规范要求,整体结构就可满足"大震不倒"的设防目标是不甚合理的。某些结构层间位移角较大,但构件损伤较轻;而某些结构层间位移角较小,但刚度退化显著,地震作用降低程度较大,构件损伤严重。上述情形出现的概率并不低。

造成上述现象的根本原因,是现行规范层间位移角的计算方法并未区分结构整体弯曲变形和楼层剪力引起的层间变形,即通常所说的"有害位移角"与"无害位移角"。现行规范所述层间位移角系上下楼层的最大水平位移差与层高之比,并未扣除整体弯曲变形的影响,是"有害位移角"和"无害位移角"二者的总和。实际上,下层结构的层间水平荷载作用引起上层结构的变形,对上层结构应定义为非层间受力位移,就是所谓的"无害位移"。这部分位移变形并不会在上层结构中产生内力,也不会对结构产生损伤破坏。真正对结构造成损伤的元凶应是有害位移,定义为扣除整体弯曲影响后的结构层间位移。用计算所得楼层总位移减去层间非受力位移即可得到楼层的有害位移,再与层高做比,即得到楼层有害位移角,如图 6-18 所示。事实上,控制结构有害层间位移角,从结构损伤角度来看,似乎更为科学。

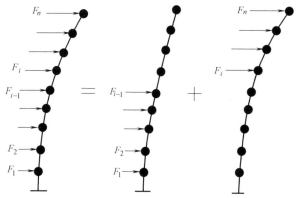

图 6-18　规范规定层间位移角、无害位移角与有害位移角

大量计算实例表明,以剪切变形为主的框架结构,总层间位移与有害层间位移沿楼层高度变化规律基本一致,总层间位移角计算结果可以作为框架结构是否破坏的参考指标。但以弯曲变形为主的剪力墙结构,总层间位移与有害层间位移沿高度变化规律完全不同,所以仅以总层间位移角作为剪力墙结构是否破坏的参考指标不甚合理。框剪结构则居于框架结构与剪力墙结构之间。虽然通过总层间位移角计算结果判断结构是否破坏"并不靠谱",但弹塑性层间位移角沿楼层高度曲线的变化规律,及与弹性层间位移角沿楼层高度曲线的对比却是有价值的参考依据。理由是,上述结果可直观地反映结构刚度退化程度沿高度的分布规律,目的是合理地确定结构薄弱楼层位置。这也是超限报告要求设计人员通过作图绘制弹性层间位移角及弹塑性层间位移角沿楼层高度变化曲线的原因。

6.4.15 关于混凝土损伤因子、钢筋塑性应变与单元、构件性能水平之间的关系

损伤指大震下结构构件出现的损坏现象;而损伤因子则是判定构件这种损伤程度和等级的重要指标。损伤因子 D 定义为材料的刚度退化率:$D=1-E_r/E_0$,其中 E_r 为混凝土卸载再加载变形模量,E_0 为混凝土初始弹性模量。由于混凝土存在受压和受拉两个本构关系曲线,与之对应,损伤因子也分为受压损伤因子 d_c 与受拉损伤因子 d_t。如果 $d_c=0.1$,表明混凝土刚度较初始刚度退化了 10%,即为初始刚度的 90%。

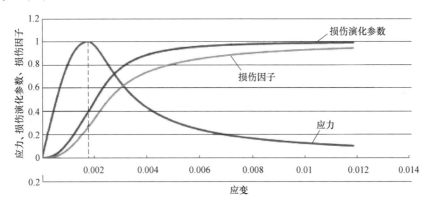

图 6-19 C60 混凝土应力应变关系曲线,损伤演化参数/损伤因子-应变曲线

图 6-19 为 C60 混凝土应力(实际应力与峰值应力的比值)应变曲线、损伤演化参数-应变曲线及损伤因子-应变曲线。(1)损伤因子不同于现行《混凝土结构设计规范》GB 50010 中的损伤演化参数。损伤演化参数计算时,任意时刻的刚度采用该处的割线模量;而损伤因子计算时,任意时刻的刚度采用该处卸载再加载后的变形模量。(2)从损伤因子-应变关系曲线可以得知,混凝土单元受压后即发生受压损伤。对 C60 混凝土达到其峰值应变时,对应的损伤因子约为 0.2~0.3。

钢筋的塑性应变,顾名思义是钢筋应力达到屈服强度后继续增大,应力应变曲线由线弹性转变为非线性后钢筋的不可恢复变形,其数值应等于钢筋总应变与弹性应变的差值。钢筋的塑性发展程度则是钢筋全应变(含弹性应变和塑性应变)与屈服应变(钢筋屈服时的应变,HRB400 级钢筋约为 0.002)的比值,比值大于 1.0 表示钢筋已经进入屈服后的强化阶段。

由于混凝土损伤和钢筋塑性应变都具有不可恢复性,因而大震弹塑性时程分析结果所选时刻越靠后,混凝土损伤越严重,钢筋的塑性应变越大。

对于混凝土构件,其单元性能应根据钢筋塑性应变、混凝土的受压及受拉损伤进行综合评价,通常按各评价项目的不利包络结果采用。对于钢构件,由于不包含混凝土材料,故单元性能应根据钢材塑性应变与屈服应变的比值进行评价。混凝土构件单元性能水平评价标准如表 6-17 所示。

混凝土构件单元性能水平评价标准　　　　表 6-17

性能水平	梁柱 $\varepsilon_p/\varepsilon_y$	梁柱 d_c	梁柱 d_t	墙板 $\varepsilon_p/\varepsilon_y$	墙板 d_c	墙板 d_t
无损坏	0	0	0	0	0	0
轻微损坏	0.001	0.001	0.2	0.001	0.001	0.2
轻度损坏	1	0.01	1	1	0.01	1
中度损坏	3	0.2	1	3	0.2	1
重度损坏	6	0.6	1	6	0.6	1
严重损坏	12	0.6	1	12	0.8	1

注:(1) 表中数值为单元各性能水平指标下限值,单元性能水平取不利包络。
　　(2) $\varepsilon_p/\varepsilon_y$ 为钢筋(钢材)塑性应变与屈服应变的比值。
　　(3) d_c 为混凝土受压损伤系数;d_t 为混凝土受拉损伤系数。
　　(4) 梁柱构件性能水平取单元性能水平的不利包络结果。
　　(5) 墙板构件性能水平取各单元按面积加权平均后的结果;如构件内达到中度损坏及以上的单元面积占到构件总面积的 50% 以上时,构件性能水平判定为严重破坏。

根据单元性能水平对构件性能水平进行评价时,不同构件判定方式不尽相同。对于梁柱等按梁单元建模的构件,构件性能水平取各单元性能水平的不利包络结果;对于剪力墙和楼板等按板单元建模的构件,构件性能水平取各单元按面积加权平均后的结果。如构件内达到中度损坏及以上的单元面积占到构件总面积的 50% 以上时,构件性能水平判定为严重损坏。

6.4.16 关于塑性铰开展及其与构件性能水平的关系

塑性铰是梁类构件截面上的弯矩达到截面屈服条件、柱类构件的压力-X 方向弯矩-Y 方向弯矩(P-M_x-M_y)达到截面屈服条件,由此产生截面转动的行为和状态。当构件截面内力小于截面屈服条件时,构件仅存在变形不存在转动;只有当构件截面内力达到截面屈服条件时,截面发生屈服从而通过自身转动将"承担不了"的内力转嫁到其他截面,形成塑性铰。因此塑性铰与一般铰支座的最大区别是,塑性铰可以传递弯矩,是由构件内力产生的"虚拟铰"。

如图 6-20 所示,构件的应力应变关系曲线近似可通过 5 个关键点 4 条折线来模拟。

5 个关键点为:(1) A 起始点;(2) B 屈服点;(3) C 极限点;(4) D 残余应变起始点;(5) E 残余应变终止点。

4 条折线为:(1) AB 段线弹性应变阶段;(2) BC 段弹塑性应变阶段;(3) CD 段失效阶段;(4) DE 段残余应变阶段。其中 BC 段弹塑性应变阶段折线上的点对应了不同塑性铰状态。为详细描述塑性铰状态,进一步将 BC 段细分为如下 4 个区段:(1) B~IO 段,轻微塑性发展阶段;(2) IO~LS 段,轻度塑性发展阶段;(3) LS~CP 段,中度塑性发展阶段；（4）CP～C 段，重度塑性发展阶段。

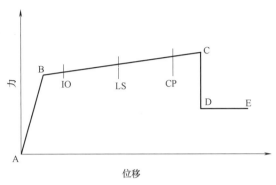

图 6-20　塑性铰状态图示

塑性铰状态是大震动力弹塑性分析中构件损坏程度的重要判据。通过考察不同时刻构件塑性铰的开展及转移情况，可一目了然地了解结构不同部位不同构件的截面屈服状况。通过明确已经屈服和尚未屈服的构件，可定性判定重点加强的结构构件是否发生了损坏、被保护的结构构件是否真正有效得到了保护。笔者根据经验，建议对关键构件、一般构件、耗能构件等不同类型的构件采取不同的塑性铰状态控制标准，如表 6-18 所示。

不同类型构件分别在小震、中震、大震下的塑性铰状态控制标准　表 6-18

	关键构件	一般构件	耗能构件
小震	不出铰	不出铰	不出铰
中震	不出铰	大部分不出铰；少量 B～IO 段，轻微塑性发展阶段	大部分 IO～LS 段，轻度塑性发展阶段；少量 LS～CP 段，中度塑性发展阶段
大震	大部分 B～IO 段，轻微塑性发展阶段；少量 IO～LS 段，轻度塑性发展阶段	大部分 IO～LS 段，轻度塑性发展阶段；少量 LS～CP 段，中度塑性发展阶段	大部分 LS～CP 段，中度塑性发展阶；少量 CP～C 段，重度塑性发展阶段

此外，设计人员还应重点关注塑性铰的出铰顺序：（1）是否梁先于柱出铰；（2）是否耗能构件先于一般构件出铰；（3）是否关键构件不出铰。满足上述 3 项标准才是理想的出铰状态。

应当指出，通过塑性铰来判定结构的性能水平具有一定的近似性。当前较为流行和普及的性能水平判别方法是 6.4.15 节所述的混凝土损伤及钢筋塑性应变判别方法。介绍此节的目的是当仅有塑性铰状态判据时，设计人员也应当能够初步判定结构各类构件的性能水平。

6.4.17　关于多软件对比及判别标准

车辆段上盖开发项目需要采用多种有限元计算软件进行对比计算并相互校核。5.4 节列举了目前市面上可采用的常用有限元结构计算软件。总体上，多软件对比大致分为以下 3 种情况。

情况一：现行《高层建筑混凝土结构技术规程》JGJ 3 规定需要进行对比的情形。

现行《高层建筑混凝土结构技术规程》JGJ 3 规定体形复杂、结构布置复杂及 B 级高度高层建筑结构，应采用至少两个不同力学模型的结构分析软件进行整体计算。实际工程中，设计人员会对小震下的周期、层间位移角、楼层侧向刚度比、楼层受剪承载力比、剪重比、刚重比、楼层位移及层间位移比、转换层及其上层剪切刚度比等项目进行对比计算。笔者认为除对比上述项目以外，以下计算结果同样需要结构设计人员引起重视。

（1）楼层质量。众所周知，结构自振周期仅与结构自身质量（包括荷载转化为质量）及刚度分布有关，与其他因素无关。周期、质量、刚度三要素中的两项如果对比一致，另外一项自然保持一致。既然楼层刚度不便核对，笔者建议设计人员除对比周期外，尚应对比楼层质量（包括恒载质量、活载质量及总质量），以确保计算模型的准确性。

（2）前几阶阵型的振动分量。在实际工程中，经常会出现尽管对比模型"同一阶阵型"周期数值一致，但振动分量完全不同，一个沿 X 方向，一个沿 Y 方向。此时需要根据具体情况作出分析判断。如果相邻两阶周期比较接近，且振动分量即为一个沿 X 方向，一个沿 Y 方向。对比模型计算所得周期结果吻合，仅振动分量互换，则此种情况大概率正常。这是由于两阶周期相差较小，计算软件的误差造成了对比模型两阶阵型的颠倒。此时第一个程序的前一阶周期对应第二个程序的后一阶周期；第一个程序的后一阶周期对应第二个程序的前一阶周期。还有一种情况是对比模型第一个程序的前一阶周期和第二个程序的后一阶周期结果吻合且振动分量一致，且从此阶阵型开始后续阵型均错位对应。这种情况设计人员应重点研判第二个程序是否存在局部振动阵型并剔除该阵型。除了上述两种情况，如果确实出现第一个程序的某一阶阵型与第二个程序的某一阶阵型周期结果或振动分量不同，则需要设计人员进一步核实计算。

（3）框架剪力墙结构、框架＋支撑结构，框架部分承担的倾覆力矩百分比。框架部分承担的倾覆力矩百分比是针对框架剪力墙结构、框架＋支撑结构重要的抗震性能指标。该指标反映了框架与剪力墙（支撑）之间的刚度"分配比例"是否合理。笔者建议设计人员也应进行对比，并给予足够的重视。

情况二：为确保模型的正确性而需进行对比的情形。

当前市面上的计算软件，大多具备模型及主要前处理计算参数互相导入导出功能，省去了广大设计人员重复建模工作。但这随之带来了如下问题，互导后的模型正确吗？对比模型的计算结果是否确实具备可比性呢？这就涉及通过模型计算结果的核查对比确保模型正确性的问题。

事实上，小震线弹性反应谱分析计算结果的对比，可作为不同模型之间相互校核的手段。如做大震弹塑性分析之前，需要通过小震反应谱分析计算结果的对比，确保大震模型的正确性。但相比情况一，为简化操作可仅对比基本指标计算结果，如楼层质量、周期阵型等。

情况三：需对计算结果合理性作出判断的情形。

前述情况一及情况二均系同一计算指标不同计算软件之间的对比，那么不同计算指标之间是否也需要对比呢？答案是肯定的。对比的目的为了通过分析判断计算结果的合理性，进而对整体结构的合理性进行判别。如大震弹性地震剪力与弹塑性地震剪力的对比，大震弹塑性地震剪力与小震弹性地震剪力的对比等。

这里需要广大设计人员注意的是，各种计算软件之间可能存在计算参数或是程序处理方式不同的情况。以 YJK（盈建科）小震分析模型导入 SSG（SAUSAGE）大震分析模型举例说明。(1) YJK 计算软件有"自动扣除梁柱重叠部分重量"的选项，设计人员可以通过勾选这一选项实现梁柱重叠部分自重自动扣除。而 SSG 计算软件无此功能。如果 YJK 计算所得楼层质量小于 SSG 计算结果，则设计人员需核查是否因为 YJK 勾选了此项所致。(2) YJK 统计结构自重时未考虑钢筋重量，而 SSG 则考虑了钢筋重量。适当提高 YJK 的混凝土容重参数以考虑钢筋重量后，两计算软件质量统计数据才可比较。(3) YJK 小震计算通常设置连梁刚度折减，而 SSG 则不考虑连梁刚度折减。(4) YJK 小震整体指标计算通常考虑"刚性楼板假定"，而 SSG 大震弹塑性分析均采用弹性楼板。(5) YJK 可以通过人为设置楼面梁刚度放大系数近似考虑楼板对楼面梁刚度的贡献作用，而 SSG 不予考虑。类似以上这些程序处理方式不同带来的偏差还有很多，设计人员必须充分了解各种软件的使用说明及功能。只有各模型之间输入参数及处理方式一致时，所得计算结果之间才具备可比性。

另外，对不同软件同一指标的对比，如何认定为吻合度较好，目前也未有明确的说法。笔者参考以往工程经验，大致给出以下判别标准。对多塔结构整体模型指标，应严格控制，误差在 3% 以内为宜；对各塔楼分塔模型的整体指标，尽量控制 5% 以内；对各塔楼不同楼层的分析结果，有时可能差别较大，个别误差在 20%～30% 甚至更大都有可能，需要广大设计人员根据具体工程情况酌情判断和处理。

第7章

各类结构形式车辆段设计举例

7.1 框架车辆段结构设计

7.1.1 工程概况

杭州某轨道交通车辆段首层为车辆段运用库,长约354m,宽约190m。库区共划分为8个结构单元,各结构单元平面尺寸控制在100m以内,且均为大底盘多塔结构,无地下室。首层运用库结构层高10.8m,2层汽车库结构层高5.0m。3~13层为上盖开发住宅塔楼,塔楼首层结构层高3.9m,其余各层结构层高2.9m,结构总高度为49.3m。为满足上盖开发住宅塔楼的南北朝向,上盖开发住宅塔楼柱网与下盖柱网整体成57°角。结构形式为带梁托柱转换的框架结构,上盖开发住宅塔楼的框架柱落于2层汽车库顶,即转换层为2层。

本工程结构设计使用年限为50年,建筑结构安全等级为二级,结构形式为带转换的钢筋混凝土框架结构。本工程抗震设防类别为丙类,设防烈度为6度(0.05g),场地类别为Ⅲ类。

以G1区上盖开发2栋11层住宅塔楼为例说明。G1区结构整体模型及转换层平面布置,如图7-1所示。

7.1.2 基本设计参数及结构规则性判断

表7-1~表7-3分别为本工程材料选用、主要构件尺寸及结构规则性判断汇总结果。

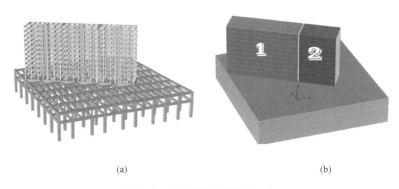

(a) (b)

图7-1 G1区结构模型(一)

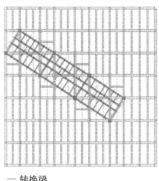

— 转换梁
◎ 可直接贯通柱

(c)

图 7-1 G1 区结构模型（二）

混凝土材料选用表 　　　　　　　　　　　　　表 7-1

构件位置		混凝土强度等级		
下盖	运用库	基础～2 层楼面	柱	C50
		2 层楼面	梁、板	C45
	汽车库	2～3 层楼面	柱	C50
		3 层楼面	梁、板	C45
上盖	塔楼	3～13 层	柱	C50
		4～13 层楼面及屋面	梁、板	C45

钢筋采用 HPB300 级、HRB400 级钢筋；型钢采用 Q355B 级钢材。

主要结构构件尺寸表 　　　　　　　　　　　　　表 7-2

构件位置				主要梁柱截面尺寸（mm）
下盖	运用库	基础～2 层楼面	柱	1600×1600 部分转换柱内插 $\phi 900 \times 38$ 钢管
		2 层楼面	梁	800×1500
	汽车库	2～3 层楼面	柱	转换柱 1600×1600； 非转换柱为 850×850、1400×1400
		3 层楼面	梁	转换主梁 1200×1800； 内置 H 型钢 1500×400×40×40； 转换次梁 800×1800； 内置 H 型钢 1300×400×40×40； 其他梁 600×1400、600×1200
上盖	塔楼	3 层	柱	600×700、500×500
		4～13 层	柱	450×500、350×350
		4～13 层楼面及屋面	梁	200×500、200×600

根据建质〔2015〕67 号《超限高层建筑工程抗震设防专项审查技术要点》对 G1 区结构的超限类型和超限程度进行判别如表 7-3 所示。

G1 区结构规则性判断表　　　表 7-3

序号	不规则类型	简要涵义	本工程情况	是否超限
1a	扭转不规则	考虑偶然偏心的扭转位移比大于 1.2	有	是
1b	偏心布置	偏心率大于 0.15 或相邻层质心相差大于相应边长 15%	无	
2a	凹凸不规则	平面凹凸尺寸大于相应边长 30% 等	无	否
2b	组合平面	细腰形或角部重叠形	无	
3	楼板不连续	有效宽度小于 50%，开洞面积大于 30%，错层大于梁高	无	否
4a	刚度突变	相邻层刚度变化大于 70% 或连续三层变化大于 80%	有	是
4b	尺寸突变	竖向构件收进位置高于结构高度 20% 且收进大于 25%，或外挑大于 10% 和 4m，多塔	有	
5	构件间断	上下墙、柱、支撑不连续，含加强层、连体类	有	是
6	承载力突变	相邻层受剪力承载力变化大于 80%	无	否
7	其他不规则	如局部的穿层柱、斜柱、夹层、个别构件错层或转换	无	否

7.1.3 两个有限元程序小震对比计算

本工程采用 YJK 及 PMSAP 两个计算软件进行分析并互相校核，如表 7-4 所示。

小震计算主要整体控制指标计算结果　　　表 7-4

计算软件		YJK	PMSAP
前 5 阶周期(s)	T_1	1.39(Y)	1.37(Y)
	T_2	1.38(X)	1.35(X)
	T_3	1.36(X)	1.32(X)
	T_4	1.32(Y)	1.30(Y)
	T_5	1.24(T)	1.20(T)
T_t/T_1		0.89<0.9	0.87<0.9
地震作用下总剪力(kN)	X	23625.8	22398.0
	Y	23844.1	22517.0
地震作用下总倾覆弯矩(kN·m)	X	336851.8	317000.0
	Y	338071.3	318240.7
地震作用最大层间位移角(rad)	X	1/1041(9 层 2 塔)<1/550	1/1251(9 层 2 塔)<1/550
	Y	1/2507(9 层 2 塔)<1/550	1/1337(9 层 1 塔)<1/550
地震作用最大层间位移比	X	1.21(8 层 2 塔)	1.23(8 层 2 塔)
	Y	1.24(8 层 1 塔)	1.25(8 层 1 塔)
最小剪重比(%)	X	2.30(3 层 2 塔)	2.23(3 层 2 塔)
	Y	2.23(3 层 2 塔)	2.18(3 层 2 塔)

续表

计算软件		YJK	PMSAP
刚重比	X	30.02	31.05
	Y	29.84	21.06
质量参与系数(%)	X	100	100
	Y	100	100

7.1.4 小震时程补充分析

分别采用 5 条天然波和 2 条人工波进行小震线弹性时程分析，并与规范反应谱分析结果对比，如表 7-5 所示。经比较，每条时程曲线计算所得结构基底剪力不小于振型分解反应谱法计算结果的 65%且不大于 135%；多条时程曲线计算所得结构基底剪力的平均值不小于振型分解反应谱法计算结果的 80%且不大于 120%，满足规范要求。小震时程分析层间位移角满足规范要求，如图 7-2 和图 7-3 所示。

小震时程分析各条地震波基底剪力与平均剪力　　　表 7-5

地震波	X 方向		Y 方向	
	基底剪力 (kN)	时程/反应谱 (%)	基底剪力 (kN)	时程/反应谱 (%)
反应谱	24228.6		24160.1	
天然波 1	22678.7	93	21603.3	89
天然波 2	26460.4	109	23185.3	95
天然波 3	21257.3	87	21487.1	88
天然波 4	20027.6	82	19593.1	81
天然波 5	24781.2	102	25950.6	107
人工波 1	19988.5	82	19197.2	79
人工波 2	21294.3	87	20886.7	86
时程分析平均值	22355.4	92	21700.5	89
是否满足规范要求	满足		满足	

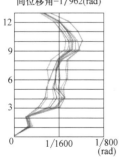
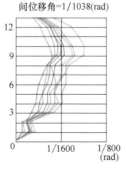
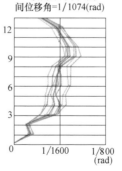
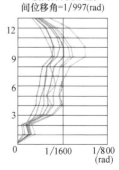

图 7-2　G1 区结构第 1 塔 X 方向层间位移角　　　图 7-3　G1 区结构第 1 塔 Y 方向层间位移角

7.1.5 中震性能化分析

对于下盖首层及2层的转换梁、转换柱按中震弹性进行性能化设计。G1区选取一典型转换柱（截面尺寸1.6m×1.6m），中震弹性检算结果如图7-4所示。

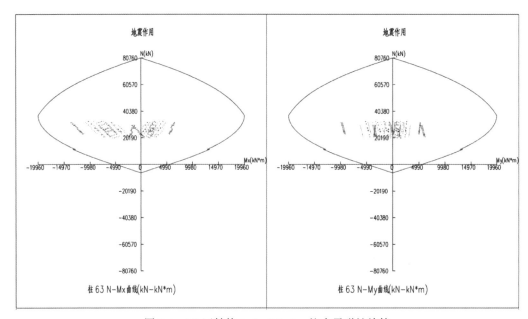

图 7-4　G1区结构1.6m×1.6m柱中震弹性检算

7.1.6 转换层楼板应力补充分析

结构梁板与竖向抗侧力构件共同形成了完整的水平抗侧力结构体系。楼板在承受和传递竖向力的同时，将水平地震作用传递和分配至各竖向抗侧力构件，并确保同一楼层竖向构件变形协调。对受力状态复杂的转换层楼板需作补充分析，并按楼板应力计算结果配筋，如图7-5所示。

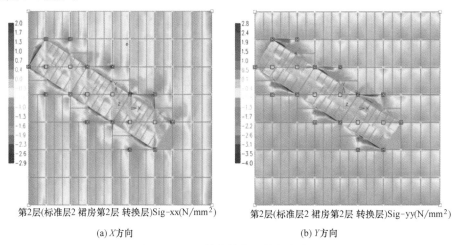

(a) X方向　　(b) Y方向

图 7-5　G1区结构转换层楼板应力图

7.1.7 大震弹塑性分析

大震弹塑性分析采用 ABQUAS 通用有限元分析软件。

大震弹塑性分析的目的包括：(1) 对结构在大震作用下的非线性性能给出定量解答，研究结构在大震作用下的变形形态、构件的塑性及其损伤情况，以及整体结构的弹塑性行为。考察指标包括最大顶点位移、最大层间位移及最大基底剪力等；(2) 研究结构关键部位、关键构件的变形形态和破坏情况；(3) 论证整体结构在大震作用下的抗震性能，明确结构的薄弱楼层及薄弱部位；(4) 根据以上研究结果，对结构的抗震性能作出评价。

本工程大震弹塑性分析模型如图 7-6 所示，主要分析结果如图 7-7～图 7-9、表 7-6 和表 7-7 所示。

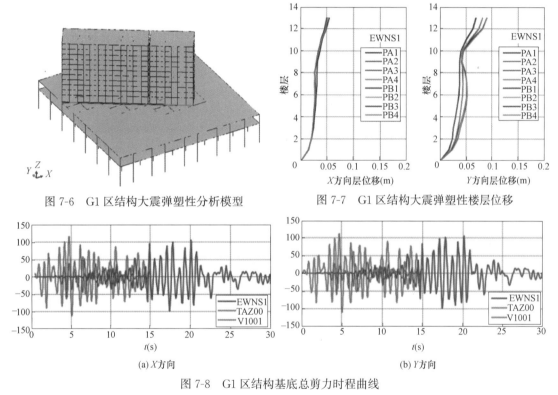

图 7-6　G1 区结构大震弹塑性分析模型　　　图 7-7　G1 区结构大震弹塑性楼层位移

(a) X 方向　　　(b) Y 方向

图 7-8　G1 区结构基底总剪力时程曲线

G1 区结构大震弹塑性时程分析与大震弹性时程分析底部剪力对比　　表 7-6

	X 方向输入			Y 方向输入		
	V_x 弹塑性时程(kN)	V_x 弹性时程(kN)	比值(%)	V_y 弹塑性时程(kN)	V_y 弹性时程(kN)	比值(%)
天然波 1	105031.4	103873.7	101.11	105866.8	103006.3	102.78
天然波 2	115087.3	126784.0	90.77	111053.4	127356.8	87.20
人工波	101884.2	113558.8	89.72	97066.0	109891.1	88.33
包络值	115087.3	剪重比(%)	13.78	111053.4	剪重比(%)	13.30

7.1.8 转换梁人工核算

对转换梁进行手工核算，忽略转换梁上部刚度影响，直接将上部柱底内力加载至转换梁上,考察承载力是否满足设计要求,并与软件计算结果包络设计,如图 7-10 所示。

G1 区结构大震弹塑性时程分析与小震弹性反应谱分析底部剪力对比 表 7-7

	X 方向输入			Y 方向输入		
	V_x 大震弹塑性时程(kN)	V_x 小震弹性反应谱(kN)	比值	V_y 大震弹塑性时程(kN)	V_y 小震弹性反应谱(kN)	比值
天然波 1	105031.4		4.46	105866.8		4.44
天然波 2	115087.3	23625.8	4.87	111053.4	23844.1	4.66
人工波	101884.2		4.31	97066.0		4.07
包络值	115087.3		4.87	111053.4		4.66

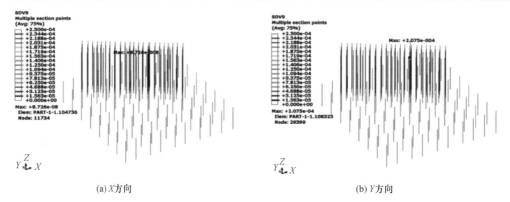

(a) X 方向 (b) Y 方向

图 7-9 G1 区结构大震作用下柱内钢筋塑性应变

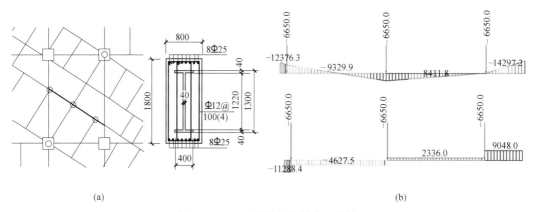

(a) (b)

图 7-10 G1 区结构转换梁人工核算

7.2 钢-混凝土混合框架车辆段结构设计

7.2.1 工程概况

北京某轨道交通车辆段场区呈不规则矩形,南北长 950m,东西宽 440m。综合考虑结构平面外形及尺寸、上盖及下盖结构形式,以及荷载分布等因素,将库区及咽喉区共计划分为10个结构单元（运用库2个，联合检修库2个，咽喉区4个，出入段线2个）。具体分区示意如图7-11所示。

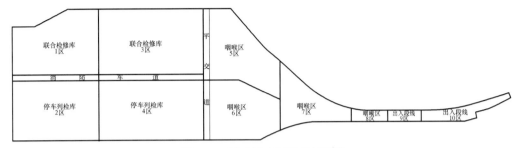

图7-11 张家湾车辆段分区示意

以运用库4区为例说明。运用库4区采用下盖两层钢筋混凝土框架＋上盖钢框架的混合框架结构。东西方向长约138.5m，南北向宽约164.2m。首层为停车列检库库区，结构层高9.8m；2层为汽车库，结构层高5.3m；上盖开发3~4层办公及商业。上盖开发商业框架柱落于首层顶框架梁形成梁托柱转换结构，即首层为转换层。横向柱网为13.3m，局部一跨3线为18.1m；纵向柱网为9.0m。

本工程结构设计使用年限为50年，建筑结构安全等级为二级，抗震设防类别为丙类，设防烈度为8度（0.2g），场地类别为Ⅲ类，基本地震动加速度反应谱特征周期为0.55s。

运用库4区整体模型、转换层平面布置如图7-12所示。

7.2.2 基本设计参数及结构规则性判断

表7-8~表7-10分别为本工程材料选用、主要构件尺寸及结构规则性判断汇总结果。

混凝土材料选用表 表7-8

构件位置				混凝土强度等级
下盖	运用库	基础~2层楼面	柱	C50
		2层楼面	梁、板	C45
	汽车库	2~3层楼面	柱	C50
		3层楼面	梁、板	C45
上盖	塔楼	3~5层	柱	Q355B
		4~5层楼面及屋面	板	C40

钢筋采用HPB300级、HRB400级钢筋；型钢及钢板采用Q355B级钢材。

主要结构构件尺寸表 表7-9

构件位置				主要梁柱截面尺寸（mm）
下盖	运用库	基础~2层楼面	柱	转换柱1800×2200 （内置十字型钢800×1800×40×50）； 其他柱1800×2000
		2层楼面	梁	转换梁1500×2400 （内置H型钢800×1800×40×50）； 其他梁1200×1800
	汽车库	2~3层楼面	柱	D1400、D1600、D1800
		3层楼面	梁	600×1200

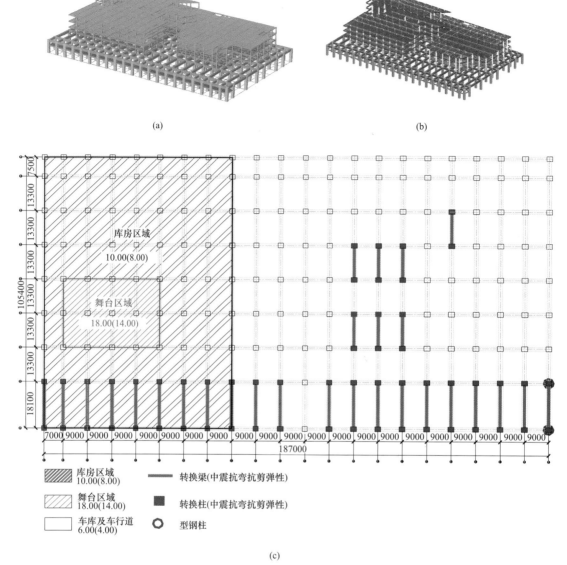

图 7-12 运用库 4 区结构模型

根据建质〔2015〕67 号《超限高层建筑工程抗震设防专项审查技术要点》对运用库 4 区的超限类型和超限程度进行判别如表 7-10 所示。

运用库 4 区规则性判断表　　　　表 7-10

序号	不规则类型	简要涵义	本工程情况	是否超限
1a	扭转不规则	考虑偶然偏心的扭转位移比大于 1.2	有	是
1b	偏心布置	偏心率大于 0.15 或相邻层质心相差大于相应边长 15%	有	
2a	凹凸不规则	平面凹凸尺寸大于相应边长 30% 等	无	否
2b	组合平面	细腰形或角部重叠形	无	

续表

序号	不规则类型	简要涵义	本工程情况	是否超限
3	楼板不连续	有效宽度小于50%，开洞面积大于30%，错层大于梁高	有	是
4a	刚度突变	相邻层刚度变化大于70%或连续三层变化大于80%	无	是
4b	尺寸突变	竖向构件收进位置高于结构高度20%且收进大于25%，或外挑大于10%和4m，多塔	有	
5	构件间断	上下墙、柱、支撑不连续，含加强层、连体类	有	是
6	承载力突变	相邻层受剪承载力变化大于80%	无	否
7	其他不规则	如局部的穿层柱、斜柱、夹层、个别构件错层或转换	无	否

7.2.3 两个有限元程序小震对比计算

本工程采用YJK及PMSAP两个计算软件进行分析并互相校核，如表7-11所示。

小震计算主要整体控制指标计算结果　　表7-11

计算软件		YJK	PMSAP
前5阶周期(s)	T_1	0.7841(X)	0.7544(X)
	T_2	0.7683(X)	0.7435(X)
	T_3	0.6439(T)	0.6285(T)
	T_4	0.3632(Y)	0.4752(X)
	T_5	0.3282(X)	0.4319(X)
T_t/T_1		0.82<0.9	0.83<0.9
地震作用下总剪力(kN)	X	171196.57	1.8×10^5
	Y	169425.2	1.9×10^5
地震作用下总倾覆弯矩(kN·m)	X	3943227.8	3.30×10^6
	Y	3902427.0	3.38×10^6
地震作用最大层间位移角(rad)	X	1/3178(3层6塔)<1/550	1/2912(3层6塔)<1/550
	Y	1/2167(3层6塔)<1/550	1/1915(3层6塔)<1/550
地震作用最大层间位移比	X	1.23(5层)	1.21(5层)
	Y	1.38(2层)	1.40(2层)
最小剪重比(%)	X	9.77	9.69
	Y	9.67	10.02
刚重比	X	268.22	224.84
	Y	187.01	158.73
质量参与系数(%)	X	97.29	98.02
	Y	96.55	96.80

7.2.4 小震时程补充分析

分别采用5条天然波和2条人工波进行小震线弹性时程分析，并与规范反应谱分析结果对比，如表 7-12 所示。经比较，每条时程曲线计算所得结构基底剪力不小于振型分解反应谱法计算结果的 65% 且不大于 135%；多条时程曲线计算所得结构基底剪力的平均值不小于振型分解反应谱法计算结果的 80% 且不大于 120%，满足规范要求。小震时程分析层间位移角满足规范要求，如图 7-13 所示。

小震时程分析各条地震波基底剪力与平均剪力 表 7-12

地震波	X 方向		Y 方向	
	基底剪力(kN)	时程/反应谱(%)	基底剪力(kN)	时程/反应谱(%)
反应谱	175190	—	158453	—
天然波 1	196305	112	156602	98
天然波 2	170845	97	134622	84
天然波 3	209133	119	186792	117
天然波 4	139673	79	184325	116
天然波 5	187742	107	136662	86
人工波 1	192598	109	198504	125
人工波 2	153631	87	157729	99
时程分析平均值	178561	101	165034	104
是否满足规范要求	满足		满足	

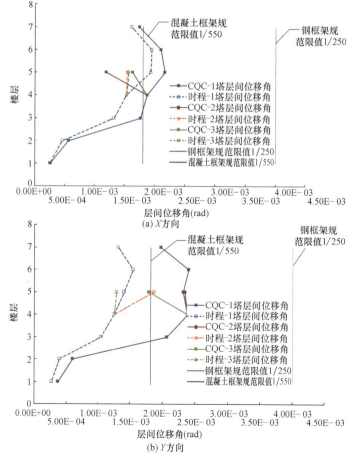

图 7-13 层间位移角时程分析及 CQC 反应谱法计算结果

7.2.5 中震性能化设计

本工程结构首层存在梁托柱转换,按中震弹性性能指标对转换梁进行性能化设计。选取两种典型截面尺寸转换梁 1.5m×2.4m 和 2.0m×2.4m,每种截面尺寸转换梁取典型截面绘制 N-M 曲线,如图 7-14、图 7-15 所示。1.5m×2.4m 转换梁上部钢筋配筋率 0.9%,下部钢筋配筋率 1.55%;2.0m×2.4m 转换梁上部钢筋配筋率 1.1%,下部钢筋配筋率 1.52%。

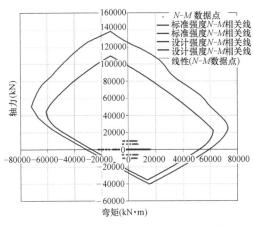

图 7-14 1.5m×2.4m 转换梁 N-M 曲线   图 7-15 2.0m×2.4m 转换梁 N-M 曲线

选取两种典型截面尺寸转换柱 1.8m×2.0m 和 1.8m×2.2m,每种截面尺寸转换柱取典型截面绘制 N-M 曲线,如图 7-16、图 7-17 所示。1.8m×2.0m 转换柱全截面配筋率 2.47%,1.8m×2.2m 转换柱全截面配筋率 2.15%。转换柱均采用对称配筋。

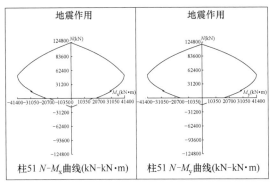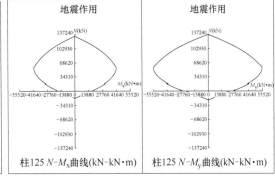

图 7-16 1.8m×2.0m 转换柱 N-M 曲线图   图 7-17 1.8m×2.2m 转换柱 N-M 曲线图

7.2.6 大震弹塑性分析

大震弹塑性分析采用 ABQUAS 通用有限元软件。

大震弹塑性分析的目的包括:(1) 对结构在大震作用下的非线性性能给出定量解答,研究结构在大震作用下的变形形态、构件的塑性及其损伤情况,以及整体结构的弹塑性行为。考察指标包括最大顶点位移、最大层间位移及最大基底剪力等;(2) 研究结构关键部位、关键构件的变形形态和破坏情况；（3）论证整体结构在大震作用下的抗震性能，明确结构的薄弱楼层及薄弱部位；（4）根据以上研究结果，对结构的抗震性能作出评价。

本工程大震弹塑性分析模型如图 7-18 所示，主要分析结果如图 7-19～图 7-22、表 7-13 和表 7-14 所示。

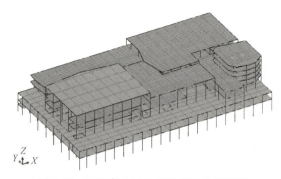

图 7-18 运用库 4 区大震弹塑性分析模型

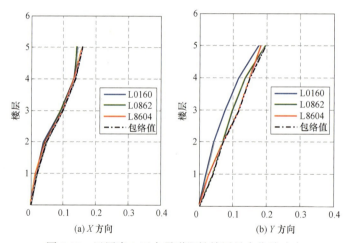

图 7-19 运用库 4 区大震弹塑性楼层最大位移响应

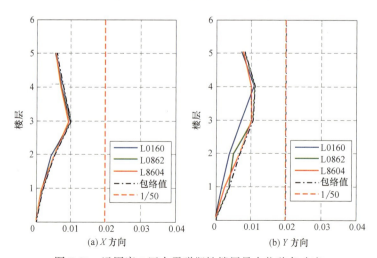

图 7-20 运用库 4 区大震弹塑性楼层最大位移角响应

运用库 4 区大震弹塑性时程分析与大震弹性时程分析底部剪力对比　　　表 7-13

	X 方向输入			Y 方向输入		
	V_x 弹塑性时程(kN)	V_x 弹性时程(kN)	比值(%)	V_y 弹塑性时程(kN)	V_y 弹性时程(kN)	比值(%)
天然波 1	748351.8	790573.5	94.7	751659.4	815665.1	91.42
天然波 2	776390.3	927390.2	83.7	790587.3	802374.3	123.08
人工波	673218.5	757539.5	88.9	731142.5	853662.8	91.63
包络值	776390.3	剪重比(%)	37.72	790587.3	剪重比(%)	38.41

运用库 4 区大震弹塑性时程分析与小震弹性反应谱分析底部剪力对比　　　表 7-14

	X 方向输入			Y 方向输入		
	V_x 大震弹塑性时程(kN)	V_x 小震弹性反应谱(kN)	比值	V_y 大震弹塑性时程(kN)	V_y 小震弹性反应谱(kN)	比值
天然波 1	748351.8		4.37	751659.4		4.44
天然波 2	776390.3	171196.57	4.54	790587.3	169425.2	4.67
人工波	673218.5		3.93	731142.5		4.32
包络值	776390.3		4.54	790587.3		4.67

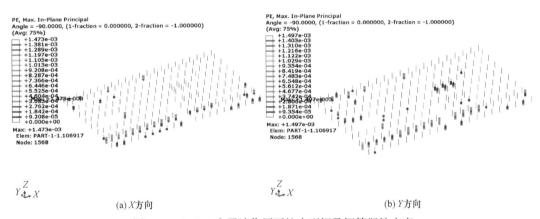

(a) X 方向　　　　　　　　　　(b) Y 方向

图 7-21　L0862 大震波作用下柱内型钢及钢筋塑性应变

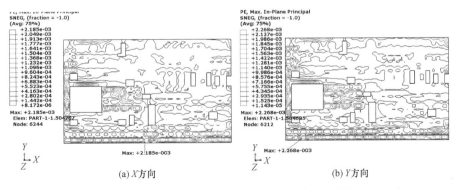

(a) X 方向　　　　　　　　　　(b) Y 方向

图 7-22　L0862 大震波作用下 2 层顶（15.1m 标高处）楼板塑性应变

7.3 框支剪力墙车辆段结构设计

7.3.1 工程概况

北京某轨道交通车辆段综合考虑平面外形及尺寸、上盖及下盖结构形式，以及荷载分布等因素，将运用库划分为1～3区3个结构单元，如图7-23所示。下盖各区2层被进一步分割为2～3个结构单元，如图7-24所示。上盖开发住宅塔楼沿平面长度方向每2个户型组合后设置一道结构缝，整体形成"塔上塔"结构，如图7-25所示。

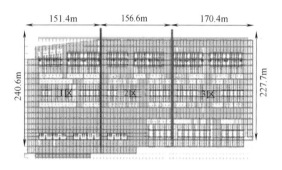

图7-23 运用库首层分区示意　　　　图7-24 运用库2层分区示意

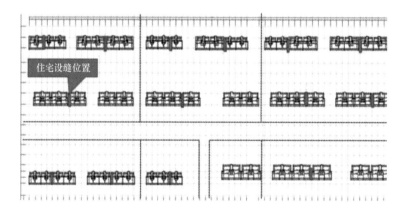

图7-25 运用库上盖塔楼布置示意

以运用库2区为例说明。运用库2区平面南北向长240.6m，东西向长156.6m。首层为车辆段运用库，结构层高9.5m；2层为汽车库，被进一步切分为3个结构单元，形成"塔上塔"，结构层高4.8m；汽车库顶预留2.0m覆土。本区上盖开发10栋住宅塔楼，共3排，自南向北每排塔楼数量为3栋、3栋、4栋，层数及高度依次为12层（总高52.3m）、12层（总高52.3m）和18层（总高70.3m）。根据房屋高度、抗震设防烈度、塔楼分布、荷载分布等情况，本工程下盖采用框架剪力墙结构，北侧塔楼位于附属用房上方，且上盖开发塔楼剪力墙落地，南侧及中部12层塔楼剪力墙不能落地采用短肢剪力墙框支转换。此外利用附跨布置交叉支撑或剪力墙增加结构横向抗侧刚度及抗震承载力。本工程上盖开发塔楼剪力墙落至 2 层汽车库顶，下盖 2 层为转换层。

本工程结构设计使用年限为 50 年，建筑结构安全等级为二级。本工程抗震设防类别为丙类，设防烈度为 8 度（0.2g），场地类别为Ⅲ类，基本地震动加速度反应谱特征周期为 0.55s。

运用库 2 区整体模型如图 7-26 所示。

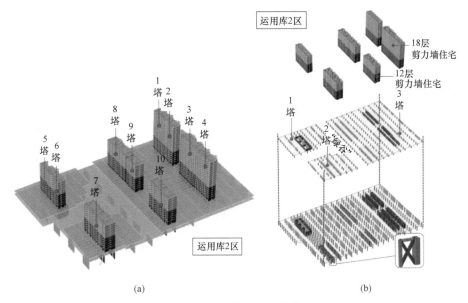

图 7-26 运用库 2 区整体模型

7.3.2 基本设计参数及结构规则性判断

表 7-15～表 7-17 分别为本工程材料选用、主要构件尺寸及结构规则性判断汇总结果。

混凝土材料选用表　　　　　　　　　　　表 7-15

构件位置			混凝土强度等级	
下盖	运用库	基础～2 层楼面	柱、墙	C60
		2 层楼面	梁、板、支撑	C40
	汽车库	2～3 层楼面	柱、墙	C60
		3 层楼面	梁、板	C40
上盖	塔楼	3～5 层	墙	C50
		6～10 层	墙	C45
		11～14 层	墙	C40
		15～20 层	墙	C30
		4 层	梁、板	C40
		5～20 层楼面、屋面	梁、板	C30

钢筋采用 HPB300 级、HRB400 级钢筋；型钢及钢板采用 Q355B 级钢材。

主要结构构件尺寸表　　　　　　　　　　　　　　　　　　　表 7-16

构件位置			主要梁柱截面尺寸（mm）
下盖	运用库	基础～2层楼面 柱	混凝土柱 1200×1200，型钢混凝土柱 2500×2000、3000×2000
		基础～2层楼面 墙	墙 1000、1200，短肢墙 2000、2500，部分内置 50～60 厚钢板
		2层楼面 梁	800×1000
	汽车库	2～3层楼面 柱	混凝土柱 1200×1200，型钢混凝土柱 2500×2000、3000×2000
		2～3层楼面 墙	墙 1000、1200，短肢墙 2000、2500，部分内置 50～60 厚钢板
		3层楼面 梁	型钢混凝土转换梁 3000×2000、3000×2500、2500×2500、2500×2000，其他混凝土梁 1000×1000
上盖	塔楼	3层 墙	外墙 600，内墙 300，内置 20 厚钢板
		4～5层 墙	外墙 500，内墙 300，内置 20 厚钢板
		6～16层 墙	外墙 400，内墙 300，内置 20 厚钢板
		17～20层，突出屋面层 墙	外墙 300，内墙 300，内置 20 厚钢板

根据建质〔2015〕67号《超限高层建筑工程抗震设防专项审查技术要点》对运用库2区的超限类型和超限程度进行判别，如表 7-17 所示。

运用库 2 区规则性判断表　　　　　　　　　　　　　　　　表 7-17

序号	不规则类型	简要涵义	本工程情况	是否超限
1a	扭转不规则	考虑偶然偏心的扭转位移比大于 1.2	有	是
1b	偏心布置	偏心率大于 0.15 或相邻层质心相差大于相应边长 15%	无	
2a	凹凸不规则	平面凹凸尺寸大于相应边长 30%	有	是
2b	组合平面	细腰形或角部重叠形	无	
3	楼板不连续	有效宽度小于 50%，开洞面积大于 30%，错层大于梁高	无	否
4a	刚度突变	相邻层刚度变化大于 70% 或连续三层变化大于 80%	无	是
4b	尺寸突变	竖向构件收进位置高于结构高度 20% 且收进大于 25%，或外挑大于 10% 和 4m，多塔	有	
5	构件间断	上下墙、柱、支撑不连续，含加强层、连体类	有	是
6	承载力突变	相邻层受剪力承载力变化大于 80%	无	否
7	其他不规则	如局部的穿层柱、斜柱、夹层、个别构件错层或转换	无	否

7.3.3 两个有限元程序小震对比计算

本工程采用 PKPM 和 ETABS 两个计算软件建模进行对比计算，对比结果如表 7-18 所示。设计以 PKPM 软件为主、ETABS 为辅。

小震计算主要整体控制指标计算结果　　　　表 7-18

计算软件		PKPM	ETABS
前 5 阶周期(s)	T_1	0.7648(Y)	0.803(Y)
	T_2	0.7350(X)	0.735(X)
	T_3	0.4824(T)	0.439(T)
	T_4	0.4160(Y)	0.428(Y)
	T_5	0.3908(X)	0.391(X)
T_t/T_1		0.631<0.9	0.547<0.9
地震作用下总剪力(kN)	X	537218	516407
	Y	490089	499799
地震作用下总倾覆弯矩(kN·m)	X	13121991	1847488
	Y	14617632	1209320
地震作用最大层间位移角(rad)	X	1/1134(15层3塔)<1/800	1/1055(15层3塔)<1/800
	Y	1/1041(16层3塔)<1/800	1/989(16层3塔)<1/800
地震作用最大层间位移比	X	1.30(底盘2层)	1.279(底盘2层)
	Y	1.19(4层9塔)	1.346(底盘2层)
最小剪重比(%)	X	9.90	9.62
	Y	9.03	9.30
刚重比	X	20.75	21.33
	Y	16.97	19.50
质量参与系数(%)	X	96.62	97.45
	Y	98.01	98.88
转换层剪切刚度/上层剪切刚度	X	5.65	5.32
	Y	3.41	3.19

7.3.4 小震时程补充分析

本工程采用 YJK 计算软件，选用 5 条天然地震波和 2 条人工波进行小震线弹性时程分析。地震设计参数：地震设防烈度 8 度（0.2g），Ⅲ类场地土，小震 50 年超越概率为 63.2%，阻尼比按型钢混凝土结构 0.04 考虑，所选地震波的最大加速度峰值取 70gal。各地震波与反应谱主要对比计算结果如表 7-19 所示；层间位移角、层间位移计算结果如图 7-27、图 7-28 所示。

小震时程分析各条地震波基底剪力与平均剪力　　　　表 7-19

地震方向	项目	最大层间位移角（计算层）(rad)	基底最大总剪力（kN）	基底最大总剪力与CQC法的比值(%)
X 方向	天然波 1	1/1182（15 层）	486519	93
	天然波 2	1/1128（16 层）	544840	104
	天然波 3	1/1027（15 层）	555585	106
	天然波 4	1/1321（9 层）	517237	99
	天然波 5	1/1006（13 层）	483823	92
	人工波 1	1/1015（15 层）	526744	101
	人工波 2	1/1021（16 层）	565189	108
	地震波均值		525705	101
	CQC		521122	100
Y 方向	天然波 1	1/1038（16 层）	591139	116
	天然波 2	1/1184（16 层）	452106	89
	天然波 3	1/1006（8 层）	469988	92
	天然波 4	1/1140（16 层）	556969	109
	天然波 5	1/1002（13 层）	494763	97
	人工波 1	1/1003（16 层）	589389	116
	人工波 2	1/1069（16 层）	583164	115
	地震波均值		533931	105
	CQC		506518	100

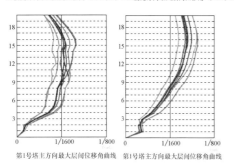

图 7-27　1 号塔楼各小震波楼层层间位移角

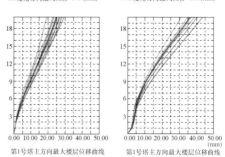

图 7-28　1 号塔楼各小震波楼层层间位移

7.3.5　中震性能化分析

采用 SATWE 软件，根据其抗震性能目标，对除普通楼板、次梁以外的其他结构构件，进行中震下结构性能化设计。计算结果如图 7-29～图 7-31 所示。

根据建质〔2015〕67 号文《超限高层建筑工程抗震设防专项审查技术要点》，中震双向水平地震作用下墙肢全截面由轴向力产生的平均名义拉应力超过混凝土抗拉强度标准值时宜设置型钢承担拉力，且平均名义拉应力不宜超过 2 倍混凝土抗拉强度标准值。

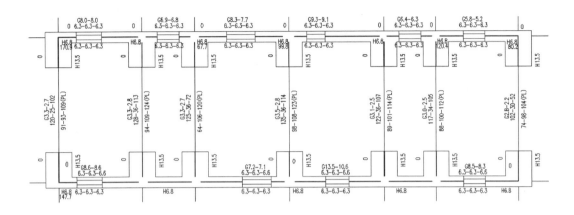

图 7-29　1号塔楼首层结构构件中震弹性检算

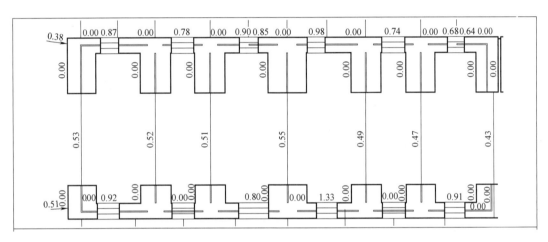

图 7-30　1号塔楼首层结构构件中震抗剪截面（剪压比）检算

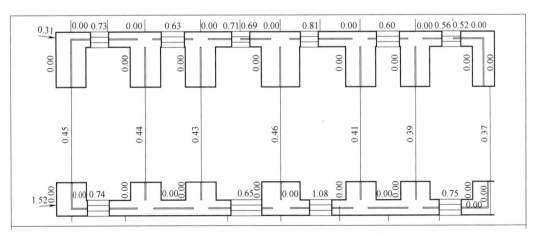

图 7-31　1号塔楼首层结构构件大震抗剪截面（剪压比）检算

经核算，中震下部分墙肢出现拉应力，且出现拉力的墙肢平均名义拉应力均小于 $1.0f_{tk}$，墙肢不需要配置型钢。

7.3.6 大震弹塑性分析

本工程大震弹塑性分析采用基于显式积分的动力弹塑性分析方法,该方法未作任何理论简化,直接模拟计算结构在大震作用下的非线性响应。优势如下:(1)直接将大震波输入结构进行弹塑性时程分析,可较好地反映在不同相位差情况下构件的内力分布,特别是楼板的反复拉压受力状态;(2)结构的动力平衡方程建立在结构变形后的几何状态上,可精确考虑结构"P-Δ"效应、非线性屈曲效应等;(3)直接利用材料应力-应变本构关系模拟构件属性;(4)显式积分可以准确模拟结构的损伤破坏情况直至倒塌。

本工程采用动力弹塑性计算软件 SAUSAGE,该软件可以准确模拟梁、柱、支撑、剪力墙(混凝土剪力墙和内藏钢板混凝土剪力墙)、楼板等结构构件的非线性性能。大震弹塑性计算模型如图 7-32 所示,主要分析结果如图 7-33~图 7-37、表 7-20 和表 7-21 所示。

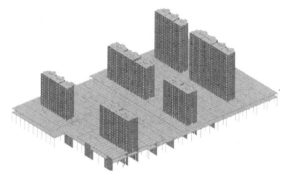

图 7-32　运用库 2 区大震弹塑性 SSG 计算模型

运用库 2 区大震弹塑性时程分析与大震弹性时程分析底部剪力对比　　表 7-20

地震波	X 方向输入			Y 方向输入		
	V_x 弹塑性时程 ($\times 10^3$ kN)	V_x 弹性时程 ($\times 10^3$ kN)	比值(%)	V_y 弹塑性时程 ($\times 10^3$ kN)	V_y 弹性时程 ($\times 10^3$ kN)	比值(%)
天然波 1	2078.4	2305.2	90.2	1970.3	2155.3	91.42
天然波 2	2200.2	2090.4	105.3	2630.8	2137.5	123.08
人工波	2381.4	2712.3	87.8	2489.7	2717.1	91.63
包络值	2381.4	剪重比(%)	43.9	2630.8	剪重比(%)	48.5

运用库 2 区大震弹塑性时程分析与小震弹性反应谱分析底部剪力对比　　表 7-21

地震波	X 方向输入			Y 方向输入		
	V_x 大震弹塑性时程($\times 10^3$ kN)	V_x 小震弹性反应谱(kN)	比值	V_y 大震弹塑性时程($\times 10^3$ kN)	V_y 小震弹性反应谱(kN)	比值
天然波 1	2078.4	537218	3.87	1970.3	490089	4.02
天然波 2	2200.2		4.10	2630.8		5.37
人工波	2381.4		4.43	2489.7		5.08
包络值	2381.4		4.43	2630.8		5.37

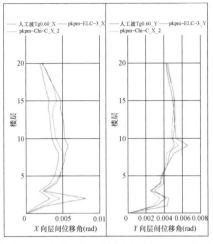
图 7-33 大震作用下最大层间位移角曲线

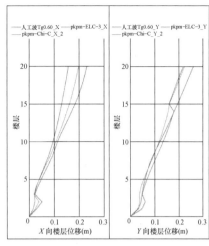
图 7-34 大震作用下结构最大位移曲线

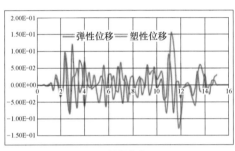
(a) X 方向

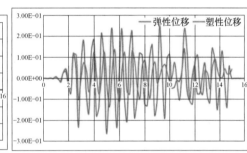
(b) Y 方向

图 7-35 天然波 1 作用下塔楼 6 层顶点弹性及弹塑性位移响应时程

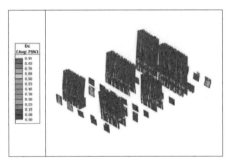

(a) X 方向　　　　　　　　　　(b) Y 方向

图 7-36 天然波 1 作用下剪力墙损伤云图

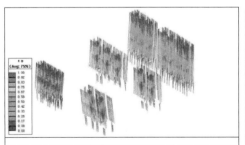
(a) X 方向

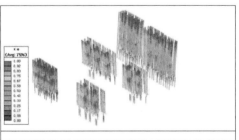
(b) Y 方向

图 7-37 天然波 1 作用下剪力墙边缘构件内钢筋的塑性/屈服应变

7.4 框架+防屈曲支撑车辆段结构设计

7.4.1 工程概况

北京某轨道交通停车场综合考虑平面外形及尺寸、上盖及下盖结构形式、塔楼及荷载分布等因素，将运用库划分为 3 个结构单元。以运用库 1 区为例说明。运用库 1 区为大底盘多塔结构，南北向长 201.8m，东西向长 141.1m。首层为运用库，结构层高 11.3m；2 层为汽车库，结构层高 5.1m；汽车库顶预留 1.5m 覆土。本区上盖开发 8 栋住宅塔楼，共 4 排，每排 2 栋塔楼，塔楼自南向北层数及房屋高度依次为 6 层（总高 35.8m）、7 层（总高 38.9m）、8 层（总高 42.0m）和 14 层（总高 58.9m）。6 层、7 层、8 层塔楼采用框架+防屈曲支撑结构（本节介绍内容），14 层塔楼采用框架剪力墙结构。上盖塔楼框架柱及支撑落至首层运用库顶，即下盖首层为结构转换层。

本工程设计使用年限为 50 年，建筑结构安全等级为二级。本工程抗震设防类别为丙类，设防烈度为 8 度（0.2g），场地类别为Ⅱ类。

整体结构模型、局部转换示意，如图 7-38 所示。

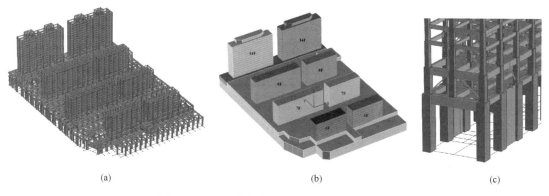

图 7-38 1 区整体结构模型及局部转换示意图

运用库 1 区首层采用框架剪力墙结构，剪力墙除布置于南、北侧辅跨夹层以外，结合上盖开发塔楼楼座位置，在"塔楼相关范围"适当布置墙体用于增大结构整体刚度。首层顶采用梁托柱转换，即首层为转换层。2 层汽车库采用框架+防屈曲支撑结构，汽车库层支撑主要结合上盖开发塔楼支撑位置设置，确保上盖开发塔楼在转换楼层以上传力不间断。上盖开发 6~8 层住宅塔楼采用钢筋混凝土框架+防屈曲支撑结构。支撑布置在塔楼端墙及分户墙位置。

7.4.2 基本设计参数及结构规则性判断

表 7-22～表 7-24 分别为本工程材料选用、主要构件尺寸及结构规则性判断汇总结果。

第7章 各类结构形式车辆段设计举例

混凝土材料选用表　　　　　　　　　　　　　　　　　　　　　　表 7-22

构件位置		混凝土强度等级		
下盖	运用库	基础~2层楼面	柱、墙	C60
		2层楼面	梁、板	C40
	汽车库	2~3层楼面	柱、墙	C60
		3层楼面	梁、板	C40
上盖	塔楼	3~10层	柱、墙	C60
		4~10层楼面及屋面	梁、板	C40

钢筋采用 HPB300 级、HRB400 级钢筋；型钢及钢板采用 Q355B 级钢材。

主要结构构件尺寸表　　　　　　　　　　　　　　　　　　　　　　表 7-23

构件位置				主要梁柱截面尺寸（mm）
下盖	运用库	基础~2层楼面	柱	1700×2200（内插1100×1600×600×600×40×25不对称十字型钢）、1500×1800（内插1100×1400×500×700×40×20不对称十字型钢）、1400×1400（内插900×900×400×30×14十字型钢）、1200×1200（内插800×800×350×30×12十字型钢）；其他柱：1000×1000、1200×1200
			墙	900、800（部分内置30厚钢板）
		2层楼面	梁	转换梁1400×2200（内置600×1800×40×25H型钢）、转换梁1500×2200（内置700×1800×45×25H型钢）；其他梁：800×1000、800×1200
	汽车库	2~3层楼面	柱	1400×1400（内插900×900×400×30×14十字型钢）、1000×1000（内插600×600×300×25×12十字型钢）、1200×1200（内插800×800×350×30×12十字型钢）；其他柱：1000×1000、1200×1200
			墙	700（部分内置20厚钢板）
		3层楼面	梁	900×1400、800×1200
上盖	塔楼	3层	柱	800×1200、500×900、700×900、800×1000、800×1000
		4~10层	柱	700×900、500×900
		4~10层楼面及层面	梁	400×700、400×600

根据建质〔2015〕67号《超限高层建筑工程抗震设防专项审查技术要点》对运用库1区的超限类型和超限程度进行判别如表7-24所示。

运用库1区规则性判断表　　　　　　　　　　　　　　　　　　　　表 7-24

序号	不规则类型	简要涵义	本工程情况	是否超限
1a	扭转不规则	考虑偶然偏心的扭转位移比大于1.2	有	是
1b	偏心布置	偏心率大于0.15或相邻层质心相差大于相应边长15%	无	
2a	凹凸不规则	平面凹凸尺寸大于相应边长30%等	无	否
2b	组合平面	细腰形或角部重叠形	无	

续表

序号	不规则类型	简要涵义	本工程情况	是否超限
3	楼板不连续	有效宽度小于50%，开洞面积大于30%，错层大于梁高	有	是
4a	刚度突变	相邻层刚度变化大于70%或连续三层变化大于80%	无	是
4b	尺寸突变	竖向构件收进位置高于结构高度20%且收进大于25%，或外挑大于10%和4m，多塔	有	
5	构件间断	上下墙、柱、支撑不连续，含加强层、连体类	有	是
6	承载力突变	相邻层受剪力承载力变化大于80%	无	否
7	其他不规则	如局部的穿层柱、斜柱、夹层、个别构件错层或转换	有	是

7.4.3 两个有限元程序小震对比计算

本工程采用YJK及PMSAP两个计算软件进行分析并互相校核，如表7-25所示。

小震计算主要整体控制指标计算结果　　　　表7-25

计算软件		YJK	PMSAP
前5阶周期(s)	T_1	1.14(X)	1.12(X)
	T_2	1.10(X)	1.10(X)
	T_3	1.00(Y)	0.95(Y)
	T_4	0.97(Y)	0.93(Y)
	T_5	0.75(T)	0.74(T)
T_t/T_1		0.66<0.9	0.66<0.9
地震作用下总剪力(kN)	X	3.15×10^5	3.02×10^5
	Y	3.59×10^5	3.41×10^5
地震作用下总倾覆弯矩(kN·m)	X	1.35×10^7	4.83×10^6
	Y	1.54×10^7	5.74×10^6
地震作用最大层间位移角(rad)	X	1/762(3层6塔)<1/650	1/778(3层6塔)<1/650
	Y	1/672(3层6塔)<1/650	1/661(3层6塔)<1/650
地震作用最大层间位移比	X	1.22(大库首层)	1.23(大库首层)
	Y	1.25(3~6层4塔)	1.25(3~5层4塔)
最小剪重比(%)	X	2.30(3层2塔)	2.23(3层2塔)
	Y	2.23(3层2塔)	2.18(3层2塔)
刚重比	X	8.81	8.59
	Y	10.04	9.70
质量参与系数(%)	X	98.23	97.88
	Y	97.09	96.45

7.4.4 小震时程补充分析

分别采用5条天然波和2条人工波进行小震线弹性时程分析，并与规范反应谱分析结果对比，如表 7-26 所示。经比较，每条时程曲线计算所得结构基底剪力不小于振型分解反应谱法计算结果的 65% 且不大于 135%，多条时程曲线计算所得结构基底剪力的平均值不小于振型分解反应谱法计算结果的 80% 且不大于 120%，满足规范要求。小震时程分析层间位移角满足规范要求，如图 7-39 所示。

小震时程分析各条地震波基底剪力与平均剪力 表 7-26

地震波	X 方向		Y 方向	
	基底剪力(kN)	时程/反应谱(%)	基底剪力(kN)	时程/反应谱(%)
反应谱	278600.647	—	329557.792	—
天然波 1	259098.592	93	283419.701	86
天然波 2	256231.222	89	245165.947	74
天然波 3	242461.781	84	242513.184	73
天然波 4	243141.882	84	235125.727	71
天然波 5	246693.641	82	241582.723	73
人工波 1	233145.189	81	297433.147	86
人工波 2	261177.472	91	312644.471	90
时程分析平均值	247421.397	86	265412.128	80
是否满足规范要求	满足		满足	

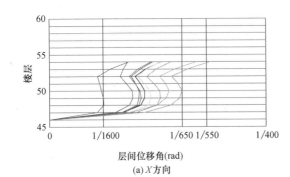
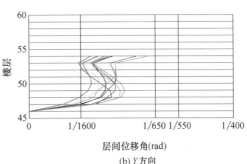

图 7-39　运用库 1 区小震时程分析第 5 塔层间位移角

7.4.5　中震性能化分析

转换梁、转换柱作为重要的关键构件有必要提高其抗震性能，转换梁柱采用中震抗弯抗剪弹性作为性能指标。选取截面尺寸 1.2m×1.8m 转换梁及 1.7m×2.2m 转换柱绘制 N-M 曲线，如图 7-40、图 7-41 所示。1.2m×1.8m 转换梁上部钢筋配筋率 1.2%，下部钢筋配筋率 1.6%；1.7m×2.2m 转换柱全截面配筋率 2.3%，均采用对称配筋。

7.4.6　大震弹塑性分析

大震弹塑性分析采用 SAUSAGE 有限元软件。

大震弹塑性分析的目的包括：(1) 对结构在大震作用下的非线性性能给出定量解

答，研究结构在大震作用下的变形形态、构件的塑性及其损伤情况，以及整体结构的弹塑性行为。考察指标包括最大顶点位移、最大层间位移及最大基底剪力等；（2）研究结构关键部位、关键构件的变形形态和破坏情况；（3）论证整体结构在大震作用下的抗震性能，明确结构的薄弱楼层及薄弱部位；（4）根据以上研究结果，对结构的抗震性能作出评价。

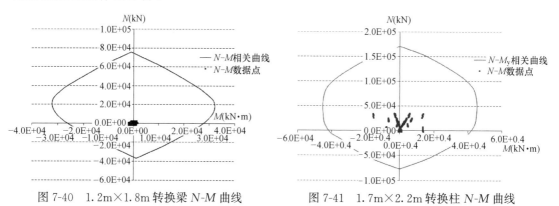

图7-40　1.2m×1.8m转换梁 N-M 曲线　　　图7-41　1.7m×2.2m转换柱 N-M 曲线

本工程大震弹塑性分析模型如图7-42所示，主要分析结果如图7-43～图7-47、表7-27和表7-28所示。

图7-42　SSG大震弹塑性分析模型

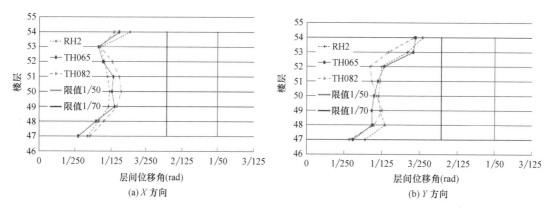

图7-43　第5塔大震弹塑性层间位移角

运用库 1 区大震弹塑性时程分析与大震弹性时程分析底部剪力对比　　表 7-27

地震波	X 方向输入			Y 方向输入		
	V_x 弹塑性时程(kN)	V_x 弹性时程(kN)	比值(%)	V_y 弹塑性时程(kN)	V_y 弹性时程(kN)	比值(%)
天然波 1	1.04×10^6	1.66×10^6	62.65	1.22×10^6	1.58×10^6	77.22
天然波 2	1.17×10^6	1.85×10^6	63.24	1.30×10^6	1.83×10^6	71.04
人工波	1.04×10^6	1.57×10^6	65.99	1.36×10^6	1.66×10^6	81.75
包络值	1.17×10^6	剪重比(%)	34.75	1.36×10^6	剪重比(%)	40.39

运用库 1 区大震弹塑性时程分析与小震弹性反应谱分析底部剪力对比　　表 7-28

地震波	X 方向输入			Y 方向输入		
	V_x 大震弹塑性时程(kN)	V_x 小震弹性反应谱(kN)	比值	V_y 大震弹塑性时程(kN)	V_y 小震弹性反应谱(kN)	比值
天然波 1	1.04×10^6		3.30	1.22×10^6		3.40
天然波 2	1.17×10^6	3.15×10^5	3.71	1.30×10^6	3.59×10^5	3.62
人工波	1.04×10^6		3.30	1.36×10^6		3.79
包络值	1.17×10^6		3.71	1.36×10^6		3.79

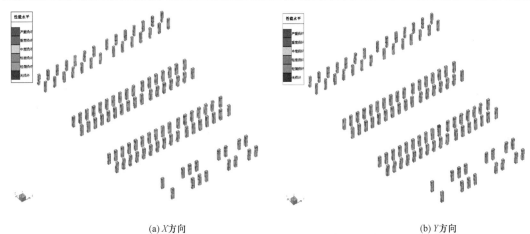

(a) X 方向　　　　　　　　　　　　(b) Y 方向

图 7-44　大震人工波作用下转换柱损伤水平

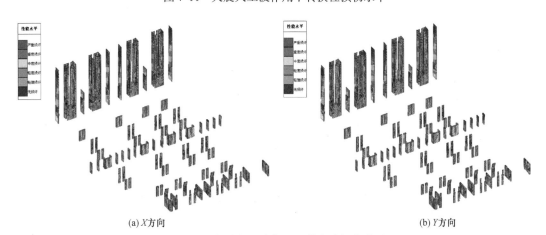

(a) X 方向　　　　　　　　　　　　(b) Y 方向

图 7-45　大震人工波作用下剪力墙损伤水平

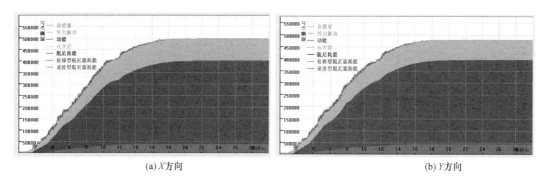

(a) X 方向　　　　　　　　　(b) Y 方向

图 7-46　运用库 1 区能量谱与附加阻尼

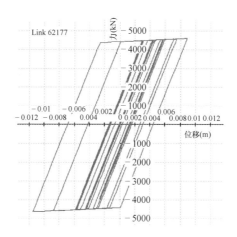

图 7-47　大震人工波作用下，运用库 1 区典型防屈曲支撑滞回曲线

7.5 层间隔震车辆段结构设计

7.5.1 工程概况

北京某轨道交通车辆段联合库下盖采用框架剪力墙结构，上盖开发住宅塔楼采用剪力墙结构。联合库平面东西总长约 419m，设两道结构缝；平面南北向总宽约 301m，中部消防车道将联合库分为检修库和运用库两部分，共 6 个结构单元。联合库地上 2 层（局部 3 层）主要柱网尺寸东西向为 6~8m，南北向为 9~18m。首层大库结构层高 9.6m；2 层汽车库结构层高 4.7m；汽车库顶覆土 2.0m。

本工程上盖开发 6~9 层高度不等住宅塔楼。住宅开间 6m，进深 12m，标准层层高 3.0m。本工程于汽车库顶设置隔震支座，整体形成层间隔震车辆段，隔震转换层层高 2.5m，转换层次梁按住宅塔楼开间要求设置。联合库分区示意如图 7-48 所示。以 A1 区为例说明，A1 区整体结构模型、下盖及上盖模型如图 7-49 所示。

本工程抗震设防烈度 8 度（0.2g），设计地震分组为第一组（按 01 版抗震规范设计），建筑抗震设防类别为丙类，场地类别为Ⅲ类，设计特征周期为 0.45s。

第7章 各类结构形式车辆段设计举例

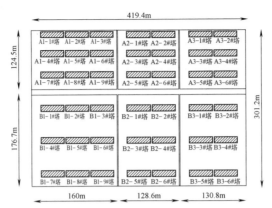

图 7-48 联合库分区示意图

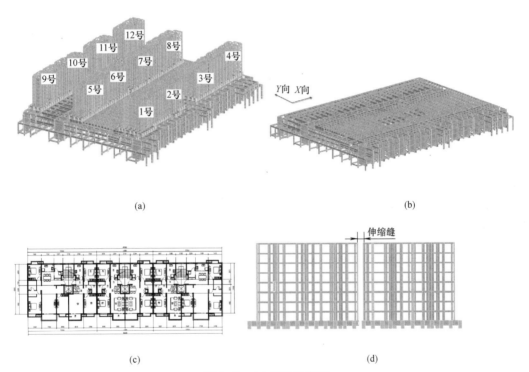

图 7-49 A1 区设计模型

7.5.2 基本设计参数

表 7-29 和表 7-30 分别为本工程材料选用、主要构件尺寸汇总。

混凝土材料选用表　　　　　　　表 7-29

构件位置			混凝土强度等级	
下盖	运用库	基础~2层楼面	柱、墙	C60
		2层楼面	梁、板	C40
	汽车库	2~3层楼面	柱、墙	C60
		3层楼面	梁、板	C40

续表

构件位置		混凝土强度等级		
上盖	塔楼	3～4层	墙	C50
		5～10层	墙	C40
		4～10层楼面及屋面	梁、板	C40

钢筋采用 HPB300 级、HRB400 级钢筋；型钢及钢板采用 Q345B 级钢材。

主要结构构件尺寸表　　　　　表 7-30

构件位置				主要梁柱截面尺寸（mm）
下盖	运用库	基础～2层楼面	柱	1000×1200（内插 350×600×50×50 工字型钢）、1200×1200（内插 800×350×30×50 十字型钢）、1200×1400（内插 1000×800×350×350×30×50 不对称十字型钢）
			墙	800、1000、1200（部分内置 30、50 厚钢板）
		2层楼面	梁	1000×1000（部分内置 800×600×50×50H 型钢）
	汽车库	2～3层楼面	柱	1000×1200（内插 350×600×50×50 工字型钢）、1200×1200（内插 800×350×30×50 十字型钢）、1200×1400（内插 1000×800×350×350×30×50 不对称十字型钢）
			墙	800、1000、1200（部分内置 30、50 厚钢板）
		3层楼面	梁	1000×1000、1000×1200、1200×1500（部分内插 1200×600×50×50H 型钢）
上盖	塔楼	3～4层	墙	200
		5～10层	墙	160

7.5.3 隔震参数的确定及相关检算

A1-1～12 号住宅塔楼共 8 层，总高度为 24m，标准层层高 3m。平面长 24～38m，宽 12m，最大高宽比为 2。塔楼底部横向设置 4 排支座，支座间距为 4m。

（1）隔震层布置

隔震层由铅芯橡胶支座与非铅芯橡胶支座组成。布置的基本原则为：塔楼周边布置刚度大且具备耗能能力的铅芯橡胶支座；塔楼中间布置刚度较小的无铅芯橡胶支座，如图 7-50 所示。本工程所选支座参数如表 7-31 所示。

（2）减震系数确定

根据现行《建筑抗震设计规范》GB 50011 要求，对于高层建筑结构，水平减震系数应计算隔震与非隔震情况下各层倾覆力矩的最大比值及层间剪力的最大比值，并取二者的较大结果。由于本工程房屋高度不高且高宽比不大，塔楼各层均由剪力比值控制。以 8 号塔楼为例，经计算塔楼各层最大减震系数为 0.398，按规范考虑 0.8 的调整系数，于是 $\alpha_{\max 1}=\dfrac{0.398\alpha_{\max}}{0.8}=0.08$，即隔震层上部结构可按照 7 度（0.1g）地震作用进行结构设计。隔震与非隔震结构周期对比如表 7-32 所示，楼层剪力对比如图 7-51 所示。

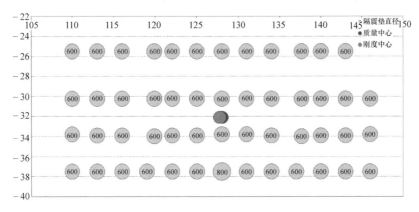

图 7-50　8 号塔楼隔震层支座布置

支座参数汇总表　　　　　　　　　　表 7-31

型号	剪切模量 (N/mm²)	类型	1次形状系数	2次形状系数	有效面积 (cm²)	水平刚度(kN/m)			竖向刚度 (kN/mm)
						屈服后刚度	屈服力	屈服前刚度	
G4.0-RB600	0.392	无铅芯	28.5	5.45	2820	990			2282
G5.5.0-RB600	0.55	无铅芯	28.5	5.45	2820	1540			2688
G5.5.0-RB700	0.55	无铅芯	33.3	6.36	3839	2090			4173
G5.5.0-RB800	0.55	无铅芯	38	5.00	5014	1880			4124
G4.0-LRB600	0.55	有铅芯	30.0	5.45	2827	1550	94.2	20150	2932
G5.5-LRB700	0.55	有铅芯	35.0	6.36	3848	2110	128.2	27430	4490
G4.0-LRB800	0.55	有铅芯	40.0	5.00	5027	1895	167.5	24635	4388
G5.5-LRB900	0.55	有铅芯	37.5	5.56	6362	2368	212.0	30784	5275

8 号塔楼隔震与非隔震结构周期对比　　　　　　　表 7-32

振型	隔震前(s)	隔震后(s)	两方向差值(%)
1	0.893	2.281	
2	0.730	2.242	1.7
3	0.683	1.934	

（3）剪重比检算

隔震层上部结构按照降低 1 度地震作用，即按 7 度（0.1g）进行结构设计。按照现行《建筑抗震设计规范》GB 50011 规定，各楼层水平地震作用需满足本地区设防烈度关于最小地震剪力系数的规定。表 7-33 为本工程 8 号塔楼 Y 方向各层剪重比统计结果。结果表明，隔震层上部结构各层地震作用均满足规范最小剪重比要求。

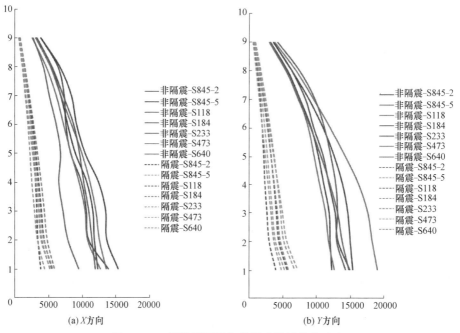

图 7-51 8 号塔楼隔震与非隔震楼层剪力对比

8 号塔楼 Y 方向各层剪重比 表 7-33

	楼层	8	7	6	5	4	3	2	1	隔震层
隔震后地震作用	楼层平均剪力(kN)	7392	14784	22176	29568	36960	44352	51745	59137	78679
	楼层以上重量($\times 10^3$kN)	708	1362	1966	2507	2995	3442	3876	4312	5605
	剪重比(%)	9.6	9.2	8.9	8.5	8.1	7.8	7.5	7.3	7.1
	抗规限值(%)	3.2	3.2	3.2	3.2	3.2	3.2	3.2	3.2	3.2
	是否满足要求	满足	满足	满足	满足	满足	满足	满足	满足	满足

（4）隔震支座检算

① 隔震层大震作用下的位移

采用大震弹塑性时程分析法计算结构大震下的位移响应。经计算，三向大震波输入下，橡胶支座的位移均满足限值要求，如表 7-34 所示。

8 号塔楼隔震支座大震下最大弹塑性变形及限值（mm） 表 7-34

罕遇地震波	S850-1	S850-4	S223	S334	S688	L010	S052	平均	限值
最大变形	245	288	481	257	461	186	218	305	440

② 隔震支座最大面拉力检算

按照现行《建筑抗震设计规范》GB 50011 规定，橡胶支座在水平地震及竖向地震作用组合下，支座最大拉应力不应大于 1.0MPa。经计算，本工程大部分支座为面压力；个别支座出现面拉力，最大拉应力 0.97MPa，满足要求。

③ 隔震支座最大面压力检算

按照现行《建筑抗震设计规范》GB 50011 规定，橡胶支座在水平地震及竖向地震作用组合下支座最大压应力在极限变形时（0.55D，D 为橡胶支座直径）不超过 15MPa。经计算，本工程橡胶支座最大压应力 12.33MPa，满足要求。

④ 风荷载作用下隔震层检算

按照现行《建筑抗震设计规范》GB 50011 规定，隔震结构在风荷载作用下，橡胶支座不应屈服。本工程隔震层在风荷载作用下的剪力小于本层总屈服力，说明各橡胶支座仍处在弹性工作阶段，满足要求，如表 7-35 所示。

8 号塔楼风荷载作用下隔震层检算　　　　　　表 7-35

风荷载	X 方向风下总剪力（kN）	Y 方向风总剪力（kN）	隔震层总屈服力（kN）	是否满足要求
隔震层	278	817	1130.4	满足

⑤ 嵌固刚度比检算

按照现行《建筑抗震设计规范》GB 50011 的规定，隔震层以下的结构（包括地下室和隔震塔楼下的底盘）中直接支撑隔震层以上结构的相关构件，应满足嵌固的刚度比和隔震后设防地震（中震）的抗震承载力要求，并按大震进行抗剪承载力验算。以本工程 b 区为例说明，b 区结构布置示意如图 7-52 所示，嵌固刚度比检算结果如表 7-36 所示。

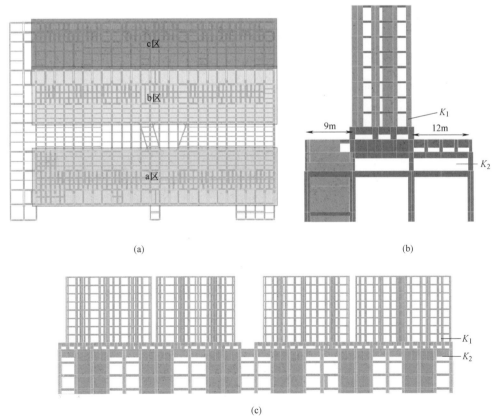

图 7-52　b 区结构布置示意图

b区隔震层上部及下部结构嵌固刚度比检算（kN/m）   表 7-36

方向	塔楼首层剪切刚度 K_1	2层剪切刚度 K_2	比值 K_2/K_1	限值
沿轨道方向(X)	6.8929E+007	3.2570E+008	4.73	≥2.00
垂直轨道方向(Y)	1.3000E+008	3.0360E+008	2.34	≥2.00

7.5.4 隔震层下部结构中震分析

隔震层下部结构直接支撑隔震层上部结构的相关构件需满足隔震后中震下的抗震承载力要求，并按大震进行抗剪承载力检算。本工程按刚度等效原则并采用等代柱模拟隔震支座，对隔震后的整体结构按中震弹性复核。隔震层下部直接支撑隔震层上部结构的相关构件满足中震弹性承载力要求，检算结果如图 7-53 所示。

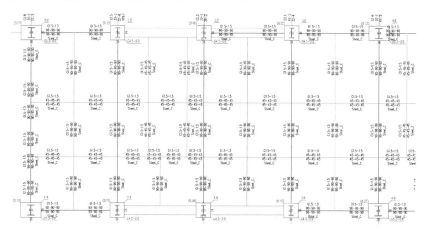

图 7-53 隔震层下部直接支撑隔震层上部结构的相关构件中震弹性检算

7.5.5 大震弹塑性分析

根据现行《建筑抗震设计规范》GB 50011 规定，隔震层以下为混凝土框架剪力墙结构时，层间位移角限值为 1/200。本工程大震下楼层弹塑性层剪力计算结果如图 7-54 所示，大震弹塑性平均基底剪力与小震弹性反应谱基底剪力比值为 X 方向 5.1，Y 方向 4.8；大震下楼层弹塑性层间位移角曲线如图 7-55 所示，大震人工波作用下，隔震层下部结构剪力墙受压损伤及框架损伤分别如图 7-56 及图 7-57 所示。

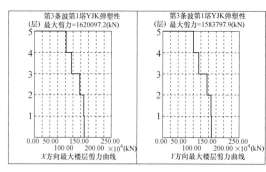

图 7-54 大震人工波弹塑性楼层剪力

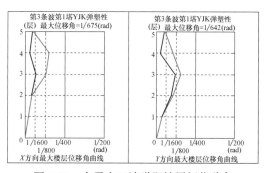

图 7-55 大震人工波弹塑性层间位移角

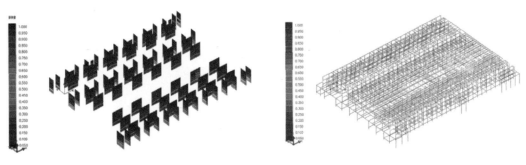

图 7-56 隔震层下部结构剪力墙受压损伤　　　　图 7-57 隔震层下部结构框架损伤

7.5.6 隔震支墩检算

与隔震支座相连的隔震支墩,应采用大震作用下隔震支座的竖向力、水平力和力矩进行检算,检算图示如图 7-58 所示,结果如表 7-37 所示。

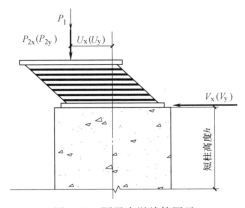

图 7-58 隔震支墩检算图示

隔震支墩大震作用下抗剪截面检算　　　　表 7-37

检算构件	V_{ymax}(kN)	f_{ck}(N/mm²)	B(mm)	H_0(mm)	$0.15 f_{ck} B H_0$(kN)
隔震支墩	2177	27.5	1200	1200	5940

7.5.7 隔震层下部结构转换梁柱及隔震层转换梁检算

隔震支座刚度取 100% 变形时的等效刚度,本工程按刚度等效原则并采用等代柱模拟隔震支座。经计算,隔震层下部结构框架柱、转换梁及隔震层转换梁大震抗剪截面检算满足要求。检算图示如图 7-59 所示,检算结果如表 7-38 所示。

隔震层下部结构框架柱、转换梁及隔震层转换梁大震抗剪截面检算　　　　表 7-38

隔震层下部结构框架柱大震抗剪截面检算						
检算构件	V_{ymax}(kN)	f_{ck}(N/mm²)	B(mm)	H_0(mm)	$0.15 f_{ck} B H_0$(kN)	$0.25 f_{ak} A_a$(kN)
隔震层下部结构框架柱	6558	38.5	1400	1200	9702	17250

续表

隔震层下部结构转换梁大震抗剪截面检算					
检算构件	V_{ymax} (kN)	f_{ck} (N/mm²)	B (mm)	H_0 (mm)	$0.15f_{ck}BH_0$ (kN)	$0.25f_{ak}A_a$ (kN)
隔震层下部结构转换梁	7458.5	26.8	1000	1000	4020	3674

隔震层转换梁大震抗剪截面检算					
检算构件	V_{ymax} (kN)	f_{ck} (N/mm²)	B (mm)	H_0 (mm)	$0.15f_{ck}BH_0$ (kN)	$0.25f_{ak}A_a$ (kN)
隔震层转换梁	6199	38.5	1000	1000	5775	3995

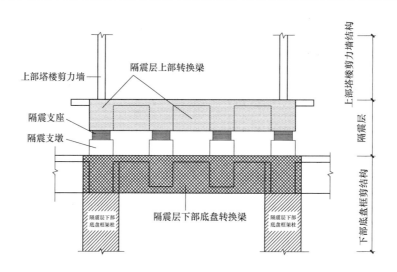

图 7-59　隔震层下部结构框架柱、转换梁及隔震层转换梁示意

7.6 减隔震专项结构设计

7.6.1 某消能减震车辆段工程概况

昆明某轨道交通车辆段 A 区平面总长 140m，总宽 179m。主要柱网尺寸纵向为 8.4～10.0m，横向为 12～17m 不等。本区下盖结构共 4 层，地下 1 层为汽车库（西侧局部为地下商业），结构层高 6.0m；首层为商业，结构层高 7.3m；2 层为车辆段库区，结构层高 9.0m；3 层为上盖开发汽车库，结构层高 4.8m；汽车库层顶覆土 1.5m。下盖采用钢筋混凝土框架+防屈曲支撑结构，上盖开发高层剪力墙住宅塔楼，高层住宅塔楼通过周边设置防震缝与下盖结构完全分开，形成各自独立的结构单元。车辆段整体分区示意如图 7-60 所示，A 区整体模型如图 7-61 所示。

本工程结构设计使用年限为 50 年，建筑结构安全等级大型商业一级，其他二级。建筑抗震设防类别为大型商业乙类，其他丙类，设防烈度为 8 度（0.2g），场地类别为 II

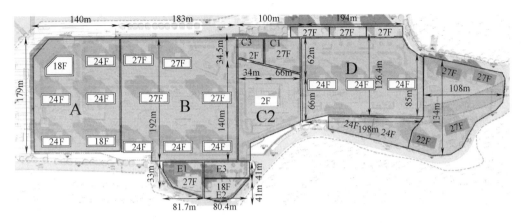

图 7-60 车辆段整体分区示意

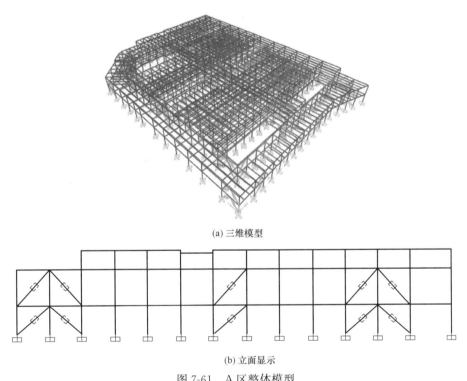

(a) 三维模型

(b) 立面显示

图 7-61 A 区整体模型

类,基本地震动加速度反应谱特征周期为 0.40s。抗震等级大库商业部分框架等级为一级,首层车辆段及以上抗震等级为二级。

根据《云南省隔震减震建筑工程促进规定实施细则》规定,本区存在大型的商业公建,需做消能减震设计,采用钢筋混凝土框架+防屈曲支撑结构。

7.6.2 基本设计参数

表 7-39～表 7-41 分别为本工程 A 区材料选用、主要构件尺寸、防屈曲支撑产品主要参数。

混凝土材料选用表 表 7-39

构件位置	混凝土强度等级		
运用库	基础~4层楼面	柱	C55
	4层楼面~屋面	柱	C45
	2层楼面~屋面	梁板	C40

钢筋采用 HPB300 级、HRB400 级钢筋；型钢及钢板采用 Q345B 级钢材。

主要结构构件尺寸表 表 7-40

构件位置	主要梁柱截面尺寸（mm）		
运用库	基础~4层楼面	柱	1000×1200
	4层楼面~屋面	柱	900×1000
	2层楼面	梁	650×1000；700×1000
	3层楼面	梁	900×1200；600×1000
	4层楼面	梁	600×900；600×1100
	屋面	梁	800×1200；600×850

防屈曲支撑产品主要参数表 表 7-41

减震器型号	芯材牌号	轴线长度(mm)	屈服承载力(kN)	屈服位移(mm)	设计承载出力(kN)	设计位移(mm)	极限承载力(kN)	极限位移(mm)	数量
BRB1	Q235B	10597~11238	2500	9.3	2750	23.4	2794	28.1	64
BRB2	Q235B	8877~9682	2500	7.8	2750	18.6	2792	22.3	10
BRB3	Q235B	12132~12344	8000	10.7	8800	34.6	8982	41.5	28
BRB4	Q235B	10450~12310	8000	9.4	8800	30.4	8981	36.4	46
BRB5	Q235B	9768	8000	8.5	8800	21.1	8939	25.3	2
合计									150

7.6.3 非减震模型对比计算

结构质量对比（单位：t） 表 7-42

YJK	SAP2000	差值(%)
234859	232690	0.9

结构前3阶周期对比（单位：s） 表 7-43

周期	YJK	SAP2000	差值(%)
1	0.671	0.684	2.0
2	0.627	0.630	0.5
3	0.543	0.549	1.0

结构楼层地震剪力对比（单位：kN）　　　表 7-44

层数	YJK		SAP2000		差值(%)	
	X	Y	X	Y	X	Y
3	135567	130255	143898	135898	6.1	4.3
2	205262	189730	214847	196386	4.7	3.5
1	243367	226436	252459	233420	3.7	3.1

通过表 7-42～表 7-44 可以看出，SAP2000 模型与 YJK 模型在质量、周期和各楼层剪力方面差异较小，可认为两模型基本一致，用于本工程消能减震分析的 SAP2000 模型正确。

7.6.4　小震作用下消能减震专项分析

本工程选取 5 条小震波及 2 条人工波进行小震线弹性时程分析。各地震波基底剪力、楼层剪力计算结果及与反应谱计算结果对比如表 7-45、表 7-46 及图 7-62 所示；层间位移角计算结果如表 7-47 及图 7-63 所示。

各地震波基底剪力与反应谱基底剪力对比表　　　表 7-45

工况		反应谱	R1	R2	T1	T2	T3	T4	T5	时程平均值
剪力 (kN)	X	232805	224195	230136	210309	243514	202370	257508	241689	229960
	Y	212654	217016	219409	241618	200216	193339	193961	211004	210938
比例(%)	X	100	96	99	90	105	87	111	104	98.8
	Y	100	102	103	104	86	83	91	99	95.5

各地震波楼层剪力与反应谱楼层剪力对比表（单位：kN）　　　表 7-46

方向	层数	人工波1	人工波2	天然波1	天然波2	天然波3	天然波4	天然波5	时程平均值	反应谱	比值
X	3	151453	151541	171365	140163	112618	174631	138299	148581	135567	1.10
	2	205547	203061	221589	208743	162135	243750	198380	206172	205262	1.00
	1	232521	217476	220859	238259	191711	267237	245601	230524	243367	0.95
Y	3	155785	178391	156248	146230	138451	156270	142471	153407	130255	1.18
	2	186790	199223	173597	191111	148157	178957	180288	179732	189730	0.95
	1	217762	232132	166662	216482	182053	185787	212902	201969	226436	0.89

各地震波楼层层间位移角与反应谱楼层层间位移角对比表（单位：1/rad）　　　表 7-47

方向	层数	人工波1	人工波2	天然波1	天然波2	天然波3	天然波4	天然波5	时程平均值	反应谱	限值
X	3	1301	1295	1342	1464	1705	1125	1394	1375	1079	620
	2	1317	1310	1245	1249	1558	1107	1283	1296	1019	620
	1	1866	1724	1730	1577	1916	1566	1694	1725	1409	620

续表

方向	层数	人工波1	人工波2	天然波1	天然波2	天然波3	天然波4	天然波5	时程平均值	反应谱	限值
Y	3	1098	1010	1071	1078	1317	1068	1148	1113	927	620
	2	1220	1135	1268	1128	1330	1246	1244	1225	983	620
	1	1504	1333	1790	1397	1583	1636	1564	1544	1226	620

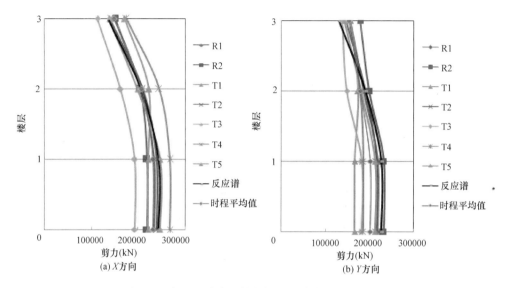

图 7-62 各地震波楼层剪力与反应谱楼层剪力对比

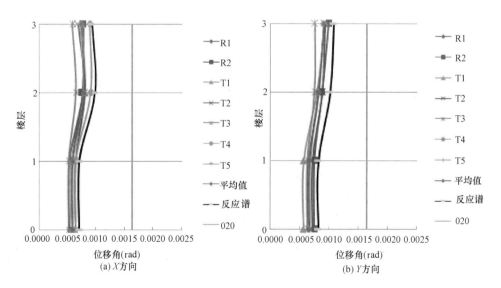

图 7-63 各地震波楼层层间位移角与反应谱楼层层间位移角对比

由图 7-64 可以看出，防屈曲支撑在小震作用下均未屈服，小震下防屈曲支撑等同于普通支撑，仅为结构提供抗侧刚度。

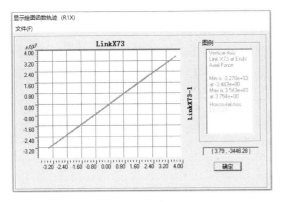 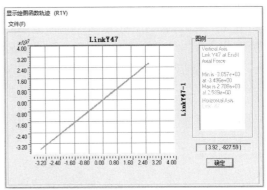

(a) X方向　　　　　　　　　　　　　　　　(b) Y方向

图 7-64　小震作用下典型防屈曲支撑滞回曲线图

X 方向阻尼器出力之和及与楼层总剪力占比统计　　　　表 7-48

计算项目	层数	人工波 1	人工波 2	天然波 1	天然波 2	天然波 3	天然波 4	天然波 5
阻尼器出力之和(kN)	2	98837	102698	106226	105721	86217	115856	100344
	1	45286	48313	45576	48940	41984	53007	48345
层间剪力(kN)	2	205547	203061	221589	208743	162135	243750	198380
	1	232521	217476	220859	238259	191711	267237	245601
比值	2	48.09	50.57	47.94	50.65	53.18	47.53	50.58
	1	19.48	22.22	20.64	20.54	21.90	19.84	19.68

由表 7-48 可知，阻尼器最大出力与层间剪力之比，首层为 20.6%；2 层为 49.79%，X 方向满足消能器实际最大出力之和不低于楼层总剪力 15% 的楼层不少于一半的要求。

Y 方向阻尼器出力之和及与楼层总剪力占比统计　　　　表 7-49

计算项目	层数	人工波 1	人工波 2	天然波 1	天然波 2	天然波 3	天然波 4	天然波 5
阻尼器出力之和(kN)	2	130089	142216	117589	137477	121868	124211	128987
	1	57535	63048	48752	61593	56147	54151	57143
层间剪力(kN)	2	186790	199223	173597	191111	148157	178957	180288
	1	217762	232132	166662	216482	182053	185787	212902
比值	2	69.64	71.39	67.74	71.94	82.26	69.41	71.54
	1	26.42	27.16	29.25	28.45	30.84	29.15	26.84

由表 7-49 可知，阻尼器最大出力与层间剪力之比，首层为 28.30%；2 层为 71.99%，Y 方向满足消能器实际最大出力之和不低于楼层总剪力 15% 的楼层不少于一半的要求。

7.6.5　大震作用下消能减震专项分析

本工程采用 SAP2000 有限元计算软件进行消能减震结构大震弹塑性时程分析。使用连接单元 Plastic（Wen）模拟防屈曲支撑，主体结构框架梁、柱均定义塑性铰。弹塑性时程分析考虑材料非线性，不考虑几何非线性。根据《云南省隔震减震建筑工程促进规定实施细则》第 7 条规定，应通过设置消能减震装置减小结构的水平地震作用，使建筑抗震性能明显提高。大震作用下减震模型与非减震模型的水平位移比小于 0.75，在不考虑附加阻尼比的情况下，结构仍应满足现行《建筑抗震设计规范》GB 50011 规定的小震作用下弹性层间位移角限值和大震作用下的弹塑性层间位移角限值要求。

本工程大震弹塑性分析模型如图 7-65 所示，主要分析结果如图 7-66～图 7-68、表 7-50～表 7-56 所示。

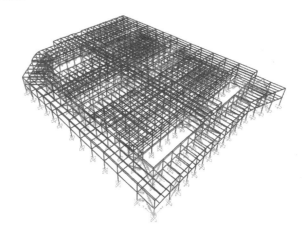

(a) 三维模型

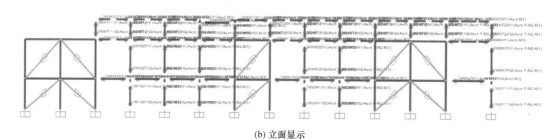

(b) 立面显示

图 7-65　SAP2000 大震弹塑性分析模型

减震模型各地震波楼层层间位移角（单位：1/rad）　　表 7-50

方向	层数	人工波1	人工波2	天然波1	天然波2	天然波3	天然波4	天然波5	时程平均值	限值
X	3	350	325	273	276	395	436	441	345	100
X	2	299	272	234	210	315	482	351	290	100
X	1	460	465	411	345	491	554	488	450	100
Y	3	270	304	240	234	361	386	335	294	100
Y	2	275	274	232	203	309	637	271	280	100
Y	1	369	508	305	344	449	527	449	407	100

非减震模型各地震波楼层层间位移角（单位：1/rad）　　表 7-51

方向	层数	人工波1	人工波2	天然波1	天然波2	天然波3	天然波4	天然波5	时程平均值	限值
X	3	338	414	343	295	337	515	269	345	100
X	2	204	230	209	167	235	357	146	206	100
X	1	369	344	282	292	350	489	272	331	100
Y	3	218	321	244	266	275	350	425	287	100
Y	2	175	215	196	163	197	239	213	197	100
Y	1	323	331	216	272	358	281	400	301	100

大震下非减震模型、减震模型最不利层间位移角比值　　表 7-52

方向	非减震结构位移角(1/rad)	减震结构位移角(1/rad)	减震结构位移角/非减震结构位移角
X	206	290	0.71
Y	197	280	0.70

由以上计算结果可知，本工程设置防屈曲支撑后，结构抗震性能明显提高。主要计算结果均满足规范及审查技术导则要求。

大震下减震模型顶层结构弹性位移（单位：mm）　　表 7-53

X 方向							Y 方向							平均值	
R1	R2	T1	T2	T3	T4	T5	R1	R2	T1	T2	T3	T4	T5	X	Y
62	67	81	80	60	73	70	70	65	77	91	73	80	81	70	77

大震下减震模型顶层结构弹塑性位移（单位：mm）　　表 7-54

X 方向							Y 方向							平均值	
R1	R2	T1	T2	T3	T4	T5	R1	R2	T1	T2	T3	T4	T5	X	Y
60	63	74	81	53	76	69	67	65	73	85	60	85	77	68	73

大震下减震模型顶层结构弹性、弹塑性位移比值　　表 7-55

方向	结构弹性顶点位移(mm)	结构弹塑性顶点位移(mm)	位移比值(弹性/弹塑性)
X	70	68	1.03
Y	77	73	1.05

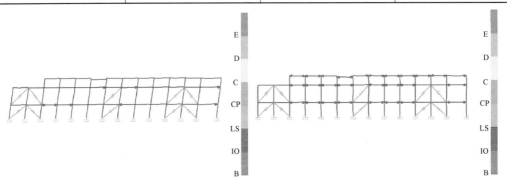

(a) 结构在第68加载步出铰情况　　(b) 结构在第150加载步出铰情况

图 7-66　R1 大震人工波作用下，X 方向结构出铰情况（一）

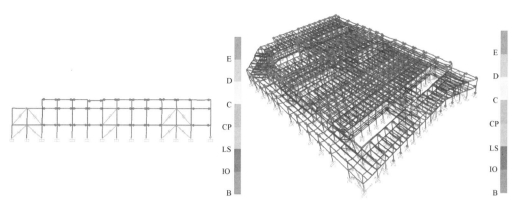

(c) 结构在第1100加载步出铰情况　　(d) 第1100加载步出铰情况三维展示

图 7-66　R1 大震人工波作用下，X 方向结构出铰情况（二）

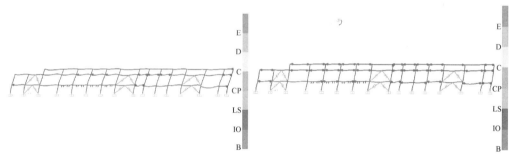

(a) 结构在第75加载步出铰情况　　(b) 结构在第300加载步出铰情况

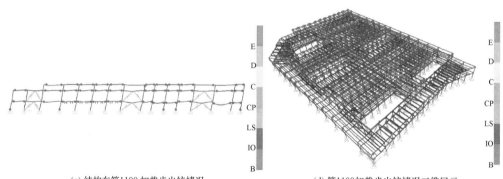

(c) 结构在第1100加载步出铰情况　　(d) 第1100加载步出铰情况三维展示

图 7-67　R1 大震人工波作用下，Y 方向结构出铰情况

阻尼器出力之和及与楼层层间屈服剪力比值　　　　表 7-56

阻尼器出力及比值	层数	人工波1	人工波2	天然波1	天然波2	天然波3	天然波4	天然波5
X 方向阻尼器出力之和(kN)	2	201323	202765	205928	208425	200047	205882	205119
	1	110143	110173	110641	111655	109291	112666	110404
X 方向比值(%)	2	27.73	27.93	28.36	28.71	27.55	28.36	28.25
	1	11.01	11.02	11.06	11.17	10.93	11.27	11.04

续表

阻尼器出力及比值	层数	人工波1	人工波2	天然波1	天然波2	天然波3	天然波4	天然波5
Y方向阻尼器出力之和(kN)	2	242621	242554	244502	248153	240646	247608	247105
	1	100583	99583	100950	100612	99586	103020	100383
Y方向比值(%)	2	45.95	45.94	46.31	47.00	45.58	46.90	46.80
	1	11.96	11.84	12.00	11.96	11.84	12.25	11.94

X方向阻尼器最大出力与层间剪力之比，首层为11.07%，2层为28.13%；Y方向阻尼器最大出力与层间剪力之比，首层为11.97%，2层为46.35%。

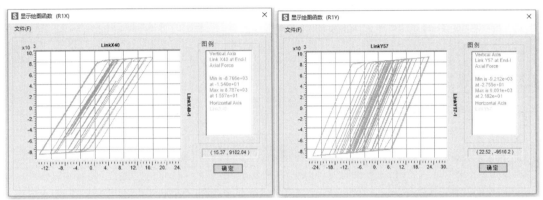

(a) X方向40号防屈曲支撑杆件　　　　(b) Y方向57号防屈曲支撑杆件

图7-68　R1大震人工波作用下，典型防屈曲支撑滞回曲线

7.6.6　某隔震车辆段工程概况

昆明某轨道交通车辆段C2区平面总长100m，总宽154m。主要柱网尺寸纵向为8.4m，横向为9～15m不等。本区下盖结构共2层，首层为车辆段库区，结构层高9.0m；2层为汽车库，结构层高4.8m；其上为隔震层，层高2.1m；上盖开发幼儿园塔楼，塔楼首层结构层高4.0m，2层结构层高4.0m；房屋总高度23.9m。2层汽车库顶覆土厚度为1.5m。下盖采用型钢混凝土框架结构，上盖采用混凝土框架结构。C2区整体模型如图7-69所示。

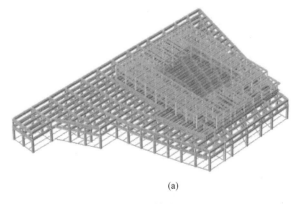

(a)

图7-69　C2区整体模型（一）

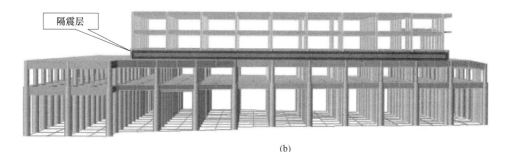

(b)

图 7-69 C2 区整体模型（二）

7.6.7 基本设计参数及结构规则性判断

表 7-57～表 7-60 分别为本工程材料选用、主要构件尺寸、规则性判断汇总及隔震支座主要力学性能参数。

混凝土材料选用表　　　　　　　　　　　　　　表 7-57

构件位置		混凝土强度等级		
下盖	运用库	基础～2层楼面	柱	C55
		2层楼面	梁、板	C45
	汽车库	2～3层楼面	柱	C55
		3层楼面	梁、板	C45
上盖	塔楼	3～4层	柱	C45
		4层楼面及屋面	梁、板	C35

钢筋采用 HPB300 级、HRB400 级钢筋；型钢及钢板采用 Q345B 级钢材。

主要结构构件尺寸表　　　　　　　　　　　　　　表 7-58

构件位置		主要梁柱截面尺寸（mm）		
下盖	运用库	基础～2层楼面	柱	D1600（型钢混凝土柱）
			墙	800、900 部分内置40厚钢板
		2层楼面	梁	700×1000、800×1200、500×900
	汽车库	2～3层楼面	柱	D1000（型钢混凝土柱）
			墙	800、900 部分内置40厚钢板
		3层楼面	梁	800×1500、700×1500、700×1000
上盖	塔楼	3～4层	柱	500×500、600×600
		4层楼面及屋面	梁	300×750、450×900、250×550

根据建质〔2015〕67号《超限高层建筑工程抗震设防专项审查技术要点》对 C2 区结构的超限类型和超限程度进行判别如表 7-59 所示。

7.6.8 非隔震模型对比计算

本工程采用 ETABS 有限元计算软件分别建立隔震与非隔震结构模型，并将非隔震模型与 YJK 模型对比。ETABS 非隔震计算模型如图 7-70 所示。

C2 区规则性判断表　　　　　　　　　　　　　　　　　表 7-59

序号	不规则类型	简要涵义	本工程情况	是否超限
1a	扭转不规则	考虑偶然偏心的扭转位移比大于 1.2	有	是
1b	偏心布置	偏心率大于 0.15 或相邻层质心相差大于相应边长 15%	无	
2a	凹凸不规则	平面凹凸尺寸大于相应边长 30%等	无	否
2b	组合平面	细腰形或角部重叠形	无	
3	楼板不连续	有效宽度小于 50%，开洞面积大于 30%，错层大于梁高	有	是
4a	刚度突变	相邻层刚度变化大于 70%或连续三层变化大于 80%	有	是
4b	尺寸突变	竖向构件收进位置高于结构高度 20%且收进大于 25%，或外挑大于 10%和 4m，多塔	无	
5	构件间断	上下墙、柱、支撑不连续，含加强层、连体类	有	是
6	承载力突变	相邻层受剪力承载力变化大于 80%	无	否
7	其他不规则	如局部的穿层柱、斜柱、夹层、个别构件错层或转换	有	是

隔震支座主要力学性能参数表　　　　　　　　　　　　表 7-60

类别	LRB600-Ⅱ	LRB700-Ⅱ	LRB800-Ⅱ	LNR600-Ⅱ
是否铅芯	是	是	否	否
使用数量(套)	50	12	5	18
第一形状系数	≥15	≥15	≥15	≥15
第二形状系数	≥5	≥5	≥5	≥5
支座总高度(mm)	222.5	266.5	302	222.5

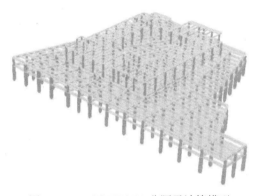

图 7-70　C2 区 ETABS 非隔震计算模型

非隔震模型质量对比　　　　　　　　　　　　　　　　表 7-61

YJK(t)	ETABS(t)	差值(%)
98513	100754	2.3

非隔震模型周期对比   表 7-62

周期阶数	YJK(s)	ETABS(s)	差值(%)
1	0.679	0.676	0.4
2	0.646	0.642	0.6
3	0.610	0.607	0.5

非隔震模型楼层地震剪力对比   表 7-63

层数	YJK(kN)		ETABS(kN)		差值(%)	
4	40438	35574	41262	36562	3.0	2.8
3	63024	55900	62887	56460	0.2	1.0
隔震层	89568	87636	93282	92383	4.1	5.4
2	224525	235900	229225	247138	2.1	4.8
1	286532	301403	288206	310535	0.6	3.0

由表 7-61~表 7-63 可知，ETABS 模型与 YJK 模型在质量、周期及各楼层剪力方面差异均较小。可认为 ETABS 模型与 YJK 模型基本一致，用于本工程隔震分析的 ETABS 模型正确。

7.6.9 小震作用下层间隔震专项分析

本工程选取 5 条天然地震波和 2 条人工波进行小震线弹性时程分析。非隔震模型基底剪力、隔震及非隔震模型周期点上的反应谱影响系数对比结果如表 7-64~表 7-66 所示。

非隔震模型基底剪力及与反应谱的对比   表 7-64

工况		人工波1	人工波2	天然波1	天然波2	天然波3	天然波4	天然波5	时程平均	反应谱
剪力(kN)	X	262560	246087	254813	315349	218730	276268	271104	263558	246285
	Y	264167	250009	299386	345590	227340	319474	321628	289656	264352
比例(%)	X	107	100	103	128	89	112	110	107	100
	Y	100	95	113	131	86	121	122	110	100

非隔震模型时程反应谱与规范反应谱在结构周期点上的对比   表 7-65

阵型	周期(s)	时程反应谱平均影响系数	规范反应谱影响系数	差值(%)
1	0.676	0.117	0.111	5.7
2	0.642	0.130	0.116	11.7
3	0.607	0.142	0.122	16.0

隔震模型时程反应谱与规范反应谱在结构周期点上的对比   表 7-66

阵型	周期(s)	时程反应谱平均影响系数	规范反应谱影响系数	差值(%)
1	2.436	0.038	0.037	1.8
2	2.424	0.038	0.037	2.5
3	2.182	0.040	0.039	3.1

7.6.10 隔震支座检算

(1) 质心偏心率检算

层间隔震车辆段隔震层刚心与隔震层上部塔楼质心的偏心率,是隔震层设计检算的重要指标,本工程计算所得两主轴 X、Y 方向的偏心率如表 7-67 所示,满足限值不超过 3% 的要求。

上下盖结构的偏心率检算   表 7-67

方向	重心 (m)	刚心 (m)	偏心距 (m)	抗扭刚度 (kN·m)	等效边长 (m)	偏心率
X	300.90	301.01	0.24	139752865	32.87	0.73%
Y	185.08	185.32	0.11			0.33%

(2) 隔震支座的竖向压应力检算

现行《建筑抗震设计规范》GB 50011 规定同一隔震层各个橡胶隔震支座的竖向压应力宜均匀,竖向平均应力对乙类建筑不应超过 12MPa。

由图 7-71 看出,本工程所有隔震支座在竖向压力作用下的最大面压力未超 12MPa,满足要求。

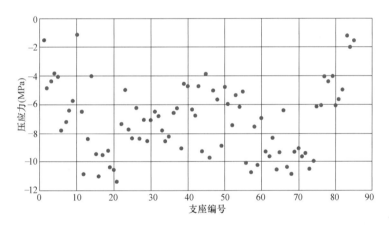

图 7-71 隔震支座面压力检算结果

(3) 隔震支座的竖向拉应力检算

在大震作用下,隔震支座不宜出现拉应力,当少数隔震支座出现拉应力时,其拉应力不应大于 1MPa。

由图 7-72 看出,本工程所有隔震支座在大震作用下未出现支座受拉情形,满足要求。

(4) 隔震支座的弹塑性水平位移检算

在大震作用下,隔震支座的弹塑性水平位移应小于其有效直径的 0.55 倍和各橡胶层总厚度 3 倍二者的较小值。

由图 7-73 看出,大震作用下隔震层最大弹塑性水平位移 263mm,小于 $0.55D=330$mm(D 为最小隔震支座直径,本工程为 600mm) 及 $3T_r=336$mm(T_r 为最小隔震支座的橡胶层总厚度,本工程为 112mm) 中的较小值,满足要求。

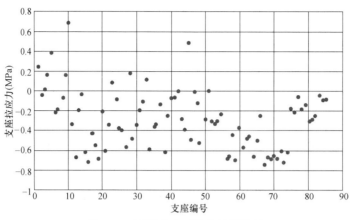

图 7-72 隔震支座面拉力检算结果

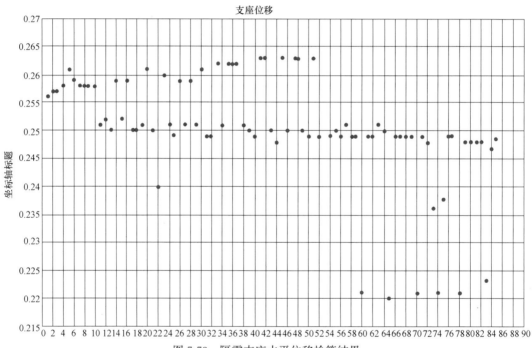

图 7-73 隔震支座水平位移检算结果

（5）水平向减震系数

由表 7-68 可知，隔震层上部结构，隔震前后各地震波楼层剪力比值的平均值最大为 0.291，根据现行《建筑抗震设计规范》GB 50011 的规定，确定隔震后水平地震影响系数最大值 $\alpha_{\max1}=\beta\alpha_{\max}/\psi=0.291\times0.16/0.85=0.055<0.08$。因此，隔震层上部结构水平地震影响系数最大值为 0.08，即按减低 1 度进行结构设计。

水平向减震系数统计表　　表 7-68

楼层	方向	人工波1	人工波2	天然波1	天然波2	天然波3	天然波4	天然波5	平均值
4	X	0.236	0.197	0.276	0.123	0.342	0.228	0.241	0.235
4	Y	0.314	0.296	0.321	0.263	0.276	0.226	0.342	0.291

(6) 风荷载作用下隔震层检算

现行《建筑抗震设计规范》GB 50011 规定，隔震结构风荷载作用下产生的总水平力不宜超过结构总重力的 10%。本工程隔震层以上风荷载产生的总水平力为 255.6kN，隔震层以上总重力为 33793kN，比值为 0.67%，满足要求。

(7) 嵌固刚度比检算

现行《建筑抗震设计规范》GB 50011 规定，隔震层以下的结构（包括地下室和隔震塔楼下的底盘）中直接支撑隔震层以上结构的相关构件，应满足嵌固的刚度比和隔震后设防地震（中震）的抗震承载力要求，并按大震进行抗剪承载力验算。嵌固刚度比检算结果如表 7-69 所示。

隔震层上下层剪切刚度及刚度比统计表　　表 7-69

部位	方向	剪切刚度 ($\times 10^6$ kN/m)	刚度比	剪切刚度(投影范围) ($\times 10^6$ kN/m)	刚度比 (投影范围)
2层(汽车库)	X	44.0	—	24.1	—
	Y	39.7	—	20.7	—
隔震层	—	—	—	—	—
3层(塔楼首层)	X	2.6	16.7	2.6	9.3
	Y	2.8	14.3	2.8	7.4

根据表 7-69 可知，隔震层上下层剪切刚度满足现行《建筑抗震设计规范》GB 50011 关于嵌固刚度比的要求。

7.6.11　隔震层下部结构中震分析

隔震层以下结构（包括地下室和隔震塔楼下的底盘）中直接支承隔震层以上结构的相关构件需满足隔震后设防地震（中震）的抗震承载力要求，并按大震进行抗剪承载力验算。按刚度等效原则并采用等代柱模拟橡胶隔震支座，对隔震层下部结构按相应性能指标进行检算。隔震层下部结构相关构件应满足中震抗弯弹性、大震抗剪弹性的承载力要求，检算结果如图 7-74 和图 7-75 所示。

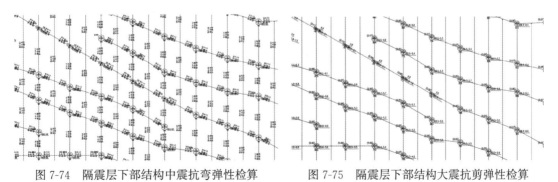

图 7-74　隔震层下部结构中震抗弯弹性检算　　图 7-75　隔震层下部结构大震抗剪弹性检算

7.6.12　大震下层间隔震专项分析

本工程大震弹塑性分析采用 SAUSAGE 有限元计算软件。采用 3 条大震波（2 条天然波，1条人工波）进行动力弹塑性时程分析，计算模型如图 7-76 所示，主要分析结果如图 7-77～图 7-79 所示。

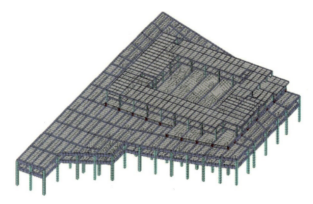

图 7-76　SSG 大震弹塑性时程分析模型

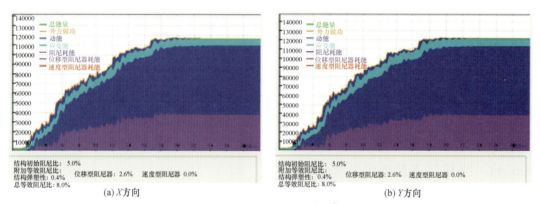

(a) X 方向　　　　　　　　　　　　　　　　(b) Y 方向

图 7-77　大震人工波能量谱与附加阻尼

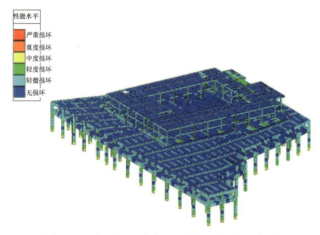

图 7-78　大震人工波作用下结构单元性能水平

7.6.13　隔震支墩检算

现行《建筑抗震设计规范》GB 50011 规定，与隔震支座相连的隔震支墩，应采用大

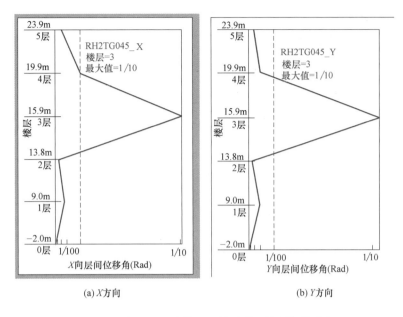

(a) X方向　　　　　　　　　(b) Y方向

图 7-79　大震人工波作用下楼层弹塑性层间位移角

震作用下隔震支座的竖向力,水平力和力矩进行计算,检算图示如图 7-80 所示。

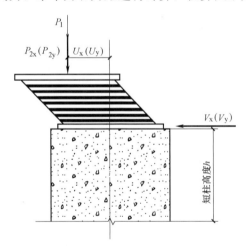

图 7-80　隔震支墩检算图示

$D=1000$mm；计算长度 $L=0.50$m 混凝土强度等级 C60，$f_c=27.50$N/mm^2，$f_t=2.04$N/mm^2；钢筋级别 HRB400，$f_y=360$N/mm^2，$f'_y=360$N/mm^2；轴力设计值 $N=5422$kN，弯矩设计值 $M_x=1877.1$kN·m，$M_y=1895.5$kN·m，剪力设计值 $V_x=902.2$kN，$V_y=939.1$kN。

计算结果：(1) 左侧纵筋：4824mm^2，($\rho=0.67\%$)；(2) 右侧纵筋：4824mm^2，($\rho=0.67\%$)；(3) 全截面纵筋：16080mm^2，($\rho=2.22\%$)；(4) 水平箍筋：2053mm^2/m ($\rho_{sv}=0.695\%$)；(5) 竖向箍筋：2053mm^2/m ($\rho_{sv}=0.695\%$)。

第8章

基础设计

车辆段上盖开发项目基础设计与前述地上结构方案、抗震分析等关联度不高，相对独立。之所以将其放置于此，原因是基础设计以地上结构荷载导算为基础，同时也符合广大设计人员通常的设计步骤。

8.1 车辆段上盖开发项目的基础形式

众所周知，建筑基础形式主要根据工程地质条件、地上建筑结构形式、跨度、荷载分布及大小、有无地下室、相邻建（构）筑物的基础形式及埋深等因素综合确定。

首先，车辆段上盖开发项目一般无地下室，故与地下室结合设置的箱形基础不能适用。其次，通常情况根据柱底反力计算结果可知，采用柱下独立基础、墙下条形基础或十字基础等浅基础形式，天然地基较难满足承载能力的要求，尤其对上盖开发塔楼范围的首层墙柱浅基础，天然地基承载能力差距较大。再次，联合检修库首层库区股道部位需要设置检修坑，如采用梁式筏基，则横向基础梁可能与检修坑冲突；如采用板式筏基或仅沿纵向设置基础梁，则基础底板会由于结构横向跨度较大而较厚，且板式筏基房心回填土也较多。综上，实际工程较多采用独立桩基承台基础形式（对首层采用框架剪力墙结构的车辆段，剪力墙/内藏钢板混凝土剪力墙下采用条形承台基础），不但可以解决浅基础地基承载能力不足问题，而且独立承台可以有效避让检修坑、检修设备基础等构筑物，如图 8-1 所示。

车辆段首层库区一般铺设整体建筑地面与主体结构相连，当地下水位或抗浮水位较高时，结构设计人员可考虑利用这一条件将此整体地面设计为结构抗水底板。

在独立桩基承台间设置拉梁可提高基础的整体刚度，从而对预防基础的不均匀沉降起到有利作用。在高烈度抗震地区，设置拉梁也是提高基础抗震能力的主要构造措施之一。对车辆段上盖开发项目，结构纵向跨度不大且通常有条件设置基础拉梁；而对结构横向，股道下方的检修坑可能与基础拉梁位置冲突，此时结构专业应与工艺、建筑等专业配合，在不影响检修坑设置的前提下，尽可能布置横向基础拉梁，如图 8-1 所示。

此外为有效减小首层结构层高，车辆段上盖开发项目一般在首层柱脚处设置柱墩。当柱墩满足嵌固刚度的要求时，首层柱的计算长度可从墩顶起算，如图 8-2 所示。柱墩节点做法详见 9.1 节内容。

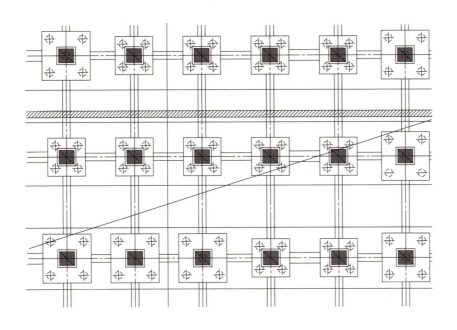

图 8-1 车辆段桩基承台拉梁布置平面图

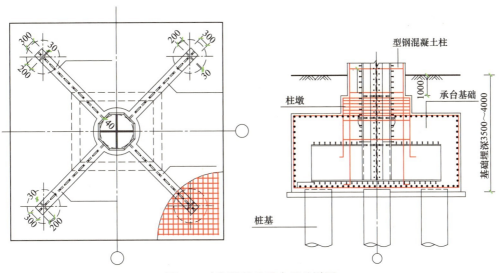

图 8-2 车辆段桩基承台基础详图

8.2 桩基承台结构设计

对车辆段上盖开发项目独立桩基承台基础，承台埋置深度需综合考虑许多因素。（1）原则上承台宜浅埋。埋深增大势必造成首层结构层高加高，不利于地上结构的整体计算。即便可以通过设置柱墩的方式减小首层结构层高，但如果承台埋深过大，柱墩的线刚度也较难满足首层柱底嵌固的要求。（2）按照现行《高层建筑混凝土结构技术规程》JGJ 3 的规定，承台埋置深度不宜小于房屋总高度的 1/18，以保证整体结构抗倾覆稳定性要求。(3) 应结合地勘报告确定合理的承台埋置深度，主要是确保承台底置于原状土层上，避免承台下存在松散且承载力低的杂填土、腐殖土或耕植土、新近回填土等。(4) 车辆段上盖开发项目大量使用包括型钢混凝土及钢管混凝土在内的组合结构构件，承台埋置深度需满足组合结构构件型钢插入深度的构造要求。(5) 承台底应位于地基土冻土层以下。

上述 5 个因素中，(2)、(3)、(4)、(5) 项要求承台有必要的埋置深度，虽然 (2) 项不满足时可以增加结构整体抗倾覆检算；(3) 项不满足时可采用地基处理的方式解决，但 (4)、(5) 两项也应得到满足。而 (1) 项明确了承台的浅埋原则。兼顾各项因素可知，承台基础的埋置深度既不宜过大也不宜过小。根据以往工程经验，车辆段上盖开发项目独立桩基承台基础，承台埋置深度以 3.5~4.0m 为宜。承台基础上设置柱墩以减小首层结构层高，柱墩顶面通常可延伸至首层建筑地面以下 1.0m 左右，可确保其不与其他设备基础或检修坑等构件冲突，如图 8-2 所示。

独立桩基承台基础，桩基的直径、桩距、数量及长度需要根据首层柱底计算反力及地质条件综合确定。通常是根据工程勘察报告及当地工程经验，预先选定桩径、桩端持力层、桩基类型及成桩工艺，然后根据勘察报告土层参数计算所需桩数并布桩。当桩数过多或过少时，调整预先选定的各项参数重新设计，直到结果满意为止。中国地大物博幅员辽阔，各地区地质条件差异显著。总体来讲，北方地区地下水位较低，土质较硬，承载力较高，如华北地区以沉积的粉黏土或砂卵石地层为主；南方地区地下水位较高，以淤泥及淤泥质土、饱和软黏土为主。故北方地区桩基类型主要采用以桩周摩擦为主、桩端承载为辅的端承摩擦桩；南方地区则主要采用以桩端承载为主的摩擦端承桩或嵌岩桩。

当遇到液化地基土时，桩身应穿透液化土层；在计算桩基竖向承载力时，应根据勘察报告提供的土层液化折减系数对液化土层的桩周摩阻力进行折减。当遇到新近回填土地层时，不但应扣除该土层范围的全部摩阻力，且应计及该土层产生的负摩阻对桩基的不利影响，桩身也应穿透新近回填土层。此外，车辆段工程所选桩径一般较大（0.8m、1.0m、1.2m 直径均属正常），设计中应注意按现行《建筑桩基技术规范》JGJ 94 考虑大直径桩基的尺寸效应。

这里还需指出的是，在条件许可的情况下，尽量采用后压浆技术的桩基础。根据以往工程经验，在不过多增加造价和工程难度的情况下，后压浆对提高桩基竖向承载力十分有效，竖向承载能力提高 1.5~2 倍均属正常。尤其对北方以粉黏土及砂土为主且土质较硬地区，不论抗压还是抗拔，后压浆技术对提高桩基竖向承载力十分有效，是很好的桩基施工工艺。对地下水位较高且以饱和软黏土、淤泥质土为主的南方地区，慎用后压浆技术。

8.3 变刚度调平设计

对于车辆段上盖开发大底盘多塔项目，主楼与裙房之间一般不设结构缝。整体计算塔楼楼座范围与其他非塔楼楼座范围柱底反力差距较大。此时需要结构设计人员通过基础变刚度调平设计确保不同部位基础变形及受力的合理性。

所谓变刚度调平，对于独立桩基承台基础就是综合考虑地上建筑的结构形式及刚度、荷载大小和分布、地质条件等因素,通过分区域采用不同的基础形式,调整桩径、桩长、桩距等桩基设计参数,优化不同区域桩基支承刚度及承载能力的设计方法。其目的是使上盖开发塔楼楼座范围基础变形与裙房范围基础变形基本保持一致,从而防止建筑不均匀沉降,并减小结构内力。

对车辆段上盖开发项目,塔楼楼座范围内采用桩基,塔楼楼座范围以外的部分,基础形式应充分考虑各种因素综合比选确定。如果地基土承载能力较强且压缩性较小、裙房柱底反力不大且均匀,则完全可以采用天然地基,如柱下独立基础或墙下条形基础;反之,如果地质条件不良,裙房也可与塔楼楼座范围一样采用桩基,但其桩长应根据地质条件及柱底反力情况适当减短,或减小桩基数量增大桩距,以达到"变刚度调平"的目的,如图8-3所示。

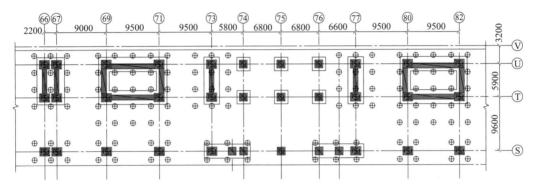

图8-3 采用变刚度调平设计的桩基础

笔者在此指出,车辆段上盖开发项目对传统的在上盖开发塔楼周边的下盖结构设置沉降后浇带来解决不均匀变形的做法是没有意义的。沉降后浇带可以调整塔楼与裙房不均匀沉降的前提是,后浇带需待其两侧主体结构全部建成(加载完成)并沉降稳定后再行封闭。但对车辆段上盖开发项目,上盖开发塔楼近期并不施工(无法加载完成),为保证下盖车辆段正常使用,后浇带需先于塔楼建成封闭。因此设计中不能通过传统的在上盖开发塔楼周边的下盖结构设置沉降后浇带的做法调整基础不均匀变形,此时变刚度调平设计显得更加重要。

8.4 设计举例

8.4.1 单桩竖向承载力计算

以北京某轨道交通车辆段运用库1区为例说明。工程分区如图3-2所示,运用库1区首层为联合检修库库区,库顶上方为景观工程,上覆1.6~3.0m厚填土。本工程采用桩基独立承台基础,在不影响工艺专业设备及检修坑的前提下,承台间设置拉梁及抗水底板。

本工程基础设计采用YJK(盈建科)有限元计算软件,上部结构计算模型及基础计算模型分别如图8-4及图8-5所示。

本工程钻孔灌注桩共采用了3种桩长,分别为28m、30m及32m。根据勘察报告可

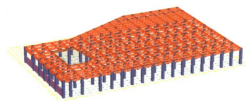

图 8-4 上部结构计算模型

图 8-5 桩基承台基础计算模型

知,桩端持力层主要为⑨层细砂及⑨$_2$层粉砂层。单桩竖向承载力计算如下:

(1) 32m 灌注桩单桩竖向承载力计算(表 8-1,选取 10CX225 孔点)

32m 灌注桩单桩竖向承载力计算表　　　　表 8-1

土层	厚度 (m)	侧阻 (kPa)	端阻 (kPa)	抗拔系数	侧阻注浆放大系数	端阻后注浆放大系数
④$_1$	5.5	0	0.7	—	1.4	—
⑤$_3$	4.4	50	0.55	—	1.6	—
⑥$_1$	2	70	0.75	—	1.4	—
⑥	2.3	75	0.75	—	1.4	—
⑦$_2$	5.5	55	0.55	—	1.6	—
⑧	3.2	80	0.75	—	1.4	—
⑨$_2$	6.3	60	0.55	—	1.6	—
⑨	2.8	65	0.65	1200	1.6	2.4

注:因④$_1$层为液化土层,设计中未考虑该层提供的侧阻力,侧阻力取为 0kPa。

根据现行《建筑桩基技术规范》JGJ 94 计算:

单桩抗压极限承载力标准值 $Q_{uk}=Q_{sk}+Q_{pk}=\mu\sum q_{sik}l_i+q_{pk}A_p=7610.95\text{kN}$

单桩竖向抗压承载力标准值(特征值) $R_a=1/2Q_{uk}=3805.47\text{kN}$

单桩竖向抗拔承载力标准值(特征值) $T_{uk}=\sum\lambda_i q_{sik}\mu_i l_i=2613.68\text{kN}$

则 $T_{uk}/2+G_p=1547.84\text{kN}$

(2) 30m 灌注桩单桩竖向承载力计算(表 8-2,选取 10CX212 孔点)

30m 灌注桩单桩竖向承载力计算表　　　　表 8-2

土层	厚度 (m)	侧阻 (kPa)	端阻 (kPa)	抗拔系数	侧阻注浆放大系数	端阻后注浆放大系数
③	0.6	55	0.7	—	1.4	—
④$_1$	4.5	0	0.7	—	1.4	—
⑤$_3$	5	50	0.55	—	1.6	—
⑥	1.5	75	0.75	—	1.4	—
⑦$_2$	4.9	55	0.55	—	1.6	—
⑦	2.1	60	0.6	—	1.4	—
⑧	2.2	80	0.75	—	1.4	—
⑨	9.2	65	0.65	1200	1.6	2.4

注:因④$_1$层为液化土层,设计中未考虑该层提供的侧阻力,侧阻力取为 0kPa。

根据现行《建筑桩基技术规范》JGJ 94 计算:

单桩抗压极限承载力标准值 $Q_{uk}=Q_{sk}+Q_{pk}=\mu\sum q_{sik}l_i+q_{pk}A_p=7667.75\text{kN}$

单桩竖向抗压承载力标准值(特征值) $R_a=1/2Q_{uk}=3833.87\text{kN}$

单桩竖向抗拔承载力标准值（特征值）$T_{uk}=\sum\lambda_i q_{sik}\mu_i l_i=2486.88\text{kN}$

则 $N_k=T_{uk}/2+G_p=1469.44\text{kN}$

（3）28m 灌注桩单桩竖向承载力计算（表 8-3，选取 10CX203 孔点）

28m 灌注桩单桩竖向承载力计算表　　　　表 8-3

土层	厚度 (m)	侧阻 (kPa)	端阻 (kPa)	抗拔系数	侧阻注浆 放大系数	端阻后注 浆放大系数
④	1.13	65	0.75	—	1.4	—
④₄	5.2	55	0.75	—	1.4	—
⑤	3.8	55	0.6	—	1.6	—
⑥	1.1	75	0.75	—	1.4	—
⑥₁	1	70	0.75	—	1.4	—
⑥	1.6	75	0.75	—	1.4	—
⑥₃	1.6	70	0.75	—	1.4	—
⑦	4	60	0.6	—	1.6	—
⑧₃	2.7	75	0.75	—	1.4	—
⑨₂	5.97	60	0.55	900	1.6	2.4

根据现行《建筑桩基技术规范》JGJ 94 计算：

单桩抗压极限承载力标准值 $Q_{uk}=Q_{sk}+Q_{pk}=\mu\sum q_{sik}l_i+q_{pk}A_p=7661.84\text{kN}$

单桩竖向抗压承载力标准值（特征值）$R_a=1/2Q_{uk}=3830.92\text{kN}$

单桩竖向抗拔承载力标准值（特征值）$T_{uk}=\sum\lambda_i q_{sik}\mu_i l_i=2956.23\text{kN}$

则 $N_k=T_{uk}/2+G_p=1689.12\text{kN}$

8.4.2 桩基承台检算

本工程底板按防水板设计，不考虑其承担地基土反力。标准组合下首层柱底反力计算结果如图 8-6 所示；桩基承台主要检算结果分别如图 8-7～图 8～11 所示。

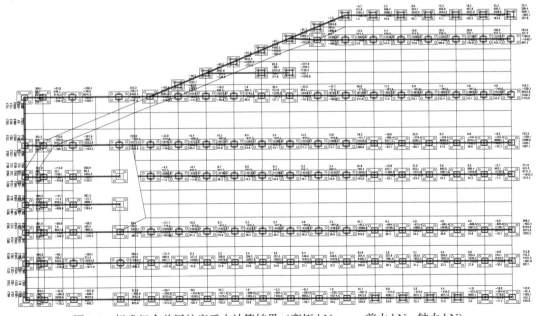

图 8-6　标准组合首层柱底反力计算结果（弯矩 kN·m，剪力 kN、轴力 kN）

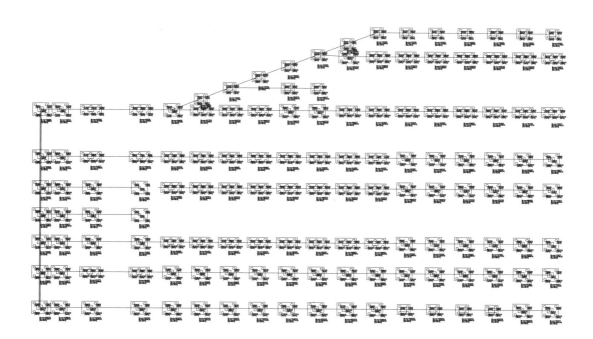

图 8-7　桩基承载力检算结果（kN）

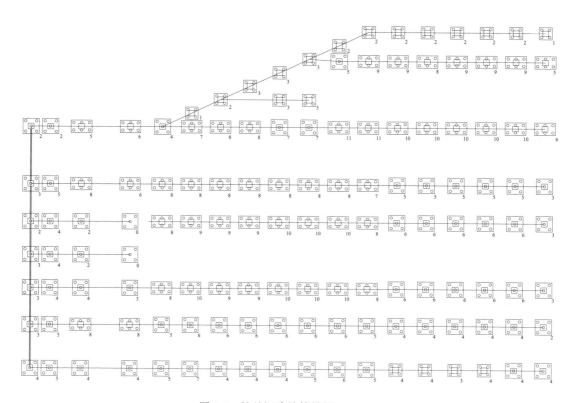

图 8-8　桩基沉降检算结果（mm）

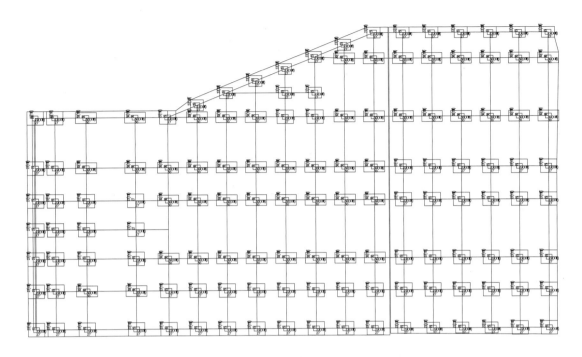

图 8-9 承台配筋计算结果（mm²/m）

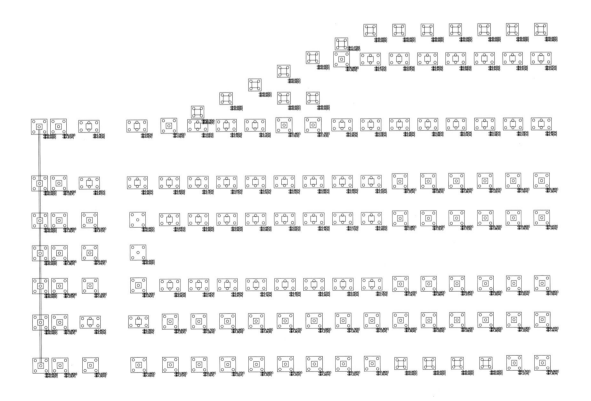

图 8-10 承台受冲切检算结果

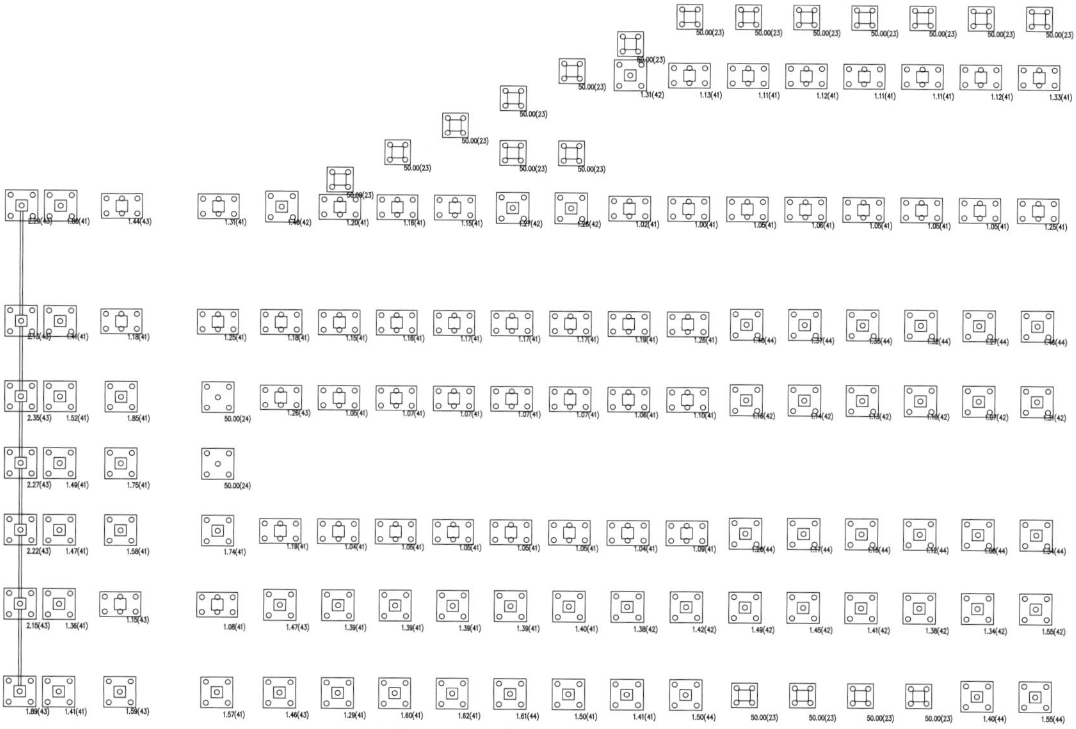

图 8-11　承台受剪切检算结果

桩身位于稳定地下水位以下,根据《建筑桩基技术规范》JGJ 94 的规定,裂缝宽度限值按二 a 类环境类别 0.3mm 考虑。桩身配筋计算如下:

桩径 800mm;桩身纵向受力钢筋采用三级钢 22 根 ϕ22 钢筋;

桩身配筋率 $\rho_{te}=22\times\pi\times11^2/\pi\times400^2\times100\%=1.66\%$;

按照轴心受力构件考虑受力特征系数 $\alpha_{cr}=2.7$;

C30 混凝土受拉强度标准值 $f_{tk}=2.01\text{N/mm}^2$;

纵向受拉钢筋应力 $\sigma_{sq}=1469\times1000/(22\times\pi\times11^2)=175.66\text{N/mm}^2$;

HRB400 钢筋弹性模量 $E_s=2\times10^5\text{N/mm}^2$;

混凝土保护层厚度 70mm,按现行《混凝土结构耐久性设计标准》GB/T 50476 规定,超过 30mm 时计算取 $c_s=30\text{mm}$;

裂缝间纵向受拉钢筋应变不均匀系数:$\psi=1.1-0.65\times f_{tk}/(\rho_{te}\cdot\sigma_{sq})=0.652$;

裂缝计算结果 $w_{max}=\alpha_{cr}\cdot\psi\cdot\dfrac{\sigma_s}{E_s}\left(1.9c_s+0.08\dfrac{d_{eq}}{\rho_{te}}\right)=0.252\text{mm}<0.3\text{mm}$,满足要求。

8.5　试桩

8.5.1　试桩的分类及必要性

根据现行《建筑桩基检测技术规范》JGJ 106 的规定,对于(1)设计等级为甲级、乙级的桩基工程；(2) 地质条件复杂、施工质量可靠性低的桩基工程；(3) 采用新桩型或新工艺的桩基工程，上述情形宜通过现场试桩确定土层参数并进一步确定单桩竖向抗压或抗拔承载能力。在工程桩基设计与施工之前，设计方首先根据勘察资料提供数据预先选择桩径、桩长并初步估算单桩竖向承载力标准值（特征值），随后三方检测单位根据设计初步计算结果在实际工程场地按照试桩要求及数量试桩，通过压桩试验确定桩基荷载-变形曲线（p-s 曲线），进而反推土层参数，准确确定单桩竖向承载力，以及验证设计初步计算结果是否正确。车辆段上盖开发项目桩基工程设计等级一般为乙级，复杂及重要性相对一般民用建筑高，大多采用试桩确定工程桩基竖向承载能力，并对勘察报告提供的土层参数给予一定的校核及修正。

试桩的数量应按照设计中的不同桩基类型（抗压与抗拔）、不同桩径及桩长等因素确定。每种桩型试桩数量应不少于 3 根，且应选择场地有代表性的位置分散测试。遇场地面积较大或地基土分层起伏不均等地质条件复杂情况，还应适当增加试桩数量。图 8-12 为北京某轨道交通车辆段场区试桩桩位布置平面图。

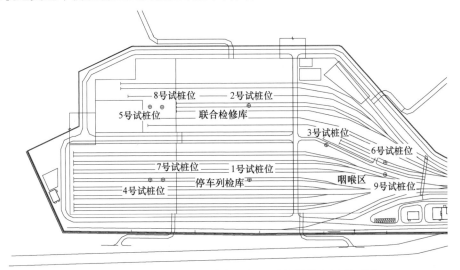

图 8-12　北京某轨道交通车辆段场区试桩桩位布置平面图

试桩一般由建筑单位委托具有专业检测资质的第三方检测单位负责。总体来讲，试桩主要分为以下两种方式。方式一：破坏性压桩，即试桩中不设定加载上限，逐级增大荷载直至桩基破坏（变形不能稳定或者出现过大变形等情况）并绘制完整的 p-s 曲线图，第三方检测单位为设计方提供单桩竖向承载力依据。方式二：检验性压桩，即试桩中按设计初步计算的单桩竖向承载力标准值并放大一定倍数设定加载上限，实际仅加载至此上限值即停止并完成试验，第三方检测单位仅对设计单位所提供的单桩竖向承载能力是否可以达到给出结论意见。采取此种试桩方式时，单桩竖向承载力标准值实际还是通过勘察报告土层参数计算得出，只是通过现场试桩进行了检验和确认而已。

上述两种试桩方式虽然均可满足工程要求，但作为结构设计人员固然希望第三方检测单位按照上述方式一进行，理由是设计方希望通过试验为自身设计提供较为准确的单桩竖向承载力数据。事实上，第三方检测单位通常不愿意采用方式一，理由是（1）破坏性压桩试验难度大、成本高，所得数据离散性显著，检测报告结论不容易确定。（2）即便能够按照方式一完成试验并给出明确结论，由于单桩竖向承载力标准值由第三方检测单位提出，且按照此数据进行基础设计安全储备相对低，故第三方检测单位实质上承担了很大的责任。基于上述客观因素，实际工程第三方检测大多是按方式二开展的。

实际工程中，业主有时不愿开展试桩工作，认为此项工作既浪费资金又耽误工期，完全是一种资源浪费。笔者在此强调，设计人员要充分站在专业的角度给业主阐述试桩的必要性，如桩基工程对整体结构的安全性起到关键作用，而试桩是其质量达到要求的可靠保障；通过破坏性压桩试验可以得到真实的单桩竖向承载力数据，设计以此为依据可以优化桩基数量从而减少工程造价等。总之，结构设计人员要让业主充分意识到试桩是保证工程质量并节省造价的"有力武器"，博取充分信任后自然会征得业主的同意。还有些工程项目，为了节省工程造价，采取试桩兼作工程桩的方式。对方式一破坏性压桩，由于试验完成后桩基已经破坏，故不能作为工程桩使用；对方式二检验性压桩，需对试桩后的桩基重新进行桩身完整性检测，检测合格后，方可作为工程桩使用。

8.5.2 试桩的主要操作步骤及试验内容

设计人员首先应根据勘察报告确定工程桩型、桩径、桩长及桩端持力层，根据勘察报告提供的土层参数初步估算单桩竖向承载力标准值，然后按照不小于单桩竖向承载力标准值2倍的原则提出试桩竖向最大加载值。明确试桩种类（不同桩径、不同桩长、抗压还是抗拔均为不同种类桩），并提资给第三方检测单位，可按每种试桩3根的原则确定试桩总根数。这里笔者想提醒广大结构设计人员注意，鉴于第三方检测单位不愿按方式一破坏性压桩测试，设计方可以适当提高试桩竖向最大加载值要求，以尽可能地要求检测单位作出较为完整的 p-s 压桩曲线供设计参考，从而有助于设计人员对桩基实际的安全储备有更多了解。该数值也不宜过高，尤其当试桩兼做工程桩时，一旦桩基破坏则造成不必要的损失。按规定单桩竖向最大加载值不小于单桩竖向承载力标准值的2倍，笔者根据以往工程经验，认为根据各地区地质条件可将此数值提高至 2.5~3 倍。

试桩通常情况包括以下3项内容：（1）桩身完整性检测；（2）单桩竖向抗压静载荷试验；（3）单桩竖向抗拔静载荷试验。

桩身完整性检测通常采用声波透射法。基本原理是在被测桩体内预埋若干竖向相互平行的声测管作为检测通道，将超声脉冲发射换能器与接收换能器置于注满清水的声测管中。测试时由发射换能器发射超声脉冲，此脉冲信号穿透待测的混凝土桩体，并经接收换能器被检测仪器所接收。由于超声脉冲信号在混凝土的传播过程中发生绕射、折射、多次反射和吸收衰减，使接收信号在传播时间、振动幅度、波形及主频等相对发射信号发生变化，因此接收信号携带了有关传播介质（即被测桩身混凝土）的各种信息（密实度、缺陷及完整度）。经专业检测仪器的分析软件对所接收到的信号进行综合分析及各种研判，即可判别桩基混凝土的缺陷程度及位置，从而对桩身混凝土的完整性作出评价。

单桩竖向抗压静载荷试验是在被测桩顶设置配重平台，并在平台上堆载重物以施加压力进行单桩竖向抗压承载力测试的方法。试验采用相互并联的油压千斤顶逐级施加荷载，加载数值由量测载荷的压力传感器控制，并在桩头位置对称安装位移计测试桩基沉降量，取平均值。单桩竖向抗压静载荷试验装置如图8-13所示。

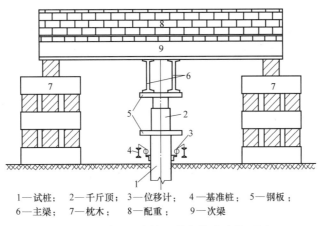

1—试桩；　2—千斤顶；　3—位移计；　4—基准桩；　5—钢板；
6—主梁；　7—枕木；　8—配重；　　9—次梁

图 8-13　单桩竖向抗压静载荷试验装置图

单桩竖向抗拔静载试验利用千斤顶横梁作为反力装置，用油泵及并联千斤顶组成抗拔桩竖向加载系统，由压力表控制加载数值，并用对称安装在桩头的位移计测定试桩的上拔位移量，取平均值。单桩竖向抗拔静载荷试验示意图如图 8-14 所示。

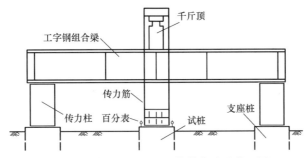

图 8-14　单桩竖向抗拔桩静载荷试验装置图

8.5.3 工程试桩举例

以 8.4 节所述北京某轨道交通车辆段为例说明。本工程根据上部结构计算所得柱底反力及勘察资料提供土层参数确定桩型、桩径、桩长，并初步计算单桩竖向承载力标准值，如表 8-4 和表 8-5 所示。设计方根据土层地质及实际工程情况，将计算所得单桩竖向承载力标准值乘以 2.5～3.0 倍提出试桩竖向最大加载值，如表 8-5 所示。本工程按照每种类型桩基试桩 3 根统计试桩总量，如表 8-6 所示。

试桩桩基参数表　　　　　表 8-4

桩号	桩径(mm)	桩长(m)	桩数(根)	混凝土强度等级
1～3 号	1000	40.6	3	水下 C35
4～9 号	800	32.6	6	水下 C35

本工程试桩具体操作要求如下：

（1）试验场地要求：①场地道路应平整，满足吊车、运输车辆等作业工作面要求；②每个抗压静载荷试验场地面积约为 12m×12m，每个抗拔静载荷试验场地面积约为 6m×

12m；③抗拔静载荷试验采用地基土提供反力，因此试验场地应干净平整并施作硬化地面。处理后的地基土承载力不应小于360kPa（抗拔静载荷试验单个支墩需提供大约2880kN反力，支墩与地面接触面积为8m^2）；④抗压静载荷试验场地应开挖至原状土层并夯实平整，以确保试验平台稳定。

试桩单桩竖向承载力标准值及竖向最大加载值统计表　　　　表8-5

桩号	试验类型	计算所得单桩竖向承载力标准值(kN)	试桩竖向最大加载值(kN)	桩端持力层	桩基类型
1～3号	抗压	6201	15000	⑪$_1$层细砂层	端承摩擦桩
4～6号	抗压	3868	9500	⑨层细砂层	端承摩擦桩
7～9号	抗拔	1735	4500	⑨层细砂层	抗拔桩

试桩数量统计表　　　　表8-6

总桩数(根)	声波透射法桩身完整性检测(根)	单桩竖向抗压静载试验数量(根)	单桩竖向抗拔静载试验数量(根)
9	9	6	3

（2）抗拔桩桩头处理：①试桩桩头应在试验前剔凿平整至设计标高；②试桩主筋应顺直，桩头外预留钢筋高度为1m；③桩头预留钢筋如需截断，不允许采用电焊或氧气切割。

（3）抗压桩桩头处理：①应剔凿桩头顶部不密实的混凝土破碎层；②桩头与桩身的中轴线应重合；③桩头主筋应全部延伸至桩顶混凝土保护层以下，且各主筋应位于同一高度；④桩顶以下1D（D为桩径）范围内，采用5mm厚的钢板围箍；⑤桩顶位置设置3层$\phi 6@100\times 100$mm钢筋网片，如图8-15所示；⑥桩头混凝土强度等级宜比桩身提高1～2个等级，且不得低于C40；⑦桩头顶面应采用水平尺找平，确保平整。

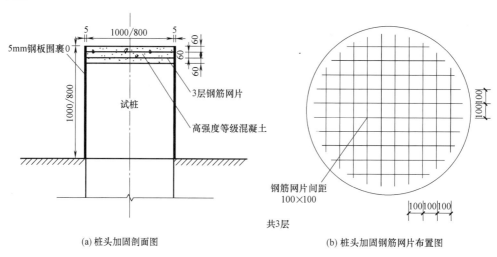

图8-15　桩头加固详图

（4）声测管埋设要求：采用声波透射法检测桩身完整性，直径$D=1.0$m试桩内需预先埋设 3 根 $\phi 50$ 壁厚 3.5mm 声测管；直径 $D=0.8$m 试桩内需预先埋设 2 根 $\phi 50$ 壁厚 3.5mm 声测管。声测管长度应不小于试桩内的较长主筋长度。声测管宜采用无缝钢管，并与钢筋笼可靠焊接，当采用螺丝口分段接长声测管时应确保接口连接处紧密不漏浆。声测管管底采用封端钢板密封，管顶采用木塞等填充物密封，防止混凝土进入并堵塞管道。

现场试桩完成后，第三方检测单位汇总整理试验数据并编制试桩报告。试桩报告一般包含如下几项内容：(1) 工程概况；(2) 工程地质条件；(3) 检测目的；(4) 检测依据；(5) 桩基设计参数；(6) 检测数量；(7) 检测方法及设备；(8) 试验步骤及试验过程描述与记录；(9) 检测结果；(10) 结论与建议；(11) 附表。本工程试桩结果如表 8-7、表 8-8 及图 8-16、图 8-17 所示。

单桩竖向抗压静载荷试验成果表　　　　表 8-7

试验桩号	计算所得单桩竖向承载力标准值(kN)	试桩竖向最大加载值(kN)	试桩竖向最大加载值时的累计沉降量(mm)	实测单桩竖向抗压承载力标准值(kN)
1 号	6201	15000	12.75	7500
2 号	6201	15000	12.89	7500
3 号	6201	15000	13.54	7500
4 号	3868	9500	13.15	4750
5 号	3868	9500	9.32	4750
6 号	3868	9500	13.77	4750

单桩竖向抗拔静载荷试验成果表　　　　表 8-8

试验桩号	计算所得单桩竖向承载力标准值(kN)	试桩竖向最大加载值(kN)	试桩竖向最大加载值时的累计上拔量(mm)	实测单桩竖向抗拔承载力标准值(kN)
7 号	1735	4500	12.27	2250
8 号	1735	4500	12.62	2250
9 号	1735	4500	10.67	2250

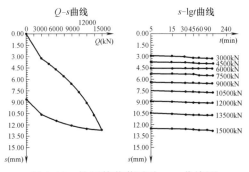

图 8-16　抗压静载荷试验 p-s 曲线图

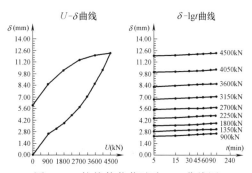

图 8-17　抗拔静载荷试验 p-s 曲线图

此外，对 9 根试验桩进行了声波透射法桩身完整性检测，综合分析判定，各桩基桩身完整性类别均判别为 Ⅰ 类桩。

8.6 工程桩检测

工程桩基施工完成后,是否能够达到设计及质量要求需要进行工程桩基检测,仍然是建设单位委托具备相应检测资质的第三方检测单位实施。

对于采用大直径冲、钻孔灌注桩基的车辆段工程,桩身完整性检测可采用低应变法或声波透射法。虽然低应变法测试结果离散性较大,但由于低应变法避免了土建施工中声测管的埋设,实际工程仍较多采用。现行《建筑桩基检测技术规范》JGJ 106 规定,采用低应变法进行桩身完整性检测,每根柱下承台的灌注桩、抽检数不得少于 1 根;一类建筑桩基、地质条件复杂,成桩质量可靠性较低或有争议的桩基工程、抽检数不应少于总桩数的 30%,且不得少于 20 根;其他桩基工程,抽检桩数不应少于总桩数的 20%,且不得少于 10 根。车辆段上盖开发项目场区总桩数较多(一般均有几千根桩),实际检测数量通常是总桩数的 20%控制。

单桩竖向承载力检测采用抗压或抗拔静载荷试验。现行《建筑桩基检测技术规范》JGJ 106 规定,采用静载荷试验检测单桩竖向抗压承载力应采用慢速维持荷载法。检测数量不应少于总桩数的 1%,且不少于 3 根;单桩竖向抗拔承载力检测应进行抗拔静载荷试验,试验桩数不应少于总桩数的 1%,且不少于 3 根。对车辆段上盖开发项目,上述抗压抗拔静载荷试验检测数量通常是总桩数的 1%控制。

工程桩检测完成后,第三方检测单位应根据检测结果对桩基施工质量进行评定。成桩质量可根据实测桩身混凝土质量与实测桩身完整性分为Ⅰ、Ⅱ、Ⅲ、Ⅳ四类,分别对应优良、合格、严重缺陷与不合格 4 个等级。车辆段上盖开发项目桩基工程要求检测结果中无Ⅲ、Ⅳ类桩且Ⅰ类桩占所检总桩数的百分比大于 50%。当出现Ⅲ类桩时,应采用其他检测方法并扩大检测范围进一步判定质量是否合格。

8.7 结构抗浮设计

8.7.1 压重抗浮

车辆段上盖开发项目通常无地下室,地上结构压重远大于浮力,不存在整体结构抗浮问题。只有对"整体下沉"或"整体半下沉"车辆段,抗浮水位较高时才可能存在整体结构抗浮问题。此外,对采用独立桩基承台+抗水板的车辆段项目来说,由于库区内抗水板上房心回填土较少,当抗浮水位较高时,抗水板可能存在局部抗浮问题,结构设计人员需特别注意核查抗水板在水浮力作用下的变形。原因是车辆段工程库区抗水板上方需要铺设轨道股线,如果抗水板在水浮力作用下变形过大,即便承载强度满足要求,也会造成道床及轨道线路过大隆起,不但影响轨道交通的正常运营,而且还可能造成修复难度及代价较大的损坏。

以 8.4 节所述北京某轨道交通车辆段为例说明,该车辆采用半下沉式场区。受限高控制,该工程场区内运用库、联合检修库、咽喉区及周边道路整体下沉 5.5m,非下沉区域地面绝对高程为 22m,下沉区域地面绝对高程为 16.5m。根据勘查资料,抗浮水位为

19.5m，即地面以下 2.5m，近 3~5 年最高水位为 18.5m，为地面以下 3.5m。库区范围内整体抗水板底面高程为 14.8m，上覆房心回填土压重，如图 8-18 和图 8-19 所示。本工程下沉区域面积约 182000m²，由于下沉面积较大，抗浮方案的选择在很大程度上影响工程的结构安全和造价水平。

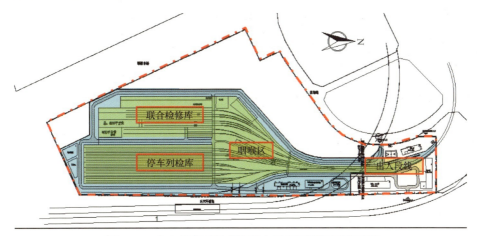

图 8-18 北京某半下沉式轨道交通车辆段场区平面图

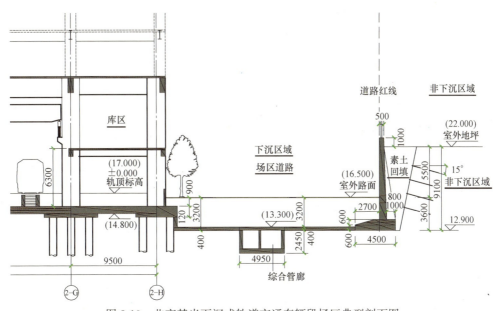

图 8-19 北京某半下沉式轨道交通车辆段场区典型剖面图

(1) 整体抗浮验算

结构自重：16351.35×25＝408783.75kN；

防水板自重 0.5×25×18207＝227587.5kN；

承台自重 143×5×5×1.3×25＝116187.5kN；

覆土压重 1.3×18×18207＝426043.8kN；

总重 1178602.55kN；

水浮力：18207×5.7×10＝1037799kN。

自重/水浮力＝1.13＞1.05，整体抗浮满足要求。

(2) 局部桩基竖向抗拔承载力检算

本工程联合检修库1区个别跨度较大（主要是一跨3线位置），可能存在局部个别桩基抗拔的情形，故采用YJK计算软件建立桩基抗拔模型并对桩基竖向抗拔承载力进行检算。抗拔模型仅保留结构自重、建筑面层做法自重及抗水板上覆土压重进行计算。抗拔模型计算结果与正常模型（详见8.4.2节所述各简图）内容基本相似，此处不再赘述。根据抗浮模型与正常模型的计算结果，对承台、抗水板及拉梁进行包络设计。

(3) 抗水板配筋计算

抗水板配筋计算应考虑抗水板下水浮力荷载、抗水板自重及其上房心回填土压重。1区联合检修库主体结构抗水板最大净跨度为17.6m。由于横向拉梁间距较大，本工程抗水板基本形成横向受力的单向板块。水浮力对抗水板产生的净反力为：水浮力-结构自重-覆土压重＝2.3kN/m^2，以此作为单向抗水板的外荷载，人工核算其配筋及变形，计算简图如图8-20所示，主要计算结果如图8-21所示。

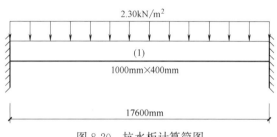

图8-20 抗水板计算简图

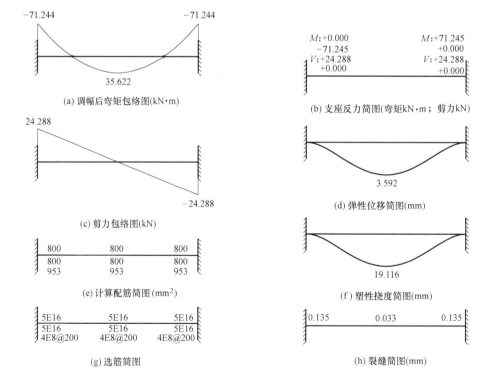

图8-21 抗水板内力、配筋及变形检算结果

经计算，可知抗水板配筋 $\phi16@200mm$ 可满足强度及裂缝要求；水浮力工况下抗水板的挠度变形满足轨道专业要求。

8.7.2 CMC 静水压力释放技术

传统解决结构抗浮问题的主导思想就是"抗",属"被动抗浮"。主要是通过(1)增加配重。如增加结构截面尺寸,增设底板襟边,增加面层厚度或采用密度大的压重材料覆盖等。(2)借助土体的摩擦外力抗浮,如在基础底板下打设抗浮锚杆或抗拔桩,利用围护结构桩或连续墙与土体之间的摩擦作用等。简言之,传统的抗浮方式主要是通过提高结构自身的抗浮力来解决整体抗浮问题。

与传统"被动抗浮"思路不同,消浮的基本思想是主动减小基础底板下的水压力,使建筑物保持稳定,属"主动抗浮"。存在以下两种方式:(1)降水或盲沟排水,此方法适用于地下水类型为潜水且水位不高、抽水量不大的情形。(2)CMC 静水压力释放技术,该方法不是设法降低地下水位,而是通过透水系统、导水系统、集水系统等将地下水收集起来并及时导走,以降低基底压力水头从而达到消浮目的。

图 8-22 为结构整体抗浮方法分类图示,表 8-9 为传统抗浮方式与 CMC 静水压力释放技术的优缺点比较。

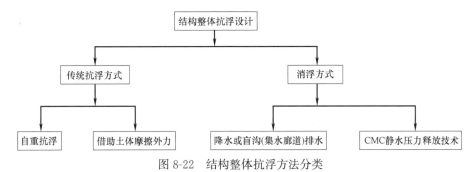

图 8-22 结构整体抗浮方法分类

传统抗浮方式与 CMC 静水压力释放技术的优缺点比较表　　　　表 8-9

比较项目	传统抗浮方案	CMC 静水压力释放技术
结构安全性	好	好
施工时间	相对较长	相对较短
工艺成熟度及施工难度	工艺成熟,难度较小	相对复杂,需专业施工队伍作业施工
适用条件	基本没有限制	对地层及土质的渗透性有一定要求
抵抗异常气候的能力及受环境影响情况	较低,抗浮效果受环境影响较大	较高,消浮效果基本不受环境影响
节能减废等社会效益	较差	较好
耐久性及长期使用性能	好	好
工程造价	相对较高	相对较低
维护费用	基本没有	存在设备检修及用电等日常维护费用
附加价值	无	渗流水可与中水回收系统结合再利用,作为绿化灌溉及景观用水,特殊时期亦可作临时生活用水

前述 8.7.1 节北京某半下沉式轨道交通车辆段如采用 CMC 静水压力释放技术,消浮方案典型场区布置剖面如图 8-23 所示。

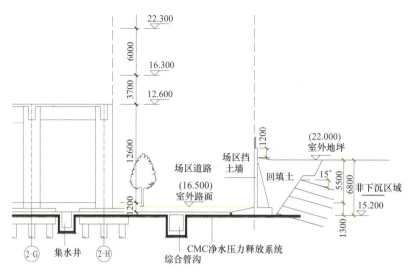

图 8-23　北京某半下沉式轨道交通车辆段静水压力释放技术典型场区布置剖面图

按场区底板底面 15.2m，抗浮水位 19.5m，则抗浮水头差为 19.5－15.2＝4.3m（底板下水压力为 4.3t/m²）。在下沉区范围内全面铺设 CMC 静水压力释放层，使底板下水头保持 0.2～0.4m（底板下水压力保持 0.2～0.4t/m²），取平均值 0.3m 计算，则需降低水头 4.3－0.3＝4.0m。利用 ANSYS 有限元计算软件，以下沉场区标准段基坑宽度 95m、基坑深度 5.5m 位置建立有限元渗流计算模型，土体单元采用各向同性连续渗流均质体。水压力渗流分析结果如图 8-24 所示。

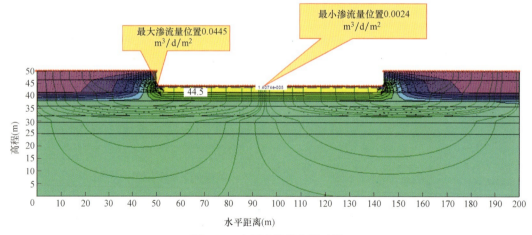

图 8-24　水压力渗流分析云图

经计算，为消除浮力作用的减压排水量约为 4180～4940m³/d，最大单位面积排水量为 0.022～0.026m³/d/m²≤0.03m³/d/m²，符合要求。本工程"释放层"采用一级高渗透阻流滤层（透水率约 4.5cm/s）及超导水格网（导水量 3.4×10⁻³～3.8×10⁻³m³/s/m）材料，可保证消浮设计安全系数大于 10。将排出水经储留设备收集处理后用作景观绿化灌溉用水，按自动喷洒植被 0.02m³/d/m² 的浇灌需求量计算，约可供应 21 万 m² 草坪或小灌木浇灌使用。

CMC静水压力释放层透水系统的搭接及收边做法示意如图8-25（a）～（c）所示；其静水压力释放层的集水系统应设置于透水系统内部过滤层与导水层之间，如图8-25（d）所示。出水系统设置于底板下的集水井内，与集水系统水平集水管连接。集水系统水平集水网安装时，应根据设计要求安装直立出水系统连接管，如图8-26所示。

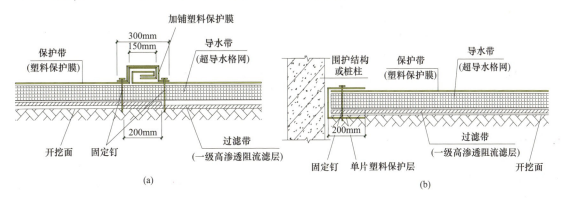
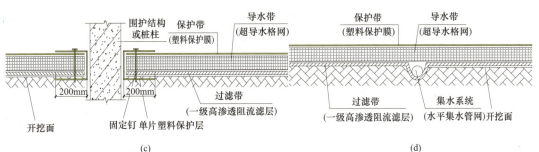

图8-25　CMC静水压力释放层节点做法

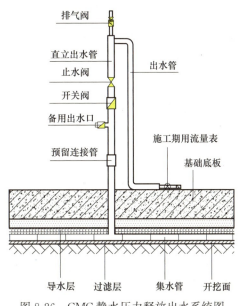

图8-26　CMC静水压力释放出水系统图

8.8 中、大震下的桩基检算

现行规范仅规定了非抗震和小震下的桩基竖向承载力检算要求,而无中、大震下的桩基竖向承载力检算要求。车辆段上盖开发项目通常需要进行性能化设计及大震分析,故某些项目超限评审专家提出桩基需进行中、大震下的抗震竖向承载力检算。原因是即使地上结构可以满足中、大震的承载和变形要求,但桩基工程不能满足,整体结构仍然不安全。之所以进行中、大震下桩基竖向承载力检算,主要目的是与地上结构抗震设防标准相适应。现阶段因尚无规范具体规定,中、大震下的桩基竖向承载力检算给结构设计人员带来不小的困扰。笔者根据以往工程经验,在此做一定的分析与探讨。

结构设计检算构件承载能力时,一般采用分项系数法。而在进行桩身强度检算时,建议采用安全系数法,计算公式如式(8-1)所示。其中"K_1"为安全系数,A_p为桩基桩身截面积,f_{ck}为混凝土抗压强度标准值,中、大震下桩身强度检算允许适当计入钢筋的抗压贡献,中震下应采用钢筋屈服强度标准值f_{yk},大震下可采用钢筋极限强度标准值f_{stk}。

$$A_p f_{ck} / N_{kmax2} \geqslant K_1 \tag{8-1}$$

单桩竖向承载能力的检算按式(8-2)和式(8-3)进行。其中K_2、K_3分别为平均安全系数及最小安全系数,N_{k2}为中、大震工况荷载效应标准组合下群桩(或单桩)顶平均竖向力,"N_{kmax2}"为中、大震工况荷载效应标准组合下桩顶最大竖向力,Q_{uk}为单桩竖向极限承载力标准值。

$$Q_{uk} / N_{k2} \geqslant K_2 \tag{8-2}$$
$$Q_{uk} / N_{kmax2} \geqslant K_3 \tag{8-3}$$

中震下不允许桩基损坏,应全部满足式(8-1)~式(8-3)的要求。大震下允许部分桩受损,故应先用式(8-1)和式(8-3)判断哪些桩受损,然后用其余未受损桩基重新计算桩顶平均竖向力N_{k2},并判断是否满足式(8-2),检算通过则可认为满足要求。

笔者认为可以安全系数作为不同地震工况下结构安全度的控制指标,因此,不同地震工况下桩基承载力安全系数并不相同。非抗震工况安全系数不小于2,小震时安全系数降低为1.6。由于中、大震发生的概率依次比小震递减,所以安全系数下限也可依次适当降低。表8-10中给出中、大震工况下,桩基竖向承载力检算的安全系数取值建议。

中、大震工况桩基竖向承载力安全系数取值建议表　　　　表8-10

工况	桩身强度检算安全系数K_1	单桩竖向承载能力检算安全系数K_2	群桩竖向承载能力检算安全系数	
			平均安全系数K_2	最小安全系数K_3
中震	1.2~1.4	1.2~1.4	1.2~1.4	1.2
大震	1.0	1.0	1.0~1.1	1.0

由于中、大震工况下结构底部倾覆力矩较大,故不排除出现边桩受拉的情形。对此,笔者认为可用同样的方法控制桩基抗拔承载力安全度,安全系数仍可按表8-10采用。中、大震下按式(8-1)检算桩身强度时允许适当计入钢筋的抗拉贡献,中震下应采用钢筋屈服强度标准值f_{yk},大震下可采用钢筋极限强度标准值f_{stk}。

第9章 节点设计优化与研究

对大量使用包括型钢混凝土、钢管混凝土等组合结构构件的车辆段上盖开发项目，节点设计的好坏将直接决定整体结构的安全性能。然而，现行《组合结构设计规范》JGJ 138、现行《型钢混凝土组合结构构造》04SG523、现行《型钢混凝土结构施工钢筋排布规则与构造详图》12SG904 和现行《钢管混凝土结构构造》06SG524 中所示范例不能涵盖实际工程中遇到的所有复杂节点情形。本章针对车辆段工程组合结构构件节点设计普遍遇到的一部分问题做一定的总结和论述。

9.1 基础节点

9.1.1 框架柱与承台的连接

车辆段工程一般无地下室，首层结构框架柱与桩基承台相连。当首层框架柱采用型钢混凝土或钢管混凝土组合结构构件时，设计可采用图 9-1、图 9-2 做法。

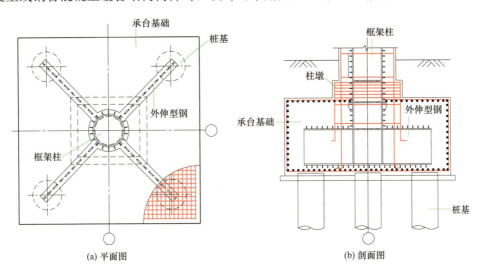

图 9-1 型钢混凝土与承台的连接

图中框架柱型钢钢骨（或钢管）插入承台后，在承台内部，柱型钢钢骨（或钢管）至周边各桩基中心连线之间配置外伸型钢。外伸型钢与柱型钢钢骨（或钢管）翼缘或缀板连接。采用此种连接方式的优点有 3 个。

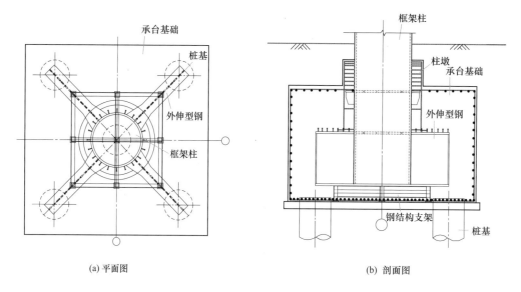

图 9-2 钢管混凝土与承台的连接

（1）有效减小承台插入深度及承台高度。按照现行《组合结构设计规范》JGJ 138 的规定，型钢（或钢管）需插入承台不小于 2.0D（型钢）或 2.5D（钢管）（D 为型钢的长边尺寸或圆钢管外径），如首层柱底弯矩较大，还需根据柱底弯矩计算确定插入深度。当型钢截面尺寸较大时，插入深度也相应较大。笔者认为采用图示连接方法后，参照机械锚固的相关原理和规定，型钢（或钢管）的承台插入深度满足计算所需插入深度的 0.6 倍，即不小于 1.2D（型钢）或 1.5D（钢管）即可。因此可有效减小型钢（或钢管）的承台插入深度，从而减小承台高度。

（2）有效传递竖向压力至桩基。型钢混凝土柱（或钢管混凝土柱）竖向轴力较大，当为多桩承台基础时，采用图 9-1 及图 9-2 的连接方式可有效将框架柱的竖向压力通过外伸型钢传递至桩基，传力途径明确。

（3）框架柱底与承台连接部位设置柱墩。其目的是：①设置柱墩后，首层结构层高可从柱墩顶面起算，有利于整体结构抗震计算。②设置柱墩后，有利于首层柱型钢（或钢管）满足承台插入深度要求。型钢（或钢管）的承台插入深度可从柱墩顶面起算，相当于增大了承台高度。

此外，根据现行《型钢混凝土组合结构构造》04SG523、现行《型钢混凝土结构施工钢筋排布规则与构造详图》12SG904 和现行《钢管混凝土结构构造》06SG524 的要求，为了吊装和就位过程中型钢构件的有效固定，埋入式柱脚均需设置安装螺栓。实际设计可在承台基础垫层之上铺设钢结构支架，如图 9-2 所示，该支架在承台混凝土未达到设计强度前对型钢（或钢管）起支撑固定作用。

对未采用独立桩基承台的其他基础类型（筏形基础、十字交叉梁基础等），也可仿照上述做法设置外伸型钢，目的是增加型钢构件施工安装中的稳定性。此时外伸型钢可采用较小的截面尺寸，满足基本构造即可，避免对框架柱及柱墩的钢筋布设造成不利影响，如图 9-3 所示。

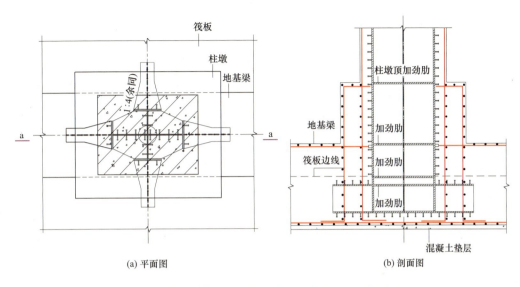

(a) 平面图 (b) 剖面图

图 9-3　提高型钢构件安装稳定性的外伸型钢柱脚做法

9.1.2　内藏钢板混凝土剪力墙与承台的连接

内藏钢板混凝土剪力墙在条形承台内的连接方式为，沿条形承台内设置 H 型钢，剪力墙钢板底部与 H 型钢等强焊接。剪力墙内排钢筋避让绕过 H 型钢并在承台内锚固，如图 9-4 所示。

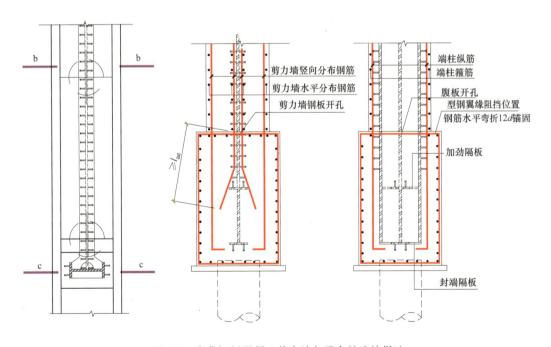

图 9-4　内藏钢板混凝土剪力墙与承台的连接做法

9.2 框架梁柱连接节点

为降低施工难度,对型钢混凝土柱与普通钢筋混凝土梁的连接,施工方通常选择采用"钢牛腿+钢筋焊接"的连接方式。即在梁柱节点核心区部位的柱型钢翼缘外焊接钢牛腿,钢筋混凝土梁的上下铁钢筋分别与钢牛腿的上下翼缘焊接。

对梁上铁和下铁为两排钢筋情形,考虑采取将钢牛腿翼缘"打折"的方式,两层钢筋分别焊接在弯折前后的翼缘板上。此种连接方式要求钢牛腿翼缘板承受两层钢筋总拉力,按式(9-1)复核。

$$1.2(f_y A_{s1} + f_y A_{s2}) \leqslant f b_f t_f \tag{9-1}$$

式中,f_y 为钢筋抗拉强度设计值;A_{s1} 为第 1 排钢筋的总截面面积;A_{s2} 为第 2 排钢筋的总截面面积;f 为钢板抗拉强度设计值;b_f 为型钢翼缘宽度;t_f 为型钢翼缘厚度;1.2 为考虑不均匀受力的安全系数。

将钢牛腿"打折"翼缘设计为一顺边形式,支座处的上下铁钢筋均焊接于翼缘板上表面,可有效避免仰焊。

当型钢混凝土柱纵筋较少时,可将钢筋尽量布置在柱截面四角以保证其上下贯通;但当柱配筋较大时,柱纵筋在钢牛腿翼缘宽度范围内不可避免地被切断。实际设计中考虑分别在钢牛腿上翼缘上方以及下翼缘下方柱纵筋对应位置设置搭筋钢板,焊接上柱及下柱纵筋。在钢牛腿上下翼缘之间的腹板两侧与上述搭筋钢板对应位置设置加劲钢板,以确保上下柱纵筋的连续传力,如图 9-5 所示。

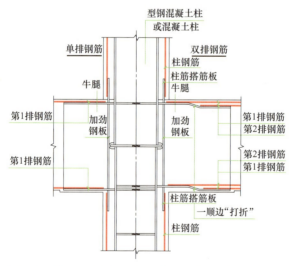

图 9-5 型钢混凝土柱与钢筋混凝土梁连接节点剖面图

此处需要说明的是,(1)设计中应尽量避免出现梁 3 排及以上钢筋的情形。当出现 3 排钢筋时,尽量使第 3 排钢筋布置于钢牛腿两侧并穿过节点核心区。(2)现行《型钢混凝土结构施工钢筋排布规则与构造详图》12SG904 提供了套筒、搭接、焊接等多种钢筋连接方式,原则上都是允许采用的有效连接方式,实际可根据工程具体情况采用多种连接方式的组合,以更好地满足施工需求。

对于钢管混凝土柱与普通钢筋混凝土梁的连接，"钢牛腿＋钢筋焊接"的连接方式与前述做法基本一致，此处不再赘述。因钢管混凝土柱并无柱钢筋深入节点核心区，故连接形式相对简单。

9.3 内藏钢板混凝土剪力墙与梁柱的连接构造

9.3.1 内藏钢板混凝土剪力墙内拉筋及栓钉的设置

现行《混凝土结构施工图平面整体表示方法制图规则和构造详图》16G101-1 关于剪力墙章节明确规定，当剪力墙厚度超过 400mm 但不超过 700mm 时，应该配置 3 排水平分布钢筋，当剪力墙厚度超过 700mm 时，应当配置 4 排水平分布钢筋。车辆段上盖开发项目下盖结构剪力墙通常较厚，配置 3～4 排水平分布钢筋均较常见。对配置 4 排水平分布钢筋的内藏钢板混凝土剪力墙，建议采用如图 9-6（a）所示拉筋在内藏钢板两侧断开的方式。仅需配置 3 排水平分布钢筋的内藏钢板混凝土剪力墙，也可增加 1 排变为 4 排分布钢筋，并采用同样方式办理。如确遇剪力墙厚度不超 400mm 且内藏钢板较薄的情形，也可采用图 9-6（b）剪力墙穿孔拉筋布置方式或两种方式的组合。实际工程尽量采用图 9-6（a）方式，便于施工。

对于钢板上的栓钉，应避让钢筋布置。

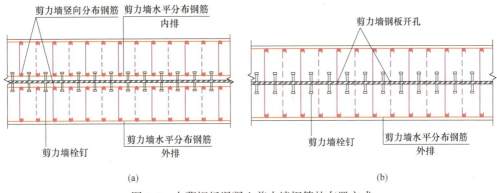

图 9-6　内藏钢板混凝土剪力墙钢筋的布置方式

9.3.2 内藏钢板混凝土剪力墙与端柱的连接

内藏钢板混凝土剪力墙与端柱的连接需根据剪力墙、端柱及柱内型钢尺寸采取不同的构造措施。墙内水平分布钢筋锚入端柱后通常可采取柱型钢腹板穿孔、绕避、弯折焊接于端柱型钢腹板或翼缘等构造形式。情况复杂时，也可采取上述 3 种形式的组合。因剪力墙分布钢筋较多，墙内水平分布钢筋建议尽量不采取钢筋接驳器与端柱型钢连接。如图 9-7 所示。

9.3.3 内藏钢板混凝土剪力墙与框架梁的连接

内藏钢板混凝土剪力墙内竖向分布钢筋需锚入上下框架梁内，根据内藏钢板混凝土剪力墙截面尺寸及墙内钢筋排数、上下框架梁截面尺寸及内置型钢截面尺寸，考虑采用墙竖

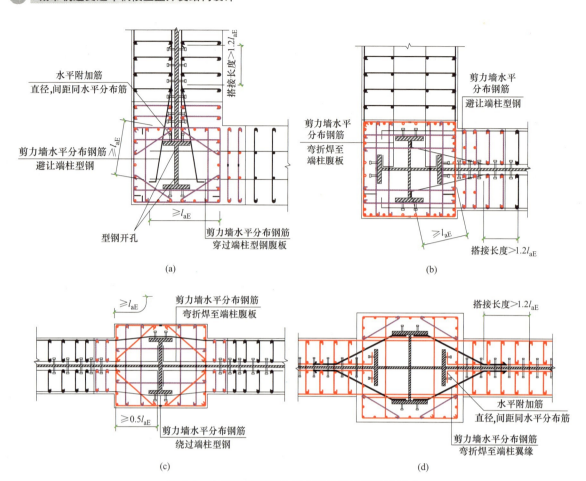

图 9-7 内藏钢板混凝土剪力墙与端柱的连接示意

(注：l_{aE} 为受力钢筋的锚固长度)

向分布钢筋绕过梁内型钢，或通过钢筋接驳器与型钢翼缘连接。应避免梁内型钢翼缘穿孔，如图 9-8 所示。

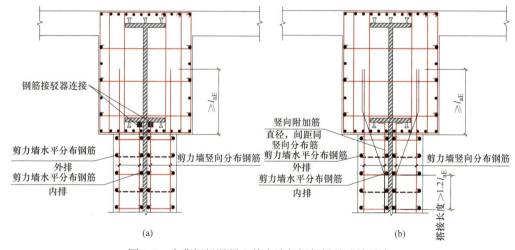

图 9-8 内藏钢板混凝土剪力墙与框架梁的连接示意

9.4 上下柱的连接

9.4.1 上下柱连接节点构造

对不同截面形式的型钢混凝土柱，现行规范和图集的连接方式有以下4种：(1) 十字型钢之间的连接；(2) 方管型钢之间的连接；(3) 十字型钢与方管型钢之间的连接；(4) 圆管型钢之间的连接。对于情形 (1)(2)(4)，均为同类型钢骨之间的连接或转换，较易实现。对于情形 (3)，规范给出了"梁下穿袖"的构造方式，如图 9-9 所示。此种构造方式要求穿袖范围内的大部分焊缝均采用全熔透对接，通常由于操作空间狭小且距离大于焊枪长度而施工困难。实际当中，将此穿袖范围转移至梁柱节点核心区内进行过渡，即将十字型钢延伸至核心区范围并通过角部焊接的4个"角钢"将十字型钢围合成"田"字形，利用核心区部位的加劲隔板充当穿袖范围封端板。上述改造带来的好处是施工时可将"田"字格内部的对接焊缝全部施焊完成后，再围合4块"角钢"，从而可基本实现内部焊缝的全熔透对接。缺点是焊缝较多，且受工艺的限制最后一块"角钢"只能部分熔透，如图 9-10 所示。

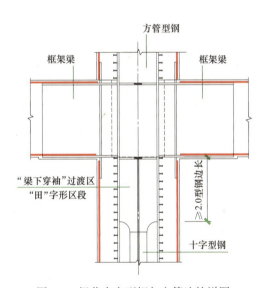

图 9-9 规范十字型钢与方管连接详图

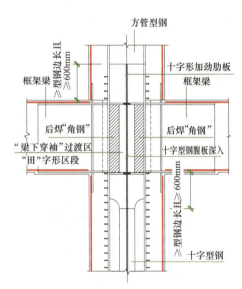

图 9-10 改造后十字型钢与方管连接详图

现行规范和图集并未给出十字型钢或方管型钢与圆管型钢连接的做法，原因是此连接节点较为复杂且不易保证连接质量，设计中应尽可能避免。当确需按此设计时，笔者建议采用如下组合连接方式。首先在节点核心区范围按前述方法将十字型钢围合成"田"字形，以柱对应楼面梁上铁的加劲横隔板为转换端板，然后将圆管柱等强对接焊在转换端板上。由于建筑专业一般不能接受柱脚加劲肋突出楼面，为确保圆柱在核心区的可靠刚接，核心区"田"字格的中部十字钢板应深入圆柱内不小于500mm且不小于1D（D 为上柱直径），如图 9-11 所示。此做法梁柱节点核心区的"田"字转换段类似埋入式钢柱脚的"靴梁"，而十字型钢延伸至钢管内的做法在一定程度上弥补了不能设置柱脚加劲肋的

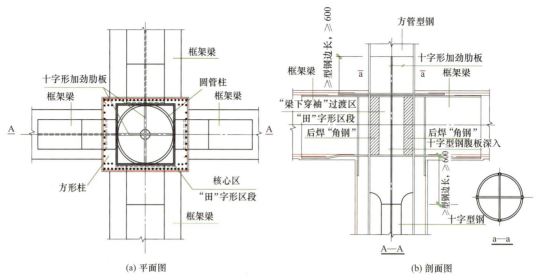

图 9-11　十字型钢与圆管连接详图

不足。

9.4.2　不同截面尺寸的组合结构柱型钢在核心区的过渡

对于不同截面尺寸的型钢混凝土柱或钢管混凝土柱，现行规范和图集推荐的连接方式主要为以下两种：（1）转换隔板方式；（2）变径方式。当上下楼层型钢截面尺寸相同或变化较小时（一般不超过 100mm，即单侧不超过 50mm），可通过设置转换隔板的方式连接过渡，如图 9-12 所示。当上下楼层型钢截面尺寸相差稍大时，可采取锥管变径的方式在节点核心区内实现过渡，如图 9-13 所示。

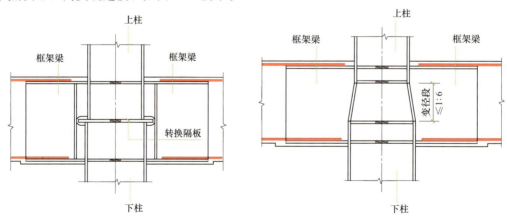

图 9-12　规范转换隔板过渡连接详图　　　图 9-13　规范变径过渡连接详图

当上下柱型钢截面尺寸差距更大时，如仍采用规范 1∶6 锥管变径的连接方式，则很可能在梁高范围内不能完成过渡，变径段将突出梁柱核心区范围，建筑专业不能接受。为此，笔者推荐采用"穿袖"方式加以解决，即利用核心区框架梁上下翼缘处的柱内加劲横隔板作为"穿袖"端板，上下柱钢管在核心区高度范围内互插，如图 9-14 所示。

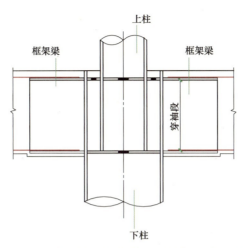

图 9-14 截面尺寸变化较大时,"穿袖"过渡连接详图

9.5 核心区箍筋的处理与构造

梁柱节点核心区域范围,各类钢结构板件及钢筋均较密集。应根据实际情况采取适当的措施减少或替代箍筋的设置,以便于施工。

9.5.1 梁柱连接钢牛腿范围箍筋处理与构造

对梁端钢牛腿长度范围内的箍筋,笔者认为可以适当减小箍筋肢数,理由是计算中未予考虑钢牛腿的有利作用,牛腿腹板可替代部分梁箍筋承担梁端剪力作用,减小的箍筋肢数按式(9-2)计算。

$$1.2nf_{yv}A_{s1} \leqslant f(h-2t_f)t_w \tag{9-2}$$

式中,n 为减小的箍筋肢数;f_{yv} 为箍筋抗拉强度设计值;A_{s1} 为单肢箍筋的截面积;f 为型钢的抗拉强度设计值;h 为型钢梁高;t_f 为型钢翼缘厚度;t_w 为型钢腹板厚度;1.2 为考虑不均匀受力的安全系数。

当计算后确需多肢箍时(如 4 肢箍或 6 肢箍),在钢牛腿范围内除最外层封闭箍筋较易施工外,内层箍筋均不易操作,考虑其作用主要是为梁端截面抗剪及满足规范箍筋肢距的要求,笔者认为可按图 9-15 方式处理。

9.5.2 利用双腹板代替箍筋抗剪

现行《组合结构设计规范》JGJ 138 规定对于钢管混凝土柱,梁端钢牛腿应承担全部剪力作用。原因是该处为钢管混凝土柱型钢与梁混凝土两种材料的交界位置,即通常所说的"两层皮"位置,抗剪较为不利,计算和构造上均应予以加强。此外,当型钢梁钢骨或混凝土梁端钢牛腿翼缘较宽时,翼缘外伸长度可能不满足规范宽厚比的规定。再者,上节所述钢牛腿范围,某些情况梁端剪力较大,需要增设抗剪腹板。上述几种情况下,设计可考虑采用"双腹板"钢牛腿的连接形式,如图 9-16 所示。

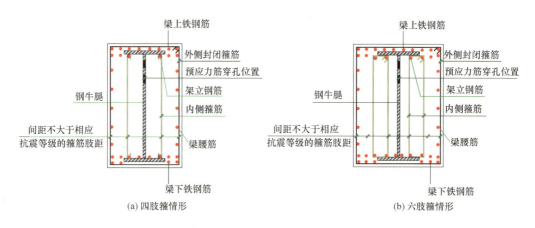

图 9-15 确需多肢箍情况下，梁端钢牛腿范围内箍筋构造详图

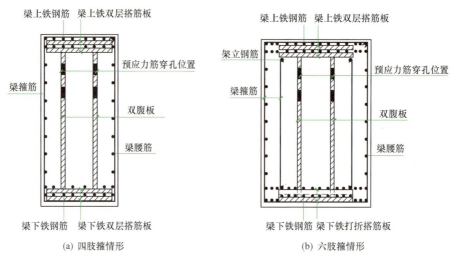

图 9-16 梁端"双腹板"钢牛腿构造详图

9.5.3 梁柱核心区范围内的箍筋设置

节点核心区范围内，板件数量众多，节点构造复杂，柱箍筋施工较为困难。虽然现行《组合结构设计规范》JGJ 138 规定核心区范围柱箍筋的配置要求原则上同加密区，但同时也补充核心区柱箍筋的构造措施可给予一定放松。

根据实际工程经验，笔者认为：（1）节点核心区范围内的柱箍筋在满足规范最小体积配箍率的前提下，应尽量减小箍筋肢数和直径。但箍筋竖向间距需按柱箍筋加密区的要求配置，不宜加大。（2）除最外层箍筋需满足封闭箍筋要求外，中间箍筋均可采用拉筋。（3）为进一步方便施工，可根据实际情况对最外层封闭箍筋采取分段焊接的方式处理。矩形柱可考虑采用 4 根"L"箍筋围合，于梁端牛腿腹板开孔穿过并在方形柱角部焊接，如图 9-17 所示；圆形柱可将箍筋拆分为 4 段弧形钢筋围合，或每段两端与柱纵筋搭筋板焊接闭合成环，如图 9-18 所示。

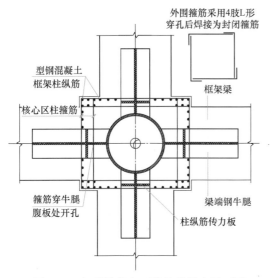
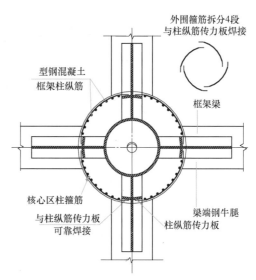

图 9-17 矩形柱核心区柱箍筋排布平面图   图 9-18 圆形柱核心区柱箍筋排布平面图

9.6 框架梁柱节点与钢支撑的连接

钢支撑与框架梁柱节点部位的连接构造较为复杂。框架柱内型钢及钢筋、框架梁内型钢及钢筋，以及钢支撑的连接节点板及加劲肋板均汇集于此，施工难度较大。在此笔者重点介绍情况较为复杂的型钢混凝土梁柱节点与钢支撑的连接，包括普通钢支撑、防屈曲支撑两种类型。对于钢桁架转换结构，钢桁架与框架主体梁柱节点的连接同样可参考本节设计。

中心支撑的常见布置形式包括如图 9-19 所示的 V 字形、人字形及单向斜杆形。显然，节点形式总体上分为两类，一类为支撑与梁柱核心区部位的连接节点，另一类为 V 字形或人字形支撑与框架梁跨中相交连接节点。

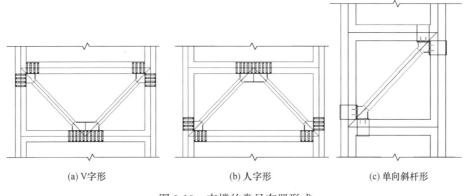

图 9-19 支撑的常见布置形式

9.6.1 支撑与梁柱核心区部位连接节点

支撑与梁柱核心区部位的连接节点一般为刚接，分为预埋件连接式及加劲板连接式两种形式。

当支撑杆件内力较小时,通常情况下建议采用预埋件连接式节点,理由是此种连接形式板件较少,梁柱钢筋基本均可贯通,节点构造相对简单。具体做法为,梁柱型钢混凝土构件表面在支撑节点板连接部位设置预埋钢板,该预埋钢板通过连接加劲钢板等强焊接于梁柱型钢翼缘并与型钢腹板位置对应,确保支撑构件内力通过预埋钢板及连接加劲钢板传递至梁柱型钢,如图9-20(a)所示。实际中,为了不影响梁柱封闭箍筋的敷设,也可采用如图9-20(b)所示条带连接加劲钢板的形式以避免板件过多开孔,此时梁柱箍筋可从条带连接加劲钢板之间的空隙穿过。

此处需要注意的是,支撑与梁柱核心区部位连接节点,梁纵筋与柱型钢的连接推荐采用钢筋接驳器连接方式,目的是方便上述连接加劲钢板的安装。另外,当框架梁为普通钢筋混凝土梁而无钢骨时,梁内连接加劲钢板(条带连接加劲钢板)可增加插入深度,按预埋件机械锚固的要求锚入混凝土梁内。

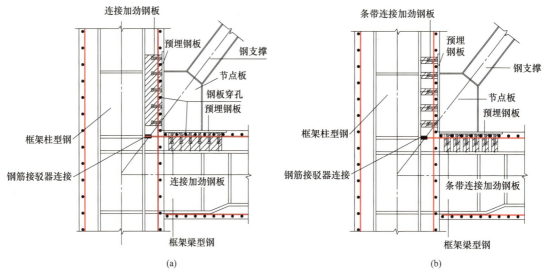

图9-20 支撑与梁柱核心区部位相交节点

根据支撑所受的内力大小,钢支撑可有多种截面形式。除了上文所述工字型钢支撑,常见的截面形式还有十字形、方管形等。支撑与梁柱核心区部分连接节点形式也略有变化,如图9-21所示。

不同于上述预埋件连接式节点,加劲板连接式节点适用于支撑杆件受力较大或直接承受动力荷载的情形。具体做法为,钢支撑在梁柱型钢翼缘连接处,梁柱型钢对应位置均需增设加劲隔板或加劲肋,图9-22中板件M1与M3,节点核心区不能贯通的型钢混凝土柱纵筋与柱纵筋搭筋板P2焊接,并通过传力板M2上下贯通;型钢混凝土梁内置型钢端部采取变截面方式与柱内型钢等强连接,目的是焊接梁内纵筋并传递其内力,如图9-22(a)中梁上铁钢筋的连接方式;当梁内型钢与梁截面尺寸相差较大时,也可将梁下铁钢筋通过搭筋板与柱内型钢连接,即图9-22(a)中梁下铁钢筋的连接方式。在节点核心区及梁型钢变截面范围,外层柱箍筋及梁箍筋可与型钢翼缘或腹板焊接,确保形成封闭箍筋,如图9-22(c)、(d)所示。

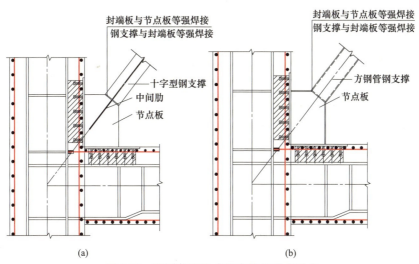

图 9-21　不同截面形式钢支撑的节点形式

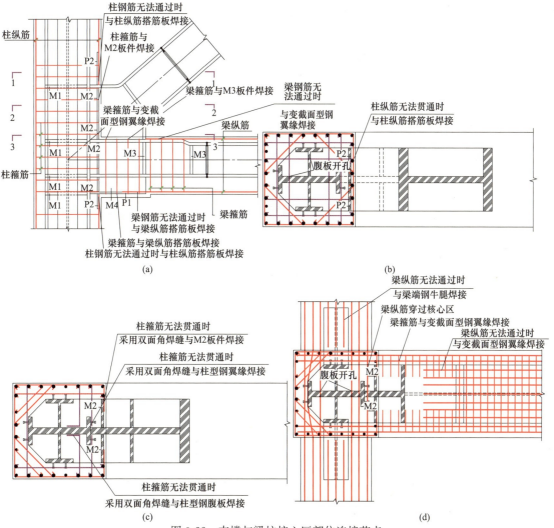

图 9-22　支撑与梁柱核心区部位连接节点

这里需要注意的是，在节点核心区范围内，梁柱型钢的翼缘宽度不应小于钢支撑的翼缘宽度，以确保钢支撑翼缘全截面可靠与梁柱型钢等强焊接。如实际梁柱型钢翼缘宽度小于钢支撑翼缘宽度，应通过梁柱型钢水平变截面的方式加以解决。实际中为便于钢结构加工与制作，建议按等宽度梁柱型钢翼缘设计。

9.6.2 V字形、人字形钢支撑与框架梁跨中相交节点

与上节做法相仿，V字形、人字形支撑与框架梁跨中相交节点同样存在预埋件连接式及加劲板连接式两种连接形式。

当支撑内力较小时，通常情况下建议采用预埋件连接式节点。具体做法为，梁型钢混凝土表面在支撑节点板连接部位设置预埋钢板，该预埋钢板通过连接加劲钢板等强焊接于梁型钢翼缘并与型钢腹板位置对应，确保支撑构件内力通过预埋钢板及连接加劲钢板传力至梁型钢，如图9-23（a）所示。实际中为了不影响梁封闭箍筋的敷设，也可采用如图9-23（b）所示条带连接加劲钢板的形式以避免板件过多开孔，此时梁箍筋可从条带连接加劲钢板件之间的空隙穿过。

当框架梁为普通钢筋混凝土梁而无钢骨时，梁内连接加劲钢板（条带连接加劲钢板）可增加插入深度，按预埋件机械锚固的要求锚入混凝土梁内。

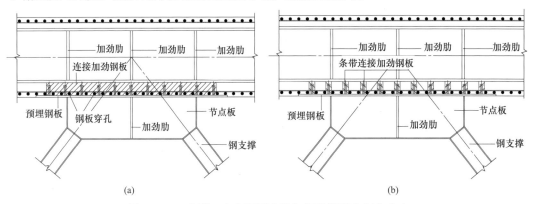

图9-23 V字形、人字形钢支撑与框架梁跨中相交节点

不同于上述预埋件连接式节点，加劲板连接式节点适用于支撑杆件受力较大或直接承受动力荷载的情形。具体做法为，钢支撑在梁跨中型钢翼缘连接处，梁内型钢对应位置需在腹板两侧增设横向加劲肋，如图9-24中板件M1，梁型钢可设置拉筋搭筋板N3并与不能穿过型钢腹板的拉筋焊接。梁内型钢下翼缘与钢支撑的连接部位推荐采用图9-24所示变截面形式，钢支撑及梁下铁钢筋与变截面型钢下翼缘焊接连接。变截面型钢底部框架梁内可设置钢筋网片，防止混凝土开裂。

9.6.3 防屈曲支撑与梁柱核心区部位连接节点

防屈曲支撑与梁柱核心区部位的连接节点与普通钢支撑类似。防屈曲支撑的芯材截面形式可为一字形、十字形，大吨位的还有"王"字形等。防屈曲支撑的芯材截面尺寸较小，目的是确保其能在大震下屈服耗能；钢套管及芯材与套管之间的填充料不提供刚度及承载力，仅对芯材起侧向约束作用，防屈曲支撑的基本构成如图9-25所示。以十字形芯

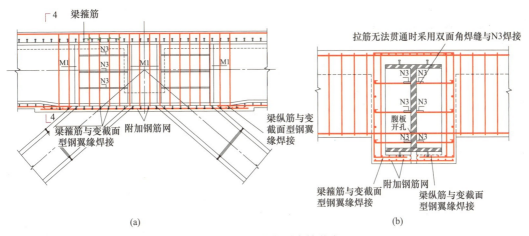

图 9-24 人字形支撑节点

材防屈曲支撑为例，其与框架梁柱核心区部位的连接节点，及 V 字形、人字形防屈曲支撑与框架梁跨中相交节点如图 9-26 所示。

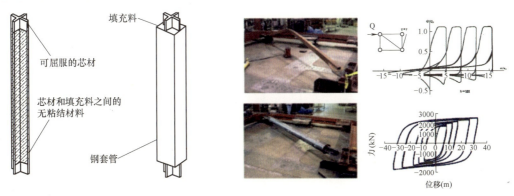

图 9-25 防屈曲支撑的基本构成图

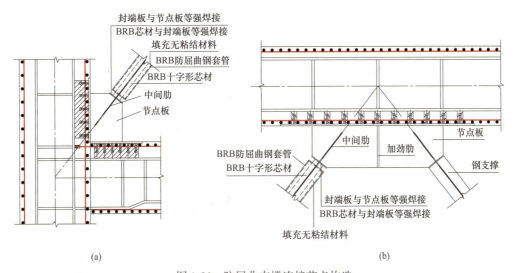

图 9-26 防屈曲支撑连接节点构造

9.7 梁托柱转换节点

梁托柱节点形式主要分以下 3 种：（1）转换梁为混凝土梁，梁上柱为混凝土柱；（2）转换梁为型钢混凝土梁，梁上柱为钢管混凝土柱；（3）转换梁为型钢混凝土梁，梁上柱为型钢混凝土柱。

对于情况（2），以工字型钢混凝土梁托圆钢管混凝土柱为例加以说明，其他情形可参照操作。首先，为满足柱钢管与梁上翼缘可靠连接，梁上翼缘宽度不得小于柱钢管外径，为此，转换梁型钢可采用水平向鱼腹形。其次，因整体竖向传力途径为梁上柱传递至转换梁再向下传递至转换柱，故梁托柱节点应采用梁贯通型，并在型钢梁腹板两侧设置横向加劲肋。最后，为方便钢结构加工及安装，梁托柱节点核心区横隔板采用外环方式。节点设计及构造如图 9-27 所示。

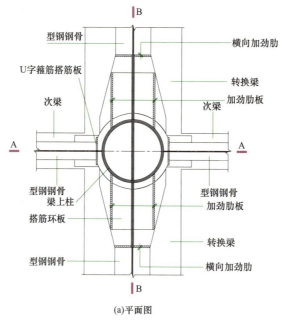

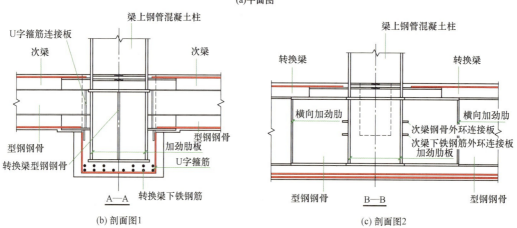

图 9-27 型钢混凝土梁托钢管混凝土柱节点详图

采用上述节点需特别注意：(1) 应严格控制梁上柱的截面尺寸并适当增大鱼腹形型钢混凝土转换梁的梁宽，其目的是尽可能多的使转换梁上铁纵筋贯通。(2) 在柱钢管截面范围内，转换梁无法设置封闭箍筋。实际中采用U字形箍筋代替，如图9-27所示。

对于情况（3），以工字型钢混凝土梁托十字型钢混凝土梁上柱为例加以说明。梁上柱型钢与转换梁型钢连接部位对应转换梁型钢腹板两侧均应设置横向加劲肋，梁上柱纵筋下插进入转换梁并被梁内型钢阻挡部分，需在型钢梁上翼缘对应位置焊接钢筋接驳器与钢筋相连，对应梁型钢腹板两侧也应设置横向加劲肋。其余节点构造与前述钢管混凝土柱类似，如图9-28所示。

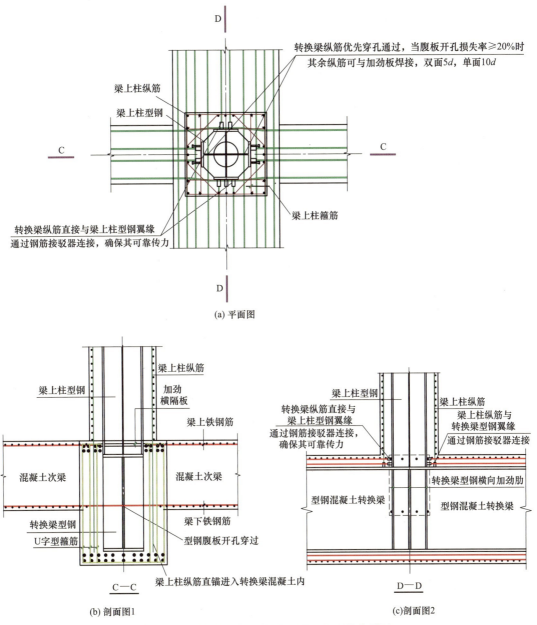

图 9-28　型钢混凝土梁托型钢混凝土柱节点详图

这里应指出的是：(1) 应严格控制型钢混凝土梁上柱的纵筋数量，避免设置双排柱纵筋。(2) 鉴于转换梁的重要地位，为使转换梁上铁钢筋传力可靠，梁上柱纵筋与转换梁型钢翼缘尽量采用钢筋接驳器连接方式，以便转换梁上铁钢筋直接与梁上柱型钢及其横隔板相连，确保转换梁上铁钢筋传力可靠。(3) 由于施工工序所致，梁上柱纵筋下插进入转换梁且未被转换梁型钢阻挡的柱纵筋，需要直锚在转换梁混凝土内，无法弯折锚固。当直锚长度不足时，应采取机械锚固等其他构造措施。

为避免施工中梁上柱插筋困难，当转换梁采用型钢混凝土梁时，梁上柱尽可能采用钢管混凝土柱。

9.8 隔震转换节点

隔震层由下部支墩，隔震支座及上部梁板结构组成，如图 9-29 所示。隔震层下部梁板结构施作时预埋隔震支墩插筋，且型钢混凝土柱内型钢延伸至支墩顶面并与型钢封端板焊接，隔震支墩浇筑后与隔震层下部梁板结构连为一体。隔震支座安置于隔震支墩上方的限位装置范围内，如图 9-29 所示。

根据现行《建筑抗震设计规范》GB 50011 的规定，层间隔震结构缝应满足主体结构

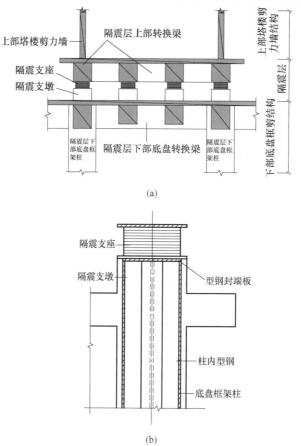

图 9-29 层间隔震车辆段转换层结构布置及隔震支墩节点剖面图

上下盖的变形要求，缝宽计算如图 9-30 所示。其中 A 为计入扭转效应大震下的隔震层下部结构最大弹塑性位移值，B 为计入扭转效应大震下的隔震支座弹塑性变形值，C 为计入扭转效应大震下的隔震层上部结构最大弹塑性位移值。

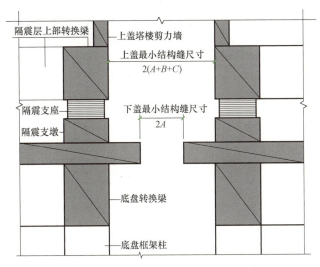

图 9-30　层间隔震车辆段结构缝缝宽设置剖面图

9.9　梁柱核心区的预应力布置与构造

组合结构构件节点核心区内型钢、各钢结构板件、普通钢筋交错布置，构造复杂，很多情况下梁板结构中的预应力钢筋在核心区范围不便直接穿过。由于实际工程通常采用预应力钢筋水平弯折绕避的方式穿过节点核心区，故设计中需要增设梁柱核心区加腋，以满足预应力钢筋水平弯折绕避或封端锚固的要求，如图 9-31 所示。

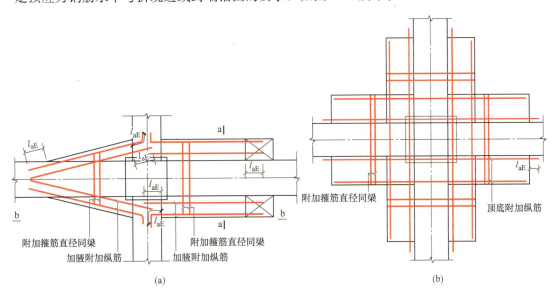

图 9-31　梁柱核心区加腋构造详图（一）

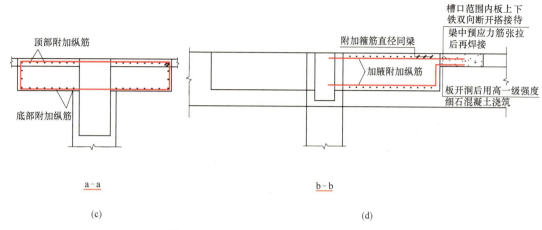

图 9-31 梁柱核心区加腋构造详图（二）

为确保预应力钢筋顺利张拉，应在楼板板面的张拉端部处设置后浇槽口，槽口范围内板上下铁双向断开搭接，待预应力钢筋张拉完成后，将预应力钢筋与周边钢筋焊接固定，并用高一级标号的细石混凝土封闭槽口。

9.10 组合结构构件提高混凝土与型钢间抗剪能力的措施

混凝土与型钢毕竟属于两种不同材料，如何使二者组成的组合结构构件，协同工作抵抗荷载作用是决定此类构件性能好坏的关键所在。所谓协同工作，本质就是使钢与混凝土变形一致，避免在二者接触面上出现相对滑动的现象。为此，必须采取有效措施提高钢与混凝土接触面上的抗剪能力。

9.10.1 型钢混凝土构件栓钉的设置

现行《型钢混凝土结构设计的一般规定及构造要求》04SG523 关于型钢混凝土构件栓钉的设置规定如下：（1）型钢混凝土柱脚部位及柱脚向上一层范围内，型钢翼缘外侧宜设置栓钉。（2）过渡层内的型钢翼缘外侧应设置栓钉。当结构下部采用型钢混凝土柱，上部采用钢结构柱时，设置栓钉的范围除过渡层外，向下延伸至梁底以下 2 倍柱型钢截面高度处。（3）当框架柱一侧为型钢混凝土梁，另一侧为钢筋混凝土梁时，型钢在混凝土梁中的延伸段范围内，上、下翼缘应设置栓钉。（4）对转换梁等结构重要构件，型钢上翼缘宜沿全长设置栓钉。（5）多、高层建筑顶层型钢混凝土柱的型钢翼缘宜设置栓钉。现行《组合结构设计规范》JGJ 138 则规定，型钢混凝土柱的埋入式柱脚，其埋入范围及其上一层的型钢翼缘和腹板应设置栓钉。

上述条款仅规定了某些较为关键部位的型钢混凝土构件应设置栓钉，且除了埋入式柱脚及上一层要求型钢翼缘及腹板均设置栓钉外，其他情况仅要求翼缘设置栓钉。针对车辆段上盖开发项目，按照此规定，（1）下盖结构首层柱型钢翼缘及腹板均应设置栓钉。（2）型钢混凝土梁相邻跨为钢筋混凝土梁时，型钢外延 1/4 跨范围翼缘应设置栓钉。（3）转换梁翼缘应设置栓钉。

笔者认为，栓钉是混凝土与型钢协同工作的有效构造保证。除上述规范规定必须设置栓钉部位以外，大跨型钢混凝土梁翼缘、转换层位于首层时的2层型钢混凝土框架柱翼缘、上盖开发塔楼首层型钢混凝土框架柱翼缘也宜设置栓钉。对转换梁构件，笔者认为型钢翼缘及腹板均宜设置栓钉。

9.10.2 钢管混凝土构件内壁螺旋钢筋的设置

钢管混凝土构件钢管内部通常采用自密实素混凝土填充浇筑，混凝土与外层钢管壁之间处于不同材质接触面的"两层皮"部位。在此，笔者仿照型钢混凝土设置栓钉提高钢与混凝土接触面上抗剪能力的原理，建议在钢管混凝土构件的钢管内壁焊接螺旋钢筋，以提高外层钢管与内部混凝土接触面上的抗剪能力，如图9-32所示，螺旋钢筋可每隔一定距离与外层钢管点焊。由于螺旋钢筋可在钢管加工时工厂焊制，故加工难度不大。此做法已成功应用于笔者参与的某些工程项目当中，效果甚是理想。

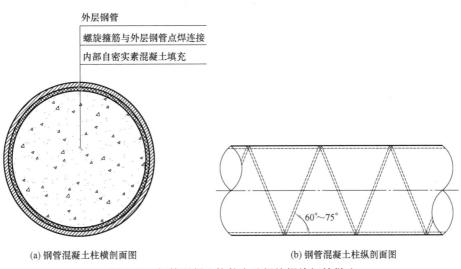

图 9-32 钢管混凝土构件内壁焊接螺旋钢筋做法

第10章

超长结构温度应力分析与研究

10.1 车辆段温度裂缝的产生

超长混凝土结构温度裂缝总体上分为两大类。第一类是指后浇带封闭之前，混凝土浇筑及养护过程凝结硬化产生大量水化热，以致结构冷却后产生收缩裂缝；第二类则指结构施工完成并封闭后浇带以后，超长混凝土结构承受一年四季温差变化热胀冷缩形成的裂缝。

根据以往工程案例可知，车辆段上盖开发项目超长混凝土结构更易产生温度裂缝。原因是：（1）由于车辆段上盖开发项目大量使用组合结构构件，节点核心区的型钢板件及钢筋尤为密集，为保证混凝土的浇筑质量，实际工程大量采用泵送商品自密实混凝土。为达到高流动性的要求，自密实混凝土通常需增大混凝土水灰比、提高砂率并采用小粒径骨料。上述措施必然使得混凝土的收缩量增大并容易产生裂缝。（2）车辆段上盖开发项目平面尺寸较大。虽然通过结构缝将车辆段划分为若干个结构单元，但实际划分后的每一结构单元平面尺寸仍较大，小则80~100m、大则150~200m，远超现行《混凝土结构设计规范》GB 50010 规定的伸缩缝最大间距限值要求。（3）车辆段上盖开发项目通常是分期建设，为满足轨道交通运营需求下盖结构先行施工完成，而上盖开发塔楼仅预留二次施工条件，当下盖顶梁板结构不能被有效覆盖保护时，下盖顶梁板结构将长期暴露于室外环境。（4）下盖车辆段咽喉区部分，通常无二次隔墙封闭而基本处于室外环境，受外界环境温度影响更为显著。综上，防止和控制车辆段超长结构温度裂缝的产生，是确保此类项目工程质量的关键。

10.2 温度应力裂缝防治措施

10.2.1 结构设计裂缝控制措施

混凝土产生裂缝的根本原因，一是超长混凝土的强烈收缩性倾向，二是混凝土拉压强度比低、极限变形小的脆性材料特征。当超长混凝土收缩受到约束时，便形成裂缝。结构设计当中的裂缝控制措施包括：

（1）设置后浇带，减少超长混凝土的收缩量。后浇带应待主体结构混凝土浇筑完成1.5~2个月后选择环境温度较低的条件下封闭。

（2）在不影响强度的前提下，在混凝土中掺入适量的膨胀剂形成所谓"补偿收缩混凝土"，以抵消或补偿超长混凝土结构的收缩变形。其基本原理是在超长混凝土结构收缩受到周边约束的条件下，通过混凝土自身膨胀并在内部建立适度的预压应力，从而抵消或部分抵消导致混凝土开裂的收缩变形。

（3）在混凝土中掺加以聚丙烯为主要原料的短纤维（含量 $0.9kg/m^3$ 左右），可有效控制混凝土收缩变形，并改善混凝土的抗渗性能。掺入聚丙烯纤维后，混凝土内部形成均匀、密集的三维交错搭接结构，因此提高了混凝土材料介质的连续性和均质性，改善了混凝土的脆性特征，从而提高混凝土的防裂能力。

（4）在超长结构的适当位置设置引发缝，人为限定并控制裂缝开展的部位。

（5）采用预应力技术。预应力钢筋所提供的预压应力可有效抵抗水平梁板结构构件的温度收缩变形。设计中按照裂缝控制标准及已经配置的普通钢筋计算需要增设的预应力钢筋。通常采用无粘结或缓粘结预应力钢筋。

（6）对结构中的长大二次填充隔墙刻缝处理。此做法可以保证主体结构免受二次填充隔墙胀缩产生的应力作用。

（7）对地上结构屋顶加强保温隔热措施，如设置架空层。

（8）尽量避免结构或构件广义截面突变（广义截面突变包括构件截面突变、构件线刚度突变、结构层刚度突变等）产生的应力集中。可在楼板孔洞及变截面的转角部位增设构造加强斜筋或配置钢筋网片，并于转角、圆孔边等部位增设护边护角等措施。此做法可有效缓解由温度收缩作用引起的突变部位应力集中。

（9）尽量选用细而密的结构楼板配筋。

10.2.2 土建施工裂缝控制措施

总结以往工程的经验教训，土建施工中采取必要的裂缝控制措施是控制超长混凝土温度裂缝的关键环节。应对混凝土的选材、工序、浇筑、养护、后浇带合拢温度、强度评定、验收标准等各个方面和环节提出严格要求，才能取得较好的效果。施工单位应制定详细且具体的超长混凝土施工方案及施工措施，土建施工裂缝控制措施包括：

（1）采用混凝土后期强度（如 $45\sim60d$ 强度）作为混凝土强度评定、工程交工验收及混凝土配合比设计的依据。严格控制混凝土强度值，施工完成后的混凝土实际强度不宜大于设计强度的 1.3 倍。

（2）混凝土配合比应通过计算和试配确定；混凝土配合比设计方法及强度应符合国家现行规范和规程的有关规定；对泵送混凝土应进行试泵送；此外，应根据混凝土的绝热升温值、温度、裂缝控制要求等，提出必要的砂、石和用水降温及入模温控的技术措施。

（3）混凝土配制所用水泥应符合现行国家标准；应按现行国家标准进行水泥水化热测定，配制超长混凝土所用水泥的 7d 水化热不应大于 $270kJ/kg$。

（4）混凝土配制所用粗骨料，除应符合现行国家标准规定外，其含泥量应控制在 1%以内；连续级配为 $5.0\sim31.5mm$；混凝土配制所用细骨料应采用天然砂，除应符合现行国家标准规定外，其含泥量应控制在 3%以内；连续级配包括中、粗砂粒径范围，其细度模量为 $2.3\sim2.8$，平均粒径建议 $0.35\sim0.45mm$。

(5) 超长混凝土所用混合料及外加剂的品种和掺量,应通过试验确定;所用混凝土外加剂的质量应符合现行国家标准的有关规定;应采用有效降低用水量的高效减水剂,其掺量应根据试验确定;当采用粉煤灰作为混合料时,其掺量宜根据混凝土配合比确定,以胶凝材料的15%~30%为宜,粉煤灰的质量等级应为一级;当采用矿粉作为混合料时,矿粉掺量不宜大于胶凝材料的20%;当采用粉煤灰和矿粉双掺混合料时,粉煤灰的掺量应控制胶凝材料的15%~30%为宜,矿粉的掺量应控制胶凝材料的15%为宜;当使用其他材料作为混合料时,其质量和使用方法应符合现行国家标准的有关要求。

(6) 采取有效措施严格控制混凝土的出机温度和浇筑温度,有效降低混凝土总体温差及内外温差;应严格控制混凝土入泵前的坍落度(自密实混凝土为流动度),混凝土浇筑时应采取有效措施排除泌水;混凝土振捣质量对密实度至关重要,应选择合理的振捣时间并采用二次振捣技术;应进行水化热测定以了解混凝土水化热大小,从而为混凝土养护和保温提供有效依据。

(7) 采取有效的保温措施以减小混凝土内外温差。混凝土中心和外表面的相对温差应严格控制在25℃以内;混凝土表面与外界环境的相对温差应控制在20℃以内;混凝土总体温差应严格控制在30℃以内。为减小混凝土收缩,应尽可能延长混凝土养护时间且不得在混凝土强度达到100%前停止养护,施工单位应有具体的混凝土保湿养护措施且时间不得小于2周。混凝土拆模时的强度应达到施工规范要求,混凝土拆模后,周围环境的相对湿度建议达到80%以上。

10.2.3 关于施工后浇带与跳仓施工法的思考

超长结构梁板留设后浇带是解决施工期间温度应力的重要措施。现行《高层建筑混凝土结构技术规程》JGJ 3规定,通常情况可沿结构梁板长度方向每隔30~40m设置一道贯通的施工后浇带,宽度不小于800mm。虽然该条规定是针对基础部分提出,但其实地上结构同样适用。常规梁板截面尺寸情况下,30~40m范围内所用混凝土方量基本与一仓混凝土方量相当,按此分仓浇筑混凝土较为方便。

对后浇带的封闭时间,不同规范说法不一,大体从42~60d不等。实际工程一般要求主体结构施工完成1.5~2个月后再行封闭温度后浇带,与规范要求基本保持一致。

当下,某些施工队或业主经常提出采用跳仓施工法替代留设的后浇带,理由一般是后浇带封闭需要等待较长时间,项目工期紧,不能满足工程进度要求。虽然跳仓施工法在作用上可以取代施工后浇带,但前提是必须制定切实可行的分块和跳仓方案,即必须通过合理的分块和施工组织确保相邻块混凝土的浇筑时间间隔满足要求。否则所谓的"跳仓"起不到应有的作用,仅流于形式。此外,按照现行《超长大体积混凝土结构跳仓法技术规程》T/CECS 640的相关规定,跳仓施工不允许掺加任何外加剂,包括混凝土膨胀剂。超长混凝土在不掺加膨胀剂的情况下,如果相邻区段浇筑的时间间隔严重不足致使混凝土水化热无法有效消散,那么混凝土收缩开裂的风险不言而喻。笔者曾经亲身经历过跳仓施工组织不当从而引发超长混凝土开裂的惨痛教训。在此,笔者提醒广大结构设计人员需对跳仓施工法保持谨慎态度。

除了跳仓施工法以外,另有一种施工后浇带的替代做法是施做膨胀加强带。所谓膨胀加强带，是通过在结构预设的后浇带部位浇筑补偿收缩混凝土，从而减少或取消后浇带和伸缩缝、延长构件连续浇筑长度的一种技术措施。通常可分为连续式、间歇式和后浇式三种施工方式。连续式膨胀加强带是指膨胀加强带部位的混凝土与两侧相邻混凝土同时浇筑；间歇式膨胀加强带是指膨胀加强带部位的混凝土与一侧相邻的混凝土同时浇筑，而另一侧是施工缝；后浇式膨胀加强带与常规后浇带的浇筑方式相同。膨胀加强带的宽度一般较施工后浇带宽，以 2m 宽左右居多。有些业主或施工方认为当相邻加强带之间板块不大时，可以采用连续浇筑的膨胀后浇带做法，这样就可省去后浇带封闭所需等待时间从而大幅度节省工期。笔者认为并非如此，即便采用宽度较大的膨胀加强带，也应该保持相邻仓混凝土的浇筑间隔时间，尤其对于荷载较大板厚较厚的车辆段上盖开发项目，至少应采用间歇式浇筑方法且保持后浇筑板块与膨胀加强带之间至少间隔 2 周左右，慎用连续浇筑式膨胀加强带。

10.3 使用阶段综合温差的确定

对于后浇带封闭前施工期间的温度开裂（第一类温度裂缝），通常通过上节所述设计、施工中采取一系列措施加以解决。由于后浇带未封闭之前混凝土分块较小，采取相应措施并精心施工通常可有效防止裂缝产生。对于后浇带封闭后使用期间的温度开裂（第二类温度裂缝），基本只能依靠普通钢筋或预应力钢筋来抵抗。本节介绍综合温差的计算方法，目的是为有限元计算预应力钢筋的温度应力提供荷载输入依据。

(1) 季节温差

季节温差是指混凝土浇筑成形时的施工温度（一般取后浇带封闭时的混凝土合拢温度）与运营阶段月平均气温的差值。具体可按式（10-1）计算：

$$\Delta T_1 = T_{max}(T_{min}) - T_0 \tag{10-1}$$

式中，T_{max} 为最高月平均温度；T_{min} 为最低月平均温度；T_0 为混凝土浇筑成形时的施工温度（后浇带闭合时的混凝土合拢温度）。

(2) 混凝土收缩当量温差

混凝土内部水分蒸发可引起混凝土体积收缩，此收缩过程是由表及里逐步发展的。根据图 10-1 所示混凝土收缩应变与时间的关系可知：混凝土收缩初期发展较快，2 周可完成全部收缩的 25%，3~6 个月完成全部收缩的 60%~80%。此后收缩变形增长放缓，2 年后趋于稳定。

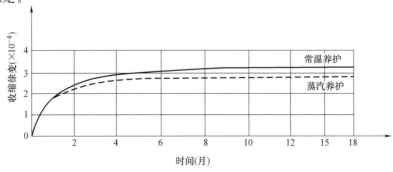

图 10-1 混凝土收缩应变与时间的关系

为方便计算，通常将收缩变形换算成"收缩当量温差"加以考虑，即将收缩变形折算成引起混凝土相同变形所需要的温差。依据《工程结构裂缝控制》（第二版）一书，混凝土收缩变形可由式（10-2）计算：

$$\varepsilon_y(t) = \varepsilon_y^0 (1-e^{-0.01t}) M_1 M_2 M_3 \cdots\cdots M_n \tag{10-2}$$

式中，ε_y^0 为标准状态下的极限收缩应变，可取 $\varepsilon_y^0 = 3.24 \times 10^{-4}$；$t$ 为龄期（d）；M_i 为考虑各种非标准条件的修正系数，如表10-1所示。

修正系数表　　　　表10-1

修正系数	M_1	M_2	M_3	M_4	M_5	M_6	M_7	M_8	M_9	M_{10}
条件	水泥品种	水泥细度	骨料材质	水灰比	水泥浆量比	养护时间	环境相对湿度	水力半径	混凝土振捣形式	配筋率

在后浇带未封闭之前，各分块楼板变形自由。至2个月（t 取60d）后浇带封闭时止，根据式（10-2）可知混凝土已完成45%左右的收缩变形，剩余55%的收缩变形尚未开展且会在已经封闭后浇带的超长混凝土结构中产生收缩拉应力。

（3）综合温差

由于混凝土材料的弹塑性和时间依存性特征，综合温差的计算应考虑实际混凝土结构的刚度折减系数和松弛系数。①刚度折减系数。混凝土材料的弹塑性特征，使得结构在外荷载作用下适当开裂并内力重分布，因此结构的抗弯刚度通常可乘以0.85左右的折减系数。②松弛系数。由于季节温差是一个长期缓慢且循环往复的作用过程，因此必须考虑混凝土徐变的影响。按弹性理论计算的温度应力应乘以徐变引起的松弛系数进行修正，松弛系数一般可取0.3。

由于温度应力计算一般采用有限元线弹性静力分析，故可先将计算温差乘以刚度折减系数及松弛系数得到综合温差后，再输入计算模型进行计算。得到温度应力分析结果后，即可按照预应力混凝土结构的裂缝控制标准计算配置预应力钢筋以抵抗此温度应力。实际工程中，车辆段下盖2层顶梁板结构荷载较大（上覆1.0~2.0m覆土荷载），计算所得梁板内力较大。由于此梁板偏于严格按二a类环境类别控制裂缝宽度，全部采用普通钢筋则配筋较多。笔者按实际工程经验，推荐覆土压力荷载作用下，梁板结构普通钢筋仍按0.3mm控制裂缝宽度，其余不足部分及温度产生的梁板内拉应力由预应力钢筋分担。此做法可有效优化预应力钢筋与普通钢筋的配置比率，达到较好的配筋效果。

10.4 超长结构温度应力分析举例

对于车辆段上盖开发项目，下盖咽喉区通常无建筑二次隔墙封闭，长期暴露于室外大气环境，环境温度变化对其使用阶段结构影响更为显著。此外咽喉区平面布置不规则，温度引起的结构胀缩更易产生应力集中。基于上述两方面原因，显然在同等环境温度变化情况下，咽喉区更为不利。实际工程中，相对库区部分，咽喉区原则上应当被结构缝划分为更小的结构单元，以尽量减小温度作用对其产生的不利影响。

10.4.1 工程概况

本节以北京某轨道交通车辆段咽喉区5区为例，说明超长混凝土结构的温度应力有限元分析。

该车辆段5区首层为车辆段咽喉区,2层为汽车库,上盖开发3～5层办公及商业塔楼,为下盖两层钢筋混凝土框架＋上盖钢框架的混合结构体系,结构首层为梁托柱转换层。本区东西方向长约122m,南北向宽约145m,属超长混凝土结构。结构设计每隔30～40m设置一道施工后浇带,待主体结构施工完成2个月后封闭。首层结构层高8.55m,2层结构层高6.0m,纵向柱网尺寸为9.0m,横向7～19m跨度不等。咽喉区5区基本设计参数如表10-2、表10-3所示,具体分区示意如图10-2所示。

混凝土材料选用表　　　　　　　　　　　　　表10-2

构件位置		混凝土强度等级	
下盖	咽喉区	基础～2层楼面	柱	C50
		2层楼面	梁、板	C45
	汽车库	2层楼面～屋面	柱	C50
		屋面	梁、板	C45
上盖	塔楼	3～5层	梁、柱	Q355B
		4～5层楼面及屋面	板	C40

主要结构构件尺寸表　　　　　　　　　　　　表10-3

构件位置		主要梁柱截面尺寸(mm)	
下盖	运用库	基础～2层楼面	柱	转换柱 D1900 (内插 1100×35 钢管); 其他柱 D1600～D1900 不等
		2层楼面	梁	转换梁 1700×2150 (内置 500×1500×25×45H 型钢); 其他梁 700×1500
	汽车库	2～3层楼面	柱	D1400～D1600、D1800
		3层楼面	梁	600×1400、800×1400、800×1600

钢筋采用HPB300级、HRB400级钢筋;型钢及钢板采用Q355B级钢材。

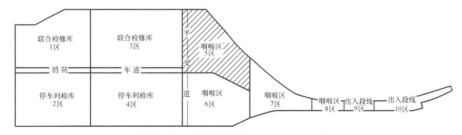

图10-2　车辆段咽喉区5区分区示意

10.4.2　温度荷载计算

(1)基本参数:混凝土线膨胀系数取$1.0×10^{-5}/℃$;北京地区50年重现期的月平均最高气温$T_{max}=36℃$,月平均最低气温$T_{min}=-13℃$;咽喉区5区南北长度145m,东西方向长度 122m。

（2）使用温度：考虑咽喉区首层无填充隔墙封闭，基本处于室外环境；2 层虽有隔墙封闭，但冬季无采暖，夏季无空调，基本也相当室外环境。本区未进行上盖二次开发阶段最低温度取为 $T_1=-5℃$，最高温度取为 $T_2=36℃$。

（3）合拢温度：最低合拢温度取 $T_{01}=10℃$；最高合拢温度取 $T_{02}=18℃$。

（4）设计参数：混凝土等效收缩温降计算：平面尺寸 145m×122m；梁板钢筋 HRB400；梁板混凝土 C45；水泥 42.5 级普通水泥；水泥细度 3000cm^3/g；骨料为花岗岩；水灰比 0.45；水泥浆含量 30%；采用混凝土机械振捣；后浇带封闭时间为 60d；

（5）首层顶 200mm 厚板的水力半径倒数：(12200+20)×2/(20×12200)=0.1 (1/cm)；小汽车库层顶 300mm 厚板的水力半径倒数：(12200+30)×2/(30×12200)=0.067 (1/cm)

（6）修正系数与收缩等效温降：

M_1（水泥品种修正系数）：1.0

M_2（水泥细度修正系数）：1.0

M_3（混凝土骨料修正系数）：1.0

M_4（水灰比修正系数）：1.0

M_5（水泥浆量修正系数）：1.45

M_6（初期养护时间修正系数）：1.0（7d）

M_7（使用环境湿度修正系数）：1.0（按 50%）

M_8（构件截面尺寸修正系数）：0.76（200mm 板），0.69（300mm 板）

M_9（操作条件修正系数）：1.0

M_{10}（配筋模量修正系数）：假设梁板平均配筋率 1.5%。

$145000×122000×1.5/100×2×10^5/(145000×122000×3.25×10^4)=0.092$，$M_{10}=0.84$

综合系数：0.93（200mm 厚板），0.84（300mm 厚板）

最终收缩量：$3.24×10^{-4}×0.93=3.01×10^{-4}$（200mm 厚板）

$3.24×10^{-4}×0.84=2.72×10^{-4}$（300mm 厚板）

最大收缩值：

200mm 板：0.55（混凝土收缩比例）$×3.01×10^{-4}=1.65×10^{-4}$，等效温降 16.5℃。

300mm 板：0.55（混凝土收缩比例）$×2.72×10^{-4}=1.5×10^{-4}$，等效温降 15℃。

（7）设计温差

本区计算升温：36−10−15=11℃；本区计算降温：−5−18−15=−38℃。(−38)×0.3×0.85=9.69℃，考虑温升，温降均为 10℃。

10.4.3 温度应力有限元分析

本工程温度应力分析采用 Midas-Gen 有限元计算软件。其中梁、柱均采用梁单元，楼板采用板单元，计算模型如图 10-3 所示。

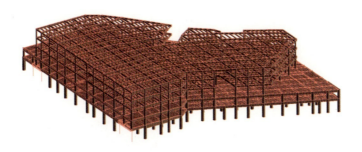

图10-3 温度应力分析有限元计算模型

图10-4为降温10℃下,X方向及Y方向2层楼板的温度变形云图,总体变形趋势为由外向内逐步减小。2层楼板X方向最大位移为9.0mm,Y方向最大位移为10mm;屋面板X方向最大位移为10.4mm,Y方向最大位移为12.25mm。图10-5为降温10℃下,X方向及Y方向2层楼板的温度应力云图。2层楼板X方向应力1.3~2.2MPa,Y方向应力1.0~2.0MPa;屋面板X方向应力0.6~1.8MPa,Y方向应力0.5~1.5MPa。

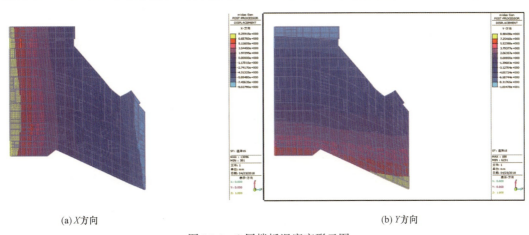

(a) X方向 (b) Y方向

图10-4 2层楼板温度变形云图

10.4.4 温度工况荷载组合计算与配筋

除上述超长混凝土结构温度应力分析外,还可将综合温差输入常规小震计算模型进行分析,并比照Midas-Gen的分析结果进行温度预应力钢筋的设计工作。当今的结构设计软件均提供温度荷载组合及内力计算的功能,本工程采用YJK(盈建科)软件计算温度荷载组合下的结构内力。前处理输入系统升降温值,定义需要温度分析的楼板为弹性板,在前处理菜单中勾选温度分析选项并在荷载组合列表中查看程序自动生成的温度荷载组合列表,当温度荷载组合值系数不符合要求时(如温震组合),应手动修改前处理参数列表。确认无误后计算即可,结果如图10-6所示。YJK仅求得温度荷载组合工况下,普通钢筋的计算结果,后续应同预应力厂家配合进一步计算配置预应力钢筋的数量,以替代部分普通钢筋。

笔者还想指出的是,对于超长混凝土结构的温度作用,当楼板较薄时,温度应力仅在

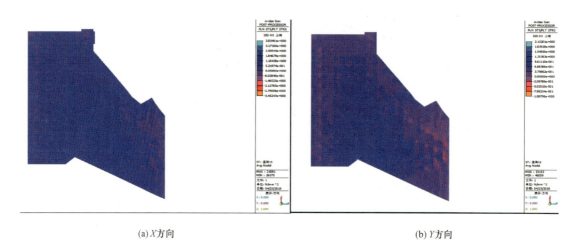

(a) X方向 (b) Y方向

图10-5 2层楼板温度应力云图

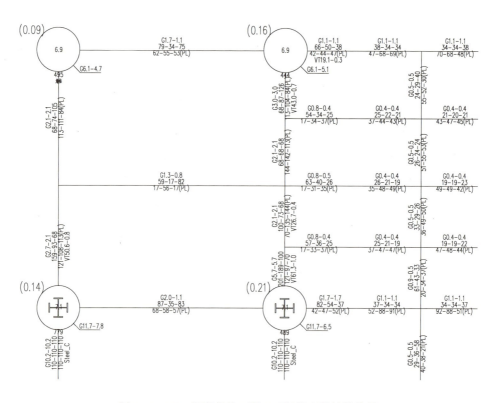

图10-6 YJK温度荷载工况5区局部配筋计算结果

梁板结构内形成温度开裂。当梁板结构较厚时，由于梁板内温度所引起的内力较大，可能对竖向墙柱构件产生较大的水平推力从而使墙柱构件遭到破坏。尤其对于边跨墙柱构件，该处墙柱端部是梁板温度水平推力最易造成破坏的地方，结构设计人员必须引起足够的重视。

10.5 预应力深化设计内容

结构设计人员适当了解预应力厂家根据设计图纸的预应力二次深化设计工作，有助于与预应力厂家的配合。总体来讲，二次深化设计包括以下几方面内容：

（1）优化减少预应力梁配置的普通钢筋。抵抗常规荷载的有粘结预应力梁减少普通受力钢筋；抵抗温度荷载的无粘结或缓粘结预应力梁减少普通温度钢筋。

（2）预应力梁的挠度、反拱、裂缝及局部承压检算等。

（3）普通钢筋与预应力钢筋的钢筋排布深化与校核。

（4）各楼板板块预应力钢筋施工图设计及后浇带位置预应力钢筋的搭接留置方式。

（5）有粘结预应力梁的施工图设计及节点详图设计（含曲线定位点、张拉端及锚固端矢高定位点、有粘结孔道排气孔位置及尺寸要求等）。

（6）预应力钢筋出张拉端的方式及位置；张拉端及锚固端的节点详图设计及封锚详图设计。

（7）梁柱核心区部位加腋节点详图设计。

（8）板内预应力钢筋遇洞口、局部错层等变化位置时的处理方式。

（9）预应力钢筋的下料尺寸，以及钢筋编码、分料、区块流水划分的深化。

（10）预应力钢筋专项施工注意事项内容的编制。

第11章 土建施工与设计配合

本章所述内容均按下盖土建施工至2层汽车库顶的情况论述。当下盖土建仅施工首层库区时，设计人员可参照本章所述内容类比考虑。

11.1 产权分界及分期建设相关设计配合

11.1.1 汽车库顶屋面排水设计

车辆段上盖开发项目首层库区与2层汽车库及上盖开发塔楼分属不同的产权单位，首层库区与2层汽车库之间（首层顶梁板）有明确的产权界面划分。此类项目的排水系统通常要求做到"上水上排，下水下排"，即落到下盖车辆段场区内的雨水，轨道运营单位负责收集并排放；落到汽车库屋面上方的雨水，二期上盖开发业主负责收集并排放。

基于车辆段上盖开发项目特殊的排水要求，此类项目通常在2层汽车库顶屋面周边设置排水边沟。2层汽车库顶屋面找坡并将上盖雨水收集至边沟，再通过与场区天桥、连廊结合的雨水管道将边沟雨水排放至场区外，如图11-1、图11-2所示。结构设计人员在结构计算时需要充分考虑上述边沟及雨水荷载，并配合相关专业做好土建预留。

图 11-1 汽车库顶排水边沟

图 11-2 与场区连桥结合设置的雨水管道

11.1.2 汽车库顶屋面覆盖保护

车辆段上盖开发项目一期下盖施工至2层汽车库顶，并为二期上盖开发塔楼施工预留柱底插筋或钢柱头。2层汽车库顶结构梁板施工完成后，顺序施作屋面找坡层、找平层、防水层及防水保护层，并在其上覆盖一定厚度的填土。需要注意的是，2层汽车库顶梁板结构及屋面防水施工完成后，需尽快用回填土覆盖，以避免屋面结构长期暴露于大气环境。覆土厚度既不宜过薄也不能过厚，不宜过薄的原因一是确保屋面有效覆盖，二是防止二期上盖开发塔楼施工时重车走行直接碾压屋面梁板结构；覆土也不能过厚，严禁超过二期上盖开发实施后永久状况的2层顶屋面设计覆土荷载，从而确保结构承载安全。此外，未施工上盖开发塔楼之前，塔楼楼座范围也应施作防水层及防水保护层，确保2层顶屋面防水连续。

11.1.3 汽车库顶楼电梯洞口预留

由于项目建设周期的不同步，车辆段下盖结构设计时，上盖开发方案可能尚未完全稳定。因此业主通常要求设计单位在一定程度上尽可能为二期上盖开发预留提供调整和改动的余地，即所谓的"包络"设计。为使上盖开发塔楼的楼电梯位置保留在一定范围变动的可能性，通常的做法是2层汽车库顶板某一跨甚至某几跨全部开洞，未来楼电梯位置可在预留洞口的范围内酌情调整。待上盖开发塔楼的楼电梯位置最终确定后，洞口留设富裕区域再行封堵。因此，结构专业应配合做好开洞周边钢筋的预留接驳设计。可采取预埋钢筋接驳器、甩筋等方式与二期封堵楼板钢筋连接或搭接。当采用甩筋方式时，应注意采取可靠措施，做好预留甩筋接头的保护。此外，在未施工上盖开发塔楼前，上述预留楼电梯洞口位置使下盖结构处于开敞状态，对混凝土结构的耐久性不利。实际工程一般在洞口上方施作临时钢结构雨棚遮挡保护。钢结构雨棚通过柱脚预埋件与2层顶梁板结构连接，如图11-3所示，可起到一定的封堵效果。

图11-3　汽车库层顶结构洞口临时钢结构雨棚封堵

11.1.4 汽车库顶二期施工塔吊及重车荷载作用

二期上盖开发塔楼施工时，下盖车辆段已经投入运营。由于上下盖分属不同的产权单位，故二期上盖开发塔楼施工应尽量减小对下盖车辆段的影响。

（1）二期上盖开发塔楼施工时，需要架设塔吊。为减少对下盖车辆段运营的影响，通常要求塔吊置于2层汽车库顶梁板结构而不能落至首层库区地面。此时，结构设计人员应充分与施工方配合，在保证塔吊有效作业范围的同时，尽量使塔吊布置于结构框架柱顶，从而将塔吊荷载直接通过柱子传至基础。当塔吊位置确不能直接落于柱顶时，应根据塔吊厂家提供的塔吊荷载检算局部梁板承载能力是否满足要求。

（2）二期上盖开发塔楼施工时，施工重车及重型机械等需要在2层汽车库顶结构梁板上走行。因施工车辆往往荷载较大，结构设计人员应充分与施工方配合，明确重车或重型机械走行范围。理想状况是使施工重车走行范围与消防车走行范围保持一致，此时可基本不因汽车库顶二期施工走行重车额外增加结构梁板尺寸及配筋，有利于节省造价。

11.1.5　上盖结构预留插筋及钢柱头保护

车辆段上盖开发项目一期下盖施工至2层汽车库顶后，需要为二期上盖开发塔楼施工预留条件。包括上盖混凝土及型钢混凝土柱根部的插筋预留；上盖型钢混凝土柱、钢管混凝土柱或钢结构柱的钢柱头预留等，如图11-4所示。插筋及钢柱头预留施工完成后，应采取可靠措施做好所有外露钢构件的保护工作，避免其锈蚀或损坏。

图11-4　上盖结构柱根预留插筋

11.2　施工工序相关设计配合

11.2.1　车辆段基本施工工序

车辆段上盖开发项目建筑方案采用"大库层-汽车库层-塔楼首层加高层-塔楼标准层"的基本模式，此类项目土建施工工序也相对固定。一期下盖施工至2层汽车库顶以确保下盖轨道交通的正常运营，2层汽车库顶为二期上盖开发塔楼预留柱根部插筋或钢结构柱头。车辆段上盖开发项目下盖结构的主要土建施工工序如下：

场地"三通一平"后，进入桩基承台基础土建施工工序。

（1）首先是桩基工程施工，包括①试桩；②工程桩施工；③工程桩检测。

（2）之后是承台及钢结构柱脚节施工，包括①承台基坑挖槽、浇筑承台垫层、绑扎承台下铁钢筋；②吊装钢结构基础节、内藏钢板混凝土剪力墙基础节。钢结构基础节通常预留至层高1/3位置；③钢结构吊装就位后，绑扎承台上铁及两侧钢筋，承台支模板并浇筑承台混凝土至柱根部施工缝。

（3）最后是承台肥槽回填。至此基础部分施工完成。

基础部分施工完成后，进入钢结构安装作业为主导的施工工序。

为防止重型机械设备（如履带吊）走行至 2 层汽车库楼面，施工方通常选择在场区地面将两层钢结构墙柱一次性快速吊装完成，即采用"一柱两层"的施工工法。由于这一阶段钢结构工厂加工制作的大量型钢构件及钢板件运至现场后占用较多场地资源，故施工总包方通常希望尽快将这些钢构件吊至空中并安装完成，以防止其占用过多场地资源而影响其他工序开展工作。现场钢结构实际吊装顺序为，先吊装并安装柱型钢及剪力墙钢板等竖向钢构件，再吊装并安装梁型钢及梁上柱型钢等构件。此阶段现场焊接工作量巨大。钢结构吊装及安装过程中，在不耽误钢结构安装作业为前提下，土建施工方也可穿插做一些准备工作，如框架柱基础节钢结构吊装完成可套入柱箍筋；柱型钢上部节吊装前，预先在梁端头牛腿部位套入梁箍筋等，目的是方便后续土建的梁柱箍筋施工。

钢结构吊装安装完成，场区搭设起两层钢结构框架后，进入主体结构土建作业为主导的施工工序。

（1）首层墙柱施工。①绑首层柱纵筋及箍筋、墙分布钢筋及拉筋；②首层墙柱支模板；③浇筑首层墙柱混凝土至首层顶梁底面，待混凝土达到设计强度后，拆除墙柱模板；④在场区架设满堂红脚手架，敷设梁板底模，敷设梁上下铁纵筋并与梁端搭筋板（或套筒）连接；⑤随后绑扎梁箍筋并配合预应力钢筋定位；⑥所有普通钢筋及预应力钢筋敷设好后，合梁侧模并敷设楼板底模；⑦在楼板底模上铺设楼板钢筋；⑧首层顶梁板钢筋施工中留设 2 层墙柱根部插筋；⑨浇筑本层梁板混凝土，待混凝土达到设计强度后，拆除模板及脚手架，本层结构施工完成。

（2）2 层柱及 2 层顶梁板结构的施工工序与首层基本相同，此处不再赘述。唯一不同之处在于首层柱箍筋可以预先套入柱根部并采用"向上撸起"的方式就位，原因是钢结构基础节与上部节在首层 1/3 高度断开拼接，基础节钢结构施工完成后便可套入首层柱箍筋；而 2 层柱箍筋没有办法预先套入，只能采用"掰开再复位"的方式施工。

（3）下盖两层混凝土结构浇筑完成之后，施工 2 层汽车库顶屋面防水及防水保护层。

（4）屋面覆土保护，洞口部位施做临时钢结构雨棚。

11.2.2 "一柱两层"施工工法与设计配合

由于车辆段上盖开发项目梁柱截面尺寸较大，相应钢结构构件较重，施工总包方大多不能配备吊运钢构件的重型塔吊设备。如采用分层吊装钢结构的"按层施工"工法，履带吊等起重设备需走行至 2 层汽车库楼面，从而使 2 层楼面梁板结构因承受施工重车荷载而需额外增大截面尺寸及配筋，继而带来不必要的浪费。为避免这一情况出现，施工方一般要求采用"一柱两层"的整体吊装施工工法，即下盖首层顶梁板结构浇筑封闭之前，在场区地面通过履带吊等起重设备将下盖两层钢结构构件一次性快速吊装完成。

实际工程结构设计可能存在如下情形：下盖结构首层及 2 层均采用钢筋混凝土柱，此柱对应上盖开发塔楼位置框架柱需要预留钢结构柱头，此时 2 层顶的预留钢柱头会因下盖无型钢构件支撑而难以架设。笔者建议采用如下施工措施：先施工首层混凝土柱至首层顶梁下皮，在该位置埋设钢柱脚并施做临时钢柱至 2 层顶梁柱节点核心区位置，在地面通过履带吊将上盖预留钢柱头节点一次性吊装就位至临时钢柱顶，再依次浇筑封闭首层顶梁板结构及 2 层墙柱和 2 层顶梁板结构，如图 11-5 及图 11-6 所示。

虽然上述吊装方案可以解决钢柱头吊装问题，但确给施工带来一定困难。为尽量避免上

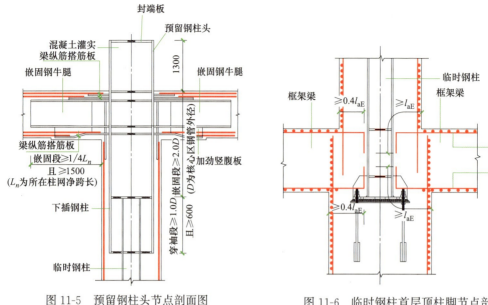

图 11-5　预留钢柱头节点剖面图　　　　图 11-6　临时钢柱首层顶柱脚节点剖面图

述情况出现，结构设计应保持下盖结构构件与上盖开发塔楼对应位置构件截面形式统一，要么全部采用混凝土构件，要么全部采用组合结构构件，以便于"一柱两层"的施工工法。

11.3 钢结构制作安装相关设计配合

车辆段上盖开发项目大量应用包括型钢混凝土及钢管混凝土在内的组合结构构件，细致全面的钢结构深化、精心的钢结构制作及安装、优化合理的钢结构施工工艺是车辆段上盖开发工程项目钢结构工程质量的有利保证。虽然此部分内容大多由钢结构厂家负责，但作为结构设计人员也应对此有所了解，目的是（1）能够充分理解钢结构专业深化及施工队的困难和需求，从而方便与厂家相互配合，提高工作效率并保证工程质量。（2）设计人员应做到心中有数，明辨厂家提出的要求是否合理，避免被个别不正当偷工减料的施工方所蒙蔽。

除采用混凝土外，钢管混凝土构件仅采用型钢一种材料，截面形式相对简单；相比之下型钢混凝土构件既采用型钢又含有钢筋，截面形式较为复杂，深化设计及施工难度均较大。（1）型钢混凝土节点核心区部位，型钢与钢筋交互穿插及搭接，通常需要对复杂节点采用三维 BIM 建模指导深化设计；（2）型钢混凝土施工通常需钢结构专业队与土建施工队交叉作业，施工总承包方现场协调管理难度较大。

11.3.1 钢结构焊接工艺

在所有钢结构构件连接工艺当中，焊接工艺要求最高。如果处理得当，焊接连接是较为牢靠的连接方式；如果处理不好，出现诸如气泡、夹渣、未熔透等质量问题时，工程质量及结构安全性将无法得到保证。据不完全统计，组合结构构件施工中，80%以上的连接问题都出自焊接质量上。在此，笔者针对焊接连接工艺提出以下主要技术措施。虽然大部分内容均由钢结构深化厂家及钢结构施工专业队执行，但作为结构设计人员对此也应有所了解，以便及时发现施工中存在的焊接质量问题，为业主把好质量关。

合理的焊接顺序是保证焊接质量的前提，笔者走访部分钢结构深化厂家，常见截面形式的柱型钢焊接顺序如表 11-1 所示。

常见截面形式柱型钢焊接顺序　　　　　　　　　　表 11-1

十字型钢焊接顺序	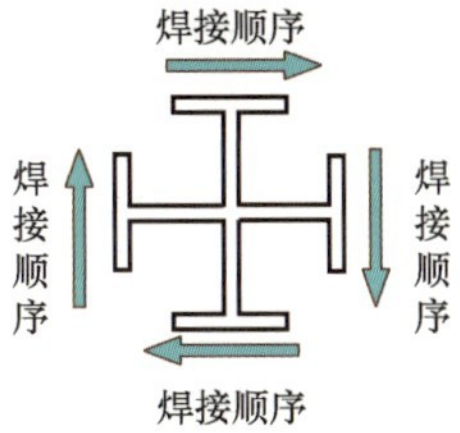
圆钢管柱焊接顺序	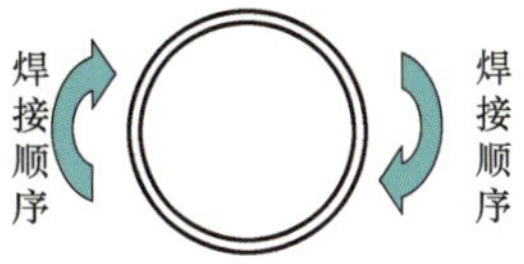
工字型钢焊接顺序	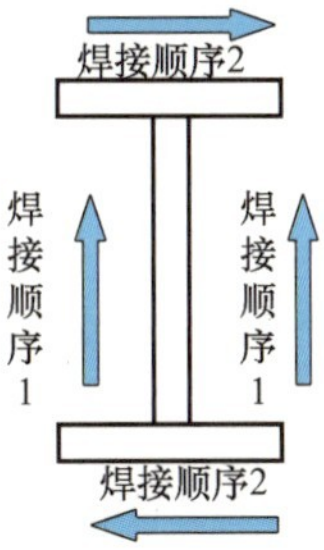

焊接工艺技术要求，一般包括以下几点：

（1）必须配置引弧板和引出板，其材质应和被焊母材相同，坡口形式与被焊焊缝相同。引弧板和引出板的长度宜为板厚的 2 倍且不小于 100mm，厚度不应小于 10mm。焊接完成后，应用火焰切割去除引弧板和引出板并修理打磨平整，不得用锤击落引弧板和引出板。

（2）多层焊接时应连续施焊。在连续焊接过程中应控制焊接区母材温度，使上一道焊缝的层间温度略高于预热温度。每一焊缝焊接完成后应及时清理焊渣及表面飞溅物，发现影响焊接质量的缺陷时，应清除后方可再焊。

（3）严禁在焊缝以外的母材上打火、引弧或装焊夹具。

（4）连续施焊时应确保焊缝一次性焊接完成。遇有中断施焊的情况应采取适当的后热处理及保温措施；重新焊接时应根据之前焊接状况对称轮流接续施焊，直到组合焊缝全部焊接完成。

（5）焊后清理及外观检查时，要仔细清除焊缝表面的飞溅物及焊渣。焊缝表面不得有咬边、气孔、焊瘤、裂纹、未熔透以及几何尺寸不足等缺陷。不得因切割临时连接板、引弧板、引出板、垫板伤及母材，不得在母材上留有弧坑。焊缝外观自检合格后，应打磨焊缝两侧，打磨宽度不得小于板厚的 2 倍，且不少于 100mm。

（6）厚板焊接要做好焊前预热和焊后保温工作，厚度大于 25mm 的板材焊缝均须进行预热处理。预热的加热区域应在坡口两侧，宽度应各取焊件施焊处厚度的 1.5 倍，且不小于 100mm。采用 Q235 及 Q355 钢材时，预热温度参考如表 11-2 所示。

Q235 及 Q355 钢材焊缝预热温度参考表　　　　表 11-2

钢材牌号	焊接位置的较大板件厚度(mm)			
	$t \leqslant 25$	$25 < t \leqslant 40$	$40 < t \leqslant 60$	$60 < t \leqslant 80$
Q235	50℃	65℃	85℃	120℃
Q355	60℃	80℃	100℃	140℃

厚板低温下焊接完成后，在焊缝两侧 2~3 倍板厚宽度范围内，应立即进行焊后热处理，加热温度宜控制在 200~250℃，时长应保持 1~2h。热处理完成后应采取保温覆盖措施，使焊缝缓慢冷却，冷却速度不应大于 10℃/min。低温焊接时严禁立即清渣，应待焊缝冷却后方可清渣。检测不合格的焊缝应铲除重焊，严禁后续施焊将未经铲除的不合格焊缝熔化覆盖。重焊时应按照负温度下焊接工艺的规定严格施焊，焊后应采用统一标准重新检测，直到合格为止。

（7）当受到钢筋或钢结构板件等阻挡而不能对焊缝连续施焊时，此时焊缝存在较多的搭接部位。应严格控制搭接部位的错开长度不小于 50mm，形成阶梯状搭接，如图 11-7 所示。搭接时间不宜间隔太长，层间温度不得低于 100℃；搭接前基层氧化层应清理干净。

(a)　　　　　　　　　　　　　(b)

图 11-7　柱型钢焊缝错位搭接示意图

11.3.2　钢结构防腐与防火

对车辆段上盖开发项目，库区部分一般采用型钢混凝土柱，不存在防腐防火问题，也不必涂装防腐防火涂料。咽喉区部分柱截面通常为圆形，采用钢管混凝土柱时存在防腐防火问题。钢管混凝土组合结构构件的防腐防火涂装方法应由设计文件提出，并由钢结构厂家参照深化执行。

钢结构防腐防火正常的涂装次序为：（1）除锈；（2）防腐底漆；（3）防腐中间漆；（4）防火涂料；（5）面漆。有防火涂料时，理论上可以不涂防腐中间漆及面漆，涂装防腐底漆后涂装防火涂料即可。当对美观有要求时，可涂装防腐中间漆和面漆，此时防火涂料可涂在中间漆与面漆之间或底漆与中间漆之间。结构设计人员在选用防腐防火涂料时应特别注意以下问题。

（1）表面处理

钢结构表面应喷砂除锈，除锈等级不低于 Sa2.5，除锈质量应符合现行《涂覆涂料前钢材表面处理表面清洁度的目视评定　第1部分：未涂覆过的钢材表面和全面清除原有涂层后的钢材表面的锈蚀等级和处理等级》GB 8923.1 的有关规定；表面粗糙度应达到 40～75μm。

（2）结合性问题

由于水性无机富锌底漆特殊的固化机理，涂装后表面孔隙比较大，一定程度上影响了其与防火涂料的结合性能，故尽量不在有防火要求的钢结构表面使用水性无机富锌底漆，而应采用环氧富锌底漆。如果必须使用水性无机富锌底漆，则必须加涂一道环氧封闭漆增加结合性，方可涂装防火涂料。

（3）相容性问题

防火涂料与接触到的各层防腐涂料之间都不应产生化学反应，即通常说的防火涂料应与防腐涂料相适应。如果防火涂料与防腐涂料不相适应，则将直接影响防火涂料的防火性能。与防火涂料相接触的涂装层均应考虑并测试之间的相容性问题，例如选用"环氧富锌底漆＋环氧云铁中间漆＋防火涂料＋面漆"，需要进行3项涂层相容性配套测试：①环氧云铁中间漆与防火涂料相容性测试；②防火涂料与面漆相容性测试；③整体综合涂层配套测试。

（4）防火涂料的类型

由于咽喉区四面开敞，基本处于室外环境，笔者强烈建议广大结构设计人员采用室外型防火涂料，以提高其耐久性能。

（5）侵限问题

由于车辆段建筑要求耐火等级为一级，柱构件的耐火极限为 3h（个别地标规定 3.5h），采用薄型防火涂料及超薄型防火涂料通常很难达到这一要求，实际需要采用厚型防火涂料，涂装厚度可达 30～50mm。结构设计人员应特别注意咽喉区钢管混凝土柱与车辆建筑限界之间留有足够的余量，以满足施工误差及厚型防火涂料的涂装要求。笔者建议钢管混凝土柱外皮距车辆建筑限界之间至少留有 100mm 的间隙。

11.3.3 钢结构吊装与固定

如前所述，为避免履带吊等起重设备走行至2层汽车库楼面，车辆段上盖开发项目钢结构吊装通常采用"一柱两层"的施工工法。据此施工特点，车辆段上盖开发项目钢结构一般加工为如下各段：（1）柱基础节；（2）柱上部节；（3）墙钢板节；（4）梁节；（5）梁上柱节。钢结构构件现场吊装及焊接施工工序大致如下：

（1）在框架柱位置安装柱型钢底部定位支架，用全站仪测量确保支架定位准确且其顶面水平。

（2）吊装柱基础节钢结构，通过采用支架四边及柱脚四边找中定位的方式，将柱型钢中心定位准确，通过全站仪矫正柱型钢垂直偏差及角度偏差。然后再吊装柱上部节钢结构，用同样的方式就位后与柱基础节焊接连接。

（3）如果下盖结构设有内藏钢板混凝土剪力墙，则还需综合考虑墙柱之间的吊装顺序，很可能墙钢板与柱型钢交替作业，比如从一边向另一边推进顺序吊装。墙钢板为运输方便一般需裁切为长条状，吊装定位后与先前就位的梁柱结构焊接连接。

（4）最后吊装梁节及梁上柱节钢结构并在高空安装焊接。梁托柱节点的制作安装依据其复杂程度分为以下2种情况：当节点较为简单时，一般在柱脚位置断开为前述的梁节与梁上柱节；当较为复杂时，则一般将梁托柱节点在工厂制作完成，断开处则在梁上柱根部以上$1/3H_2$（H_2为梁上柱高度）位置。

应当指出的是，上述各施工工序之间的"固定"或者"就位"只是简易的临时焊接，即采用点焊或是5~6mm的一次施焊，仅保证钢构件在施工阶段不出现移位倾倒等状况。待所有钢结构构件全部吊装就位并检查无误后，再整体连续焊接实现各构件之间"拼接"及"等强连接"。虽然此做法不利于吊装作业与焊接作业的流水搭接，但有效保证了钢结构安装的成功率，避免出现部分构件焊接出现偏差致使后续构件无法吊装就位的问题。

此外车辆段下盖结构层高较高，首层及2层结构总高度14~15m，加之柱型钢的承台插入深度，型钢总高度17~18m均属正常。故在临时固定之前，必须采取有效措施确保钢结构构件稳定。常见的做法是设置缆风绳，一端与钢构件顶部连接，一端与地面拉结，每个构件沿4个方向对称设置4条缆风绳。此做法可以在临时固定之前保持钢构件的结构稳定，待钢构件临时焊接完成后，拆除缆风绳。

11.3.4　钢结构焊缝探伤检测

车辆段上盖开发项目钢结构焊接大量采用等强对接一级焊缝，如梁柱型钢及墙钢板的拼接焊缝、重要的框架梁柱节点及支撑连接节点焊缝等。不但焊接工作量可观，而且焊接工艺及质量要求较高。钢结构的焊缝检测一般采用超声波探伤法，焊缝等级为一级时，应达到B2级别的100%检测要求。通常焊接质量问题包括3种类型：（1）夹渣；（2）气泡；（3）未熔透。检测后如发现个别焊缝出现此类问题，应返工修理。此时须剔除原不合格焊缝并清理干净后重新施焊，切不可在原焊缝基础上再次施焊。同一部位的返修次数不宜超过两次。

11.4　土建施工相关设计配合

11.4.1　梁柱纵筋与型钢连接的3种构造方式

钢筋与型钢的可靠连接是确保钢筋传力的关键。对于组合结构构件（包括型钢混凝土构件及钢管混凝土构件），钢筋与型钢的连接广泛应用于梁柱节点核心区、支撑连接节点、转换连接节点等部位。这些部位钢筋、型钢及连接板件密集，设计及施工难度较大。总体来看，常见钢筋与型钢的连接方式包括以下3种。

（1）搭筋板连接法（钢牛腿连接法）。在梁上下主筋对应位置的柱型钢翼缘设置搭筋板（梁端钢牛腿），用于梁钢筋与柱型钢的连接，梁钢筋焊接于搭筋板（或钢牛腿翼缘）

上，如图 11-8 所示。此方法优点：①能较好地适应施工偏差的影响，连接相对可靠，钢筋有效连接率高；②能较好地适应工程中的改动，调整方便。缺点：①钢筋现场焊接量大；②搭筋板（钢牛腿）外伸长度范围的梁箍筋需采用开口箍形式"掰开再复位"，对土建钢筋施工不利；③当梁钢筋采用双排筋或三排钢筋时，为了满足施焊条件，搭筋板往往需要现场焊接。搭筋板连接法（钢牛腿连接法）的施工控制要点：①提高焊工业务水平，保证焊接质量；②钢结构深化与土建钢筋放样的施工准备阶段，以及现场施工过程中，各方均应加强配合与沟通。

图 11-8　搭筋板连接法

（2）钢筋接驳器连接法。在梁上下主筋对应位置的柱型钢翼缘焊接钢筋接驳器，用于梁钢筋与柱型钢的连接，如图 11-9 所示。此时，钢筋端头丝扣与接驳器拧紧。此方法优点：①现场施工快捷，可实现钢筋与型钢的快速连接；②未使用钢筋搭筋板（钢牛腿），柱钢筋可从梁钢筋之间的空隙穿过；③未使用钢筋搭筋板（钢牛腿），当梁采用双排筋或三排钢筋时，避免出现搭筋板件过密而造成混凝土不便浇筑振捣的情形。缺点：①受施工偏差的影响，钢筋有效连接率较低，当梁钢筋较多时易出现不能接驳就位的情况；②钢筋接驳器焊接时易产生变形，

图 11-9　接驳器连接法

此外，内丝扣可能受焊接飞溅物粘连影响而导致梁钢筋无法拧入；③按此方法施工后相对不便更改；④对梁两端均采用钢筋接驳器连接的情况，存在正反扣无法作业问题，此时梁通长钢筋需从中间截断并分别拧入梁端钢筋接驳器后，截断部位再行搭接处理。钢筋接驳器连接法的施工控制要点：①提高焊工业务水平，保证焊接质量；②加强深化设计阶段钢结构厂家与土建施工的沟通配合，保证钢结构加工、钢筋放样及现场安装精度；③钢筋接驳器在采购前，需取样并与土建钢筋进行丝扣匹配连接试验；钢筋接驳器应初步定位并拧入一小段钢筋后再行焊接，防止焊接变形和内丝扣受飞溅物粘连影响；④尽量减少钢筋接驳器数量，防止接驳器布置过密。

(3) 穿孔法。在梁钢筋对应位置的柱型钢腹板上开孔，使梁钢筋从开孔位置穿过柱型钢，如图11-10所示。此种方式一般用于构件不便焊接或较为重要的连接部位。此方法优点：①梁钢筋穿过节点核心区不必断开，构件受力性能较好；②制作时组拼零件少，无需使用钢筋搭筋板（钢牛腿）或钢筋接驳器。缺点：①对开孔及柱型钢加工安装精度的要求很高，对现场钢筋加工及绑扎的精度要求也很高；②当柱型钢截面为弧形或板厚较大时，不易实现机械化开孔；③当采用较厚板件、现场安装出现偏差或需要更改时，现场开孔或扩孔的工作量较大。穿孔法的施工控制要点：①钢结构深化与土建钢筋放样的施工准备阶段，以及现场施工过程中，各方均应加强配合与沟通；②加强钢结构、钢筋加工制作及现场安装精度控制；③当柱型钢截面为弧形或板厚较大时，尽量采用现场气割开孔、扩孔等方式处理，确保现场钢筋穿孔顺利进行。

图11-10 穿孔法

在保证施工质量的前提下，上述3种连接方式原则上都是可以满足要求的，仅施工的操作要点和难易程度不同。钢结构深化及土建施工方可能根据现场情况与设计人员沟通变换连接方式，或采用多种方式的组合，原则上设计方都可确认同意。根据实际工程经验，多数情况下施工方愿意选择连接方式（1）。此连接方式虽然施工效率不高，但施工精度要求最低，难度最小且容错率最大。在必要情况下，施工方才可能酌情考虑选用（2）和（3）的连接方式。

11.4.2 型钢腹板阻挡钢筋穿过时的4种构造方式

型钢混凝土构件中的箍筋或拉筋经常会受到型钢及各种连接板件的阻挡而无法正常穿过并绑扎。主要有以下几个部位：（1）梁拉筋受梁型钢腹板的阻挡；（2）柱箍筋或拉筋受梁柱型钢腹板的阻挡；（3）梁柱节点核心区梁钢筋穿过核心区时，受核心区柱型钢腹板的阻挡；（4）内藏钢板混凝土剪力墙水平分布钢筋锚入并穿过端柱时，受端柱型钢腹板阻挡；（5）内藏钢板混凝土剪力墙中墙拉筋受钢板的阻挡。这5种情况同属一类问题，即型钢板件阻挡构件内的箍筋或拉筋穿过。

实际工程中，解决的办法通常有以下几种：（1）型钢腹板穿孔，确保箍筋或拉筋穿过。该方法优点是结构受力性能最佳；缺点是钢结构深化厂家与土建施工配合较多，钢结构加工安装及土建钢筋施工精度要求较高。（2）在型钢腹板两侧增设架立钢筋，将箍筋或拉筋与架立钢筋绑扎。该方法优点是对型钢构件截面无削弱；缺点是箍筋或拉筋没有形成整根受力状态，且当架立钢筋距构件外皮尺寸大于人体一倍臂长时，不宜绑扎连接。（3）箍筋或拉筋弯折焊接或套筒连接于型钢腹板。该方法优点是，施工精度要求最低，施工难度小；缺点是现场焊接量大，焊接容易对型钢母材板件损伤，施工速度较慢。（4）条件允许时，钢筋弯折绕避型钢。上述4种方式实际工程中均有采用。

11.4.3 型钢混凝土构件关键施工工艺

混凝土梁与型钢混凝土柱的连接,当混凝土梁端部不设置钢牛腿时(如梁纵筋通过套筒与柱型钢翼缘连接),柱钢筋与梁钢筋相互交叉穿过;当混凝土梁端设置钢牛腿时,则与型钢混凝土梁柱连接节点施工方式相同。具体施工工艺如下:

(1) 型钢混凝土框架柱四角部位的柱纵筋未受钢牛腿(或梁内型钢)的阻碍无需截断,与普通混凝土构件施工方式相同。对柱截面侧边受到钢牛腿(或梁内型钢)阻碍的柱纵筋则需截断,采用搭筋板焊接连接或钢筋接驳器连接方式与钢牛腿(或梁内型钢)翼缘连接。

(2) 因采用"一柱两层"的钢结构整体吊装方式,故2层汽车库柱箍筋安装不能采用普通钢筋混凝土框架柱"撸起"或"套入"的方式。实际工程一般先将箍筋"掰开"敷设就位后,再将变形的箍筋"恢复原状"并绑扎。节点核心区梁型钢高度范围内柱箍筋被截断,可采用箍筋分段与梁型钢加劲板件焊接的方式操作,利用加劲板件传力形成封闭箍筋。

(3) 依据框架梁与轴线间的夹角、柱型钢的截面形式,框架梁钢筋与柱型钢的连接主要有以下2种方式。当梁纵筋与柱型钢翼缘垂直相交时,如上所述,梁纵筋可采用搭筋板(钢牛腿)或钢筋接驳器与柱型钢连接;当梁纵筋与柱型钢腹板垂直相交或与柱斜向相交时,可采用搭筋板与柱型钢连接。如连接数量较少且穿越腹板时,也可酌情考虑型钢穿孔。

(4) 梁纵筋或柱纵筋一端采用钢筋接驳器一端采用搭筋板的连接方式。当型钢混凝土柱纵筋两端与梁端钢牛腿(或梁内型钢)、框架梁纵筋两端与柱内型钢连接时,除两端均采用搭筋板的连接方式外,还可采用一端为接驳器、另一端为搭筋板的连接方式。施工时,先将接驳器一端钢筋拧入,然后再将钢筋另一端与搭筋板焊接。若钢筋两端均采用钢筋接驳器连接,则需将钢筋从中间截为两段,各自拧入钢筋接驳器后,再在中间截断部位将两段钢筋焊接,实际工程应尽量避免采用此种连接方式。

此处还需注意的是,采用一端为钢筋接驳器一端为搭筋板的连接方式时,搭筋板应加长一个丝头的长度,以避免钢筋接驳器一端连接拧紧后,搭筋板一端焊缝长度不能满足要求的情况出现。

(5) 梁纵筋为双排情况,梁纵筋与柱型钢采用搭筋板时的连接方法。梁上部或下部纵筋为双排并采用搭筋板方式与柱型钢连接时,原则上,上、下排钢筋应分别与搭筋板上、下表面焊接连接。实际中,上排钢筋可正常焊接;而下排钢筋则需仰焊而不易保证工程质量。况且对梁下部下排钢筋,通常需在楼板底模搭设完成前予以焊接,存在严重的不同施工队伍交叉作业情况。因此,对梁上、下部的下排钢筋,施工单位可能在柱型钢吊装就位之前,预先在搭筋板上焊接短钢筋,待柱型钢吊装就位后再接长梁钢筋。此方法可将高空仰焊变为平焊,既保证了质量,又降低了施工难度。按上述方法操作后,梁上、下部下排中部接长钢筋一端采用套筒与短钢筋连接,另一端与对侧短钢筋焊接连接。此外,本书9.2节介绍的"打折搭筋板"也可有效避免上述仰焊问题。

诚然,上述操作方法虽然可以避免仰焊和工作面搭接从而有利于降低施工难度,但在施工工期较紧情况下,不利于钢结构的快速吊装就位。原因是钢结构构件运至现场后,需要预先在场区内加工焊接短钢筋,不但增加了管理难度,而且占用了大量的场地资源。当工期充裕时,其他工序可以适当向后调整作业时间;但在工期紧张情况下,此做法较难提高效率并保证施工进度。实际工程，施工总包方会根据不同工程具体情况采用不同的施工工序。

（6）型钢混凝土柱内圈箍筋与型钢栓钉相互冲突的解决办法。部分型钢混凝土柱内圈箍筋与型钢栓钉相互冲突，使得柱箍筋无法从型钢上口向下套入（首层型钢混凝土柱），当内圈箍筋直径较大且肢距较小时，也不易"掰开再复位"。实际工程中有以下两种解决办法：①将内圈箍筋向外移动一根柱筋位置，从而避开型钢栓钉。②将内圈箍筋变为拉筋，或将封闭箍筋改为双U形筋或4根L形筋围合焊接组成。原则上，设计方可以同意施工方采用上述两种操作方式。此处应特别注意，当采用第②种方式操作时，相邻两个箍筋套拼接位置应相互错开布置，即同一截面焊接百分率控制50%为宜。

（7）型钢混凝土梁柱纵筋尽量靠近截面角部设置，此做法有利于钢筋贯穿梁柱节点核心区且不被型钢阻碍。前文已述，柱角部纵筋可穿过核心区，中部纵筋遇梁端牛腿被阻挡；梁角部纵筋可穿过核心区，中部纵筋遇柱型钢被阻挡。如梁柱纵筋施工时尽量靠角部摆放，则不但减少并方便中部钢筋与搭筋板的焊接连接，而且有更多的梁柱纵筋穿过节点核心区。甚至当梁柱纵筋较少时，所有纵筋均可靠近截面角部摆放并穿过节点核心区，中部仅设置使纵筋间距不至于过大的构造架立钢筋即可，该架立钢筋通至梁柱节点核心区即可截断。

此外，通过以上分析可知，梁柱纵向钢筋越少，贯穿梁柱节点核心区的梁柱纵筋比例就越多，构造上对结构抗震就越有利。这也是笔者建议严格限制型钢混凝土构件纵筋配筋率的缘由，即要么就不采用型钢混凝土构件，确需采用时就要充分发挥型钢作用并减少普通钢筋的配置数量。

11.4.4 土建施工难点问题

根据笔者参与过的工程经验，车辆段工程施工的难点问题主要包括两个方面：一是专业接口相互配合较多、交叉施工作业现象严重；二是狭小操作空间下施工质量如何得到保证。

车辆段施工过程主要涉及如下几个相互配合和交叉作业环节：（1）钢结构及预应力深化阶段的各方配合。此阶段总包方通常需要组织各厂家之间配合并制作三维BIM模型。通过三维模型详细分析复杂节点部位钢筋（普通钢筋及预应力钢筋）、模板、各种型钢板件之间的交叉及连接、施工工序等各类问题，进而编制合理的总体及关键步骤的施工组织设计，指导后续工厂制作及现场实施。（2）钢结构专业与土建专业的交叉作业。钢结构安装过程中，可能涉及部分土建专业的施工作业。如前所述在钢结构吊装就位后，土建施工队配合套入首层柱箍筋；型钢柱就位后型钢梁吊装前，土建施工队配合套入梁箍筋等。钢结构某些连接板件，由于工艺或是施工工序的原因也需在现场焊接，同样存在钢结构专业与土建专业交叉作业问题。此外，设计方也可能造成二者交叉作业，如当下盖结构采用混凝土柱而上盖开发塔楼预留钢结构柱头时，需要待首层柱浇筑至首层顶板梁下并埋设临时柱脚节点后，钢结构柱头再行安装（详见11.2.2节）。（3）预应力专业与土建专业的交叉作业。对预应力梁的施工，预应力施工队敷设预应力钢筋后，需待土建施工队先将梁箍筋调整就位，然后在土建施工队的配合下预应力施工队敷设定位支架并调整预应力钢筋线形。（4）预应力专业与钢结构专业的交叉作业。梁预应力钢筋需在节点核心区绕避柱型钢，且需在相互垂直的另一方向梁型钢腹板上开孔穿过；板内预应力钢筋在梁支座处需跨越梁型钢，从型钢上翼缘上方混凝土内穿过。以上交叉作业情况不可避免，实际工程中还会由于各种原因造成交叉作业乃至冲突等问题，从而增加施工难度。

狭小空间施工也是车辆段工程不可避免遇到的另一难题。主要包括：（1）钢筋及各种板件过密区域的混凝土浇筑振捣问题。车辆段上盖开发项目跨度及荷载较大，且涉及抗震超限及性能化设计等内容，不仅需要采用型钢混凝土组合结构构件，而且型钢截面尺寸及钢筋用量均较大。尤其梁柱节点核心区，钢筋与各种板材间距均较小，50～100mm间距属正常，个别极限位置只有30～50mm缝隙，以至于不可能完全达到规范规定的最小净距要求。如何保证狭小空间混凝土的灌注并振捣密实直接影响工程质量。实际工程通常采用自密实混凝土进行浇筑，配合采用一定的施工措施诸如"附着式"振捣、模板敲击等。（2）连接板件过密区域板件及钢筋的焊接问题。梁柱纵筋及柱箍筋在节点核心区不可避免被型钢截断，此时纵筋需要搭筋板焊接连接以保证其在节点核心区的传力；箍筋则需焊接于核心区型钢构件或其加劲板件上以保证其封闭围合的抗震构造。各种钢结构板件、钢筋（普通钢筋及预应力钢筋）在节点核心区相互交错，加之现场高空焊接作业，各种不利条件下，焊接难度可想而知。施工总包方及钢结构厂家除需聘请业务能力较强的专业焊工队伍以外，尚需做好各方面协调工作，采取合理的焊接工艺和工序，尽可能为现场焊接作业创造有利环境。

上述两方面施工难点处理是否妥当直接决定工程质量能否得到保证。虽然上述施工问题通常不是设计责任，但作为结构设计人员要坚决杜绝纸上谈兵。设计人员应充分了解和体谅施工难处，为创造良好的施工条件尽一份微薄之力。

（1）充分了解施工进度和施工工序，不因结构施工图滞后增加施工难度。如前述在基础节钢结构吊装完成后套入柱箍筋，倘若结构首层柱施工图纸没有及时完成，施工方为了不耽误现场钢结构吊装只能放弃这一操作，因此造成首层柱箍筋被迫采用"掰开再复位"的方式。

（2）节点核心区横隔板等加劲板件增多会显著增加核心区的施工难度，故结构设计应尽量优化型钢混凝土梁柱截面形式及尺寸，控制节点核心区的横隔板件数量。首先，型钢混凝土梁柱节点核心区相连的框架梁应尽量统一断面尺寸（包括梁截面尺寸及内置型钢截面尺寸）并使各梁处在同一高程上，防止由于梁高不同或局部错层增加核心区横隔板的数量。图11-11（a）、图11-11（b）所示为梁高变化及局部错层造成节点核心区横隔板件增多，从而增加柱纵筋下插难度。其次，核心区所连上下柱截面尺寸不宜过大突变，即上柱截面尺寸较下柱不宜缩小过多。当上柱截面尺寸与下柱相差不大时，上柱纵筋可避让下柱型钢直接锚固或者略微弯折锚固进入下柱混凝土；反之当相差较大时，容易造成上柱钢筋下插锚固受到核心区型钢阻挡的情况出现。图11-12为上柱截面尺寸较下柱缩小较多时，上柱纵筋下插受到核心区加劲横隔板阻挡，若此时横隔板较多，施工很难顺利下插锚固上柱纵筋。

（3）适当降低混凝土构件尤其是型钢混凝土构件的纵筋配筋率。通常混凝土梁构件的纵筋配筋率不超过2.5%，以1.5%左右为宜；混凝土柱构件的纵筋配筋率不超过5%（转换柱不超4%），实际一般控制3%以下。上述配筋率是对通常截面尺寸的混凝土梁柱构件而言的，对车辆段上盖开发项目较大截面尺寸的梁柱，按上述配筋率设计配筋过多。有时框架柱单排布置不下需要布置双排，框架梁则需要布置3～4排，不但梁柱截面有效高度降低较多，而且钢筋过于密集，不利于保证混凝土的浇筑质量。针对车辆段大尺寸截面梁柱纵筋配筋率，笔者根据实际工程经验认为，混凝土梁构件不宜超过1.2%，混凝土

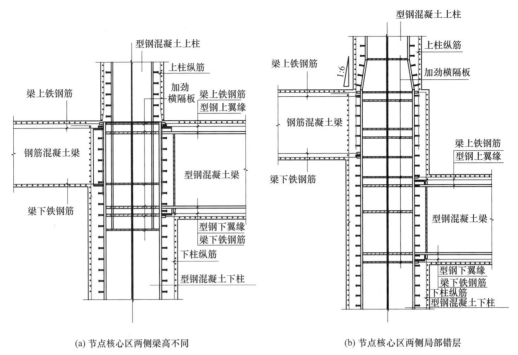

(a) 节点核心区两侧梁高不同　　　　　　(b) 节点核心区两侧局部错层

图 11-11　梁高不同或局部错层时的核心区节点大样

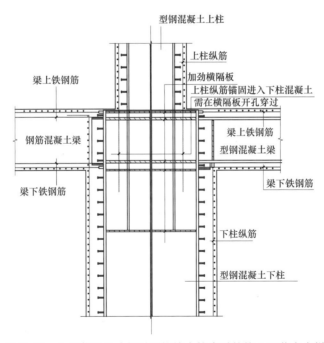

图 11-12　上柱截面尺寸相对下柱缩小较多时的核心区节点大样

柱构件不宜超过 2%。对型钢混凝土梁柱构件，过多的梁柱纵筋是造成节点核心区搭筋板件众多、焊接工作量大、钢筋排布及连接困难的罪魁祸首，所以笔者认为应该在上述较大截面尺寸混凝土梁柱的基础上进一步减小纵筋配筋率，型钢混凝土梁构件不宜超过

0.8%，型钢混凝土柱构件不宜超过 1.5%。就是说，要么就不用型钢采用一般混凝土构件，确需采用型钢混凝土组合结构构件时，一定要充分发挥构件内型钢的承载能力，减少普通钢筋的配置数量。当梁柱纵筋配筋较少时，梁柱纵筋施工时可实现尽量在角部摆放，从而减少并方便中部钢筋与搭筋板的焊接连接，并有更多的梁柱纵筋穿过节点核心区。当梁柱纵筋配筋足够少时，所有纵筋均可靠近截面角部摆放并穿过节点核心区，中部仅配置使纵筋间距不至于过大的构造架立钢筋即可，该架立钢筋通至梁柱节点核心区即可截断。此做法可大幅降低节点核心区的复杂程度和施工难度。

（4）广大结构设计人员应当与施工总包方、各厂家及时沟通协调，了解施工方的工艺特点和水平。此外，尽可能将厂家提出的合理意见融入自身的设计当中，切莫"闭门造车"，从而为施工方创造良好的条件。

11.5　各相关专业间的设计配合

（1）库区部分的联合检修库首层地面通常需要布置检修坑、设备基础及检修平台等。此时设计人员应注意柱下承台及承台间拉梁是否与检修坑、设备基础、检修平台基础冲突。咽喉区部分承台的埋置深度及位置应注意避让轨道专业道床结构。在满足首层柱型钢承台插入深度及不与其他建（构）筑物冲突的前提下，承台宜浅埋，这样有助于尽量减小首层结构层高，从而有利于整体结构计算。

此外，结构专业需配合相关专业设计上述检修坑、设备基础等构筑物。设计中应特别注意某些设备厂家提出的特殊工艺要求、预埋要求、安装要求及精度要求等内容。结构设计文件中应予以体现。

（2）车辆段场区范围内供电、通信、信号等相关专业需要留设的管线众多。结构设计人员需与上述专业充分配合，除避免构件与管线冲突外，有时还需为相关专业设计相应土建配套设施，如混凝土管廊或管沟等。

（3）联合检修库库区部分框架柱上需要设置牛腿，以满足工艺专业架设吊车梁及吊车的需求。结构专业应充分与工艺专业及吊车厂家沟通配合，明确吊车的起重级别、吨位、吊钩类型、走行范围、主要尺寸等设计参数，以满足牛腿及吊车梁等相关构件的结构设计。

11.6　"三边工程"下的结构设计

不同于传统的民建项目，车辆段上盖开发项目的结构设计任务有其自身的特殊性。（1）上盖开发建筑与下盖车辆段分属不同的产权单位。由于市政轨道交通运营单位急于建成下盖车辆段并投入使用，而此时上盖开发可能尚未启动，势必造成上盖工程进度大幅落后于下盖。实际工程中，下盖车辆段已经进入施工图设计阶段，而上盖开发方案尚未完全稳定的情况时有发生。（2）车辆段上盖开发项目设计过程中可能出各种工程变更，甚至方案变动的不利情形。在设计周期不能拖延的情况下，时间尤为紧张。（3）此类车辆段上盖开发项目通常要求土建结构专业率先报出施工图纸，理由是土建先行。如果从项目管理者的角度来看，此项要求也许合乎逻辑，但对结构设计人员来讲，此项要求是较为不利的。

原因是在其他专业尚未完全稳定设计条件的情况下，结构专业后续随其他专业变动或更改的设计内容较多，可能性也较大。

上述不利因素几乎贯穿于每个车辆段上盖开发项目结构设计的始终。一方面，结构设计人员需要体现敬业精神，勇于承担项目牵头的职责积极协调各方推进落实相关条件；另一方面也要理清各方关系和责任，尽量避免隐患和风险。

鉴于车辆段上盖开发项目的诸多特殊性及"三边工程"的特点，笔者强烈建议在工艺、建筑作为主专业担任项目负责人的情况下，结构专业至少应担任副项目负责人，从而有利于结构人员作用的发挥和项目的推进。

第12章 减振降噪设计与研究

12.1 车辆段减振降噪控制简介

车辆段上盖开发项目由车辆振动引起的上盖开发建筑二次振动噪声问题尤为突出。现阶段，工程设计主要是通过在普通轨道结构上增设减振措施以达到隔振、减振的目的。目前国内已经实施建设的车辆段大多存在如下减振问题：(1)减振轨道覆盖范围较小，仅集中在试车线或者咽喉区靠近库门的范围，减振范围相对有限。(2)减振道床结构类型相对单一，库内采用减振扣件，库外采用增设道砟垫，试车线主要采用无缝线路、减振接头夹板等手段进行减振控制；(3)小曲线半径轮轨尚不能有效降低钢轨自身振动。

车辆产生振动的主要区域，对库外线主要集中在道岔密集的咽喉区，该区域由大量小曲线半径轮轨摩擦引起振动，冲击作用较强。对库内线主要集中在库门区域，虽然该区域线形为直线，但为保证运营期间的发车密度，实测列车出库速度相对较高可达25km/h左右，此车速与正线车站附近列车运营速度相当且为加速过程，容易产生较强的冲击作用。另外，车辆段工程在首层施作整体地面，库内轨道结构通过整体地面与主体框架梁柱相连，车辆振动在物体间传递而无任何土层等软体材料缓冲，从而对上盖开发建筑减振降噪较为不利。

有限元数值模拟通过"车辆-轨道-结构"实体建模，并综合考虑减振垫、钢轨及扣件对道床结构的影响，可较为准确的推算车辆引起的振动源强。分析中，道床结构通常采用黏弹性边界条件，荷载取值按正常使用不利情况并结合车辆运营特点综合考虑。有限元数值模拟目的是要综合考察轨道结构强度、稳定性、动态几何变形、车辆运行安全性能以及道床结构的综合减振性能。

12.2 车辆段减振降噪设计举例

以北京某轨道交通车辆段为例简要介绍。该车辆段库区上盖进行一体化综合开发，本工程结合具体情况对轨道结构进行减振降噪设计。

12.2.1 减振方案模拟与论证

以库内线减振方案论证为例进行说明。扣件类减振为当前车辆段库内线主要的减振技术手段。从国内已经实施的正线工程应用情况来看，扣件类减振产品在保证轨道动态平顺性的前提下，减振插入损失有限，无法满足本工程的减振要求；而轨枕类减振方案又无法适应库内复杂的检修轨道形式。因此本工程将道床类减振措施作为库内线主要减振研究对象。道床类减振从减振效果、道床动态平顺性、车辆行驶安全性等方面得到了工程验证。

本工程采用有限元三维实体建模分析、现场实尺模型试验、与成熟工程实例类比等技术手段，从轨道结构强度、动态稳定性、钢轨病害以及减振能力等多方面进行了全面的分析研究。

为保证人员通行，本工程库内线采用柱式检查坑且扣件支撑于结构柱上端，相邻柱间距（扣件间距）为 1.2m。柱式检查坑相对壁式检查坑结构刚度及承载能力均较不足，因此如何在保证轨道动态平顺性、道床整体结构强度及稳定性的前提下达到预期的减振效果是关键的技术难点。本工程进行了有限元三维实体建模分析，采用"车辆-轨道-结构"整体分析模型对不同尺寸的设计方案进行比选，如图 12-1 所示。结果显示，车辆段轨道结构自身固有频率可有效避开车辆典型运营速度条件下的特征频率，从而有效避免轮轨共振效应，轨道结构刚度-质量-阻尼体系匹配合理。在 1～100Hz 频谱范围内，柱式检查坑道床计权振动插入损失约为 19.2dB；停车线道床计权振动插入损失约为 15.7dB；库外停车线道床计权振动插入损失约为 14.1dB；库外试车线道床计权振动插入损失约为 15.9dB。按照正线隧道内实测列车振动源强推算，车辆段上盖开发建筑环境振动源强满足居民文教区标准。此外，场区内车速相对较慢且为空车状态，因此具备充足的减振储备量。

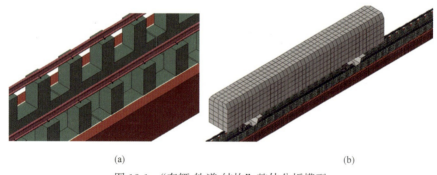

(a)　　　　　　　　　　　　　　(b)

图 12-1 "车辆-轨道-结构"整体分析模型

钢轨、道床结构的铅垂变形受减振垫刚度影响较大。减振垫竖向弹性模量为 0.02 N/mm^3 时，道床结构稳定性相对较强，钢轨绝对弯沉值可满足规范标准。柱式检查坑道床结构强度检算中，轨道结构强度满足正常使用要求且具备较大安全储备。建模分析中未对柱底部设置腋角，造成计算结果转角位置应力集中较大，实际工程增设柱底腋角及斜向钢筋补强。本工程按照实际运营条件进行了柱式检查坑道床车辆安全性能分析，经计算，脱轨系数小于 0.8；倾覆系数小于 0.8，满足现行《机车车辆动力学性能评定及试验鉴定规范》GB/T 5599 要求；车体竖向振动加速度和车体横向振动加速度均符合相应标准，能够保证车辆运行的安全性和舒适性。

本工程还进行了现场实尺模型测试试验，通过实测数据对数值模拟分析结果加以验证。最终，本工程库内线确定采用隔离式减振垫整体道床结构＋无缝线路减振方案，如图 12-2 所示。

12.2.2 库外线减振设计

根据上盖开发建筑减振能级的要求，本工程对库外线同样进行了"车辆-轨道-结构"三维有限元实体建模分析及现场实尺模型测试，具体分析及测试过程不再赘述。最终库外线减振方案为：(1) 咽喉区及出入段线采用碎石道床下部铺设锥形橡胶道砟垫，同时采用双层非线性扣件及减振接头夹板的减振措施；(2) 回转线直线段采用钢弹簧浮置板道床、曲线段采用与咽喉区及出入段线相同的减振措施，同时增设迷宫式约束阻尼钢轨减振降噪装置；

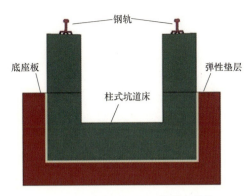

图 12-2 隔离式减振垫整体道床结构＋无缝线路减振方案典型剖面图

(3) 试车线采用碎石道床下铺设锥形橡胶道砟垫，同时采用双层非线性扣件及减振接头夹板的减振措施。

(1) 咽喉区轨道采用双层非线性减振扣件＋橡胶减振垫碎石道床。钢轨：采用 U71Mn 材质 50kg/m 热轧钢轨；轨缝处理：减振接头夹板；扣件：双层非线性扣件系统；轨枕：双层非线性扣件配套轨枕、树脂合成轨枕（道岔区）；道床：一级道砟（单层道砟结构）；减振垫：锥形橡胶减振道砟垫。构造做法如图 12-3 所示。

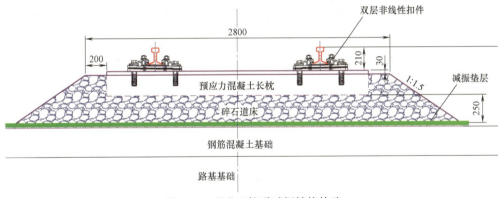

图 12-3 咽喉区轨道减振结构构造

(2) 试车线轨道采用双层非线性减振扣件＋橡胶减振垫碎石道床。钢轨：采用 U71Mn 材质 60kg/m 热轧钢轨；轨缝处理：减振接头夹板；扣件：双层非线性扣件系统；轨枕：双层非线性扣件配套轨枕、树脂合成轨枕（道岔区）；道床：一级道砟（双层道砟结构）；减振垫：锥形橡胶减振道砟垫。构造做法如图 12-4 所示。

(3) 回转线轨道直线段采用钢弹簧浮置板道床＋双层非线性扣件。钢轨：采用 U71Mn 材质 50kg/m 热轧钢轨；轨缝处理：减振接头夹板；扣件：双层非线性扣件系统；轨枕：钢弹簧用混凝土短轨枕；道床：阻尼钢弹簧浮置板道床系统。曲线段采用双层非线性减振扣件＋橡胶减振垫碎石道床＋迷宫式约束阻尼钢轨。钢轨：采用 U71Mn 材质 50kg/m 热轧钢轨；轨缝处理：减振接头夹板；扣件：双层非线性扣件系统；轨枕：双层非线性扣件配套轨枕；道床：一级道砟（单层道砟结构）；减振垫：锥形橡胶减振道砟垫；

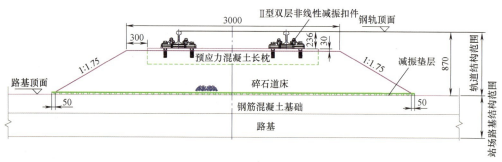

图 12-4 试车线轨道减振结构构造

降噪装置：迷宫式约束阻尼钢轨减振降噪装置（图 12-5）。构造做法如图 12-6 所示。

(a)   (b)

图 12-5 迷宫式约束阻尼钢轨减振降噪装置

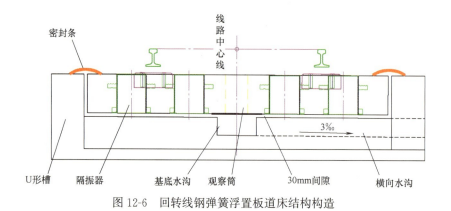

图 12-6 回转线钢弹簧浮置板道床结构构造

12.2.3 库内线减振设计

库内线则采用了双层非线性减振扣件整体道床结构、橡胶减振垫整体道床结构以及焊接无缝长钢轨等减振降噪措施。同时根据库内不同工艺设备的具体功能、检修易产生水、油、碎屑等特点，对称重设备区域、洗车线部分区域、不落轮镟部分区域轨道结构进行了优化设计。在满足库内轨道结构基本运营功能的同时，有效降低了振动噪声的影响。库内线减振方案为：停车线轨道采用橡胶减振垫整体道床结构＋无缝线路。

（1）停车线轨道采用橡胶减振垫整体道床结构＋无缝线路。钢轨：采用 U71Mn 材质 50kg/m 热轧钢轨；轨缝处理：无缝线路；扣件：弹条 I-1 型分开式扣件（预留减振扣件安装条件）；轨枕：库内线用混凝土短轨枕；减振垫：锥形橡胶减振垫；隔离垫：橡胶隔离垫。构造做法如图 12-7 所示。

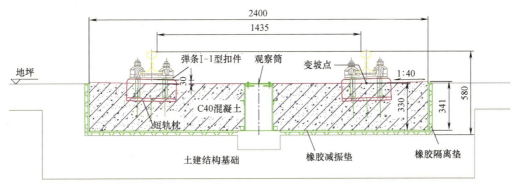

图 12-7　库内停车线轨道结构

（2）检修线壁式检查坑轨道采用橡胶减振垫整体道床结构＋无缝线路。钢轨：采用 U71Mn 材质 50kg/m 热轧钢轨；轨缝处理：无缝线路；扣件：弹条 I-1 型分开式扣件（预留减振扣件安装条件）；轨枕：库内线用混凝土短轨枕；减振垫：锥形橡胶减振垫；隔离垫：橡胶隔离垫。构造做法如图 12-8 所示。

（3）检修线柱式检查坑轨道采用橡胶减振垫整体道床结构＋无缝线路。钢轨：采用 U71Mn 材质 50kg/m 热轧钢轨；轨缝处理：无缝线路；扣件：弹条 I-1 型分开式扣件（预留减振扣件安装条件）；轨枕：无枕式结构；减振垫：锥形橡胶减振垫；隔离垫：橡胶隔离垫。构造做法如图 12-9 所示。

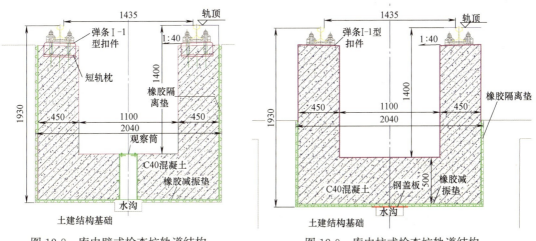

图 12-8　库内壁式检查坑轨道结构　　图 12-9　库内柱式检查坑轨道结构

参考文献

[1] 中华人民共和国住房和城乡建设部. 高层建筑混凝土结构技术规程：JGJ 3—2010 [S]. 北京：中国建筑工业出版社，2011.

[2] 中华人民共和国住房和城乡建设部. 混凝土结构工程施工质量验收规范：GB 50204—2015 [S]. 北京：中国建筑工业出版社，2015.

[3] 中华人民共和国住房和城乡建设部. 建筑桩基技术规范：JGJ 94—2008 [S]. 北京：中国建筑工业出版社，2008.

[4] 中华人民共和国住房和城乡建设部. 建筑桩基检测技术规范：JGJ 106—2014 [S]. 北京：中国建筑工业出版社，2014.

[5] 中华人民共和国住房和城乡建设部. 建筑结构可靠性统一设计标准：GB 50068—2018 [S]. 北京：中国建筑工业出版社，2018.

[6] 中华人民共和国住房和城乡建设部. 工程结构可靠性设计统一标准：GB 50153—2008 [S]. 北京：中国建筑工业出版社，2008.

[7] 中华人民共和国住房和城乡建设部. 建筑抗震设计规范（2016年版）：GB 50011—2010 [S]. 北京：中国建筑工业出版社，2016.

[8] 中华人民共和国国家质量监督检验检疫总局 中国国家标准化管理委员会. 中国地震动参数区划图：GB 18306—2015 [S]. 北京：中国标准出版社，2016.

[9] 中华人民共和国住房和城乡建设部. 混凝土结构设计规范（2015年版）：GB 50010—2010 [S]. 北京：中国建筑工业出版社，2015.

[10] 中华人民共和国住房和城乡建设部. 建筑工程抗震设防分类标准：GB 50223—2008 [S]. 北京：中国建筑工业出版社，2008.

[11] 中华人民共和国住房和城乡建设部. 建筑结构荷载规范：GB 50009—2012 [S]. 北京：中国建筑工业出版社，2012.

[12] 中华人民共和国住房和城乡建设部. 组合结构设计规范：JGJ 138—2016 [S]. 北京：中国建筑工业出版社，2016.

[13] 中华人民共和国住房和城乡建设部. 混凝土结构耐久性设计标准：GB/T 50476—2019 [S]. 北京：中国建筑工业出版社，2019.

[14] 中华人民共和国住房和城乡建设部. 建筑消能减震技术规程：JGJ 297—2013 [S]. 北京：中国建筑工业出版社，2013.

[15] 中华人民共和国住房和城乡建设部. 建筑隔震设计标准：GB/T 51408—2021 [S]. 北京：中国建筑工业出版社，2021.

[16] 中华人民共和国住房和城乡建设部. 预应力混凝土结构抗震设计标准：JGJ/T 140—2019 [S]. 北京：中国建筑工业出版社，2019.

[17] 中国工程建设标准化协会. 超长大体积混凝土结构跳仓法技术规程：T/CECS 640—2019 [S]. 北京：中国建筑工业出版社，2019.

[18] 中华人民共和国国家质量监督检验检疫总局，中国国家标准化管理委员会. 涂装前钢材表面锈蚀等级和除锈等级：GB/T 8923.1—2011 [S]. 北京：中国标准出版社，2011.

[19] 中华人民共和国铁道部. 铁道机车动力学性能试验鉴定方法及评定标准：TB/T 2360—93 [S]. 北京：中国铁道出版社，1993.

[20] 中华人民共和国铁道部. 铁道车辆动力学性能评定和试验鉴定规范：GB/T 5599—85 [S]. 北京：中国标准出版社，1985.

[21] 中华人民共和国住房和城乡建设部. 混凝土结构施工图平面整体表示方法制图规则和构造详图：

16G101—1［S］．北京：中国计划出版社，2016．
[22] 中华人民共和国住房和城乡建设部．型钢混凝土结构施工钢筋排布规则与构造详图：12SG904—1［S］．北京：中国计划出版社，2012．
[23] 中华人民共和国住房和城乡建设部．型钢混凝土组合结构构造：04SG523［S］．北京：中国计划出版社，2004．
[24] 中华人民共和国住房和城乡建设部．型钢混凝土结构设计的一般规定及构造要求：04SG523［S］．北京：中国计划出版社，2004．
[25] 中华人民共和国住房和城乡建设部．钢管混凝土结构构造：06SG524［S］．北京：中国计划出版社，2006．
[26] 中华人民共和国住房和城乡建设部．多、高层民用建筑钢结构节点构造详图：16G519［S］．北京：中国计划出版社，2016．
[27] 周钢，束伟农，石昇，等．北安河车辆段联合检修库A1区隔震设计［J］．建筑结构，2016，46（17）：74-77．
[28] 王铁梦．工程结构裂缝控制"抗与放"的设计原则及其在"跳仓法"施工中的应用［M］．北京：中国建筑工业出版社，2007．
[29] 安东亚，汪大绥，周德源，等．高层建筑结构刚度退化与地震作用响应关系的理论分析［J］．建筑结构学报，2014，35（4）：156-161．
[30] 郑振鹏．天津西站超长混凝土结构温度应力分析［J］．中国市政工程，2010，32（3）：84-85．
[31] 李明书，李进军，刘维扬，等．CMC静水压力释放技术原理及设计方法［J］．岩土工程学报，2013，35（2）：932-935．
[32] 孙成良，高辛财，等．北京地铁16号线工程实践与创新［M］．北京：中国建筑工业出版社，2020．
[33] 李宗凯，郎晴．地铁车辆段组合结构框架节点设计的若干问题探讨［J］．工业建筑，2010.50（564）：99-108．
[34] 李宗凯．框架+支撑结构在车辆段上盖住宅开发工程中的应用与研究［J］．建筑结构，2010.50（21）：76-83．
[35] 李宗凯．张家湾车辆段停车库4区抗震超限设计［J］．建筑技术，2018，49（S2）：7-10．
[36] 李宗凯．CMC静水压力释放技术在地下抗浮工程中的应用［J］．市政技术，2019，37（4）：108-112．

作者简介

李宗凯,男,1982年生,北京人,硕士。高级工程师,国家一级注册结构工程师;国家注册土木工程师(岩土);北京市评标专家。于北京市市政工程设计研究总院有限公司从事市政枢纽及轨道交通结构设计工作。期间完成工程项目及科研课题30余项,发表学术论文10余篇,取得发明型专利5项,实用新型专利6项,获得北京市优秀工程奖4项。